"设计"论丛
丛书主编 乔洪

教育部人文社会科学研究青年基金项目：
"丝绸之路上汉唐时期蜀锦的文化传播与贸易交流研究"
（项目编号：17YJC760057）

汉唐丝路蜀锦文化贸易交流

毛艺坛 ◎ 著

中国纺织出版社有限公司

内 容 提 要

蜀锦因其产地而得名，不仅是我国丝织技艺经典代表，也是古代四川主要的经济产品与巴蜀文化对外交流的重要媒介。汉唐时期，丝绸之路作为连接东西方的重要贸易和文化交流通道，扮演了极为重要的角色。通过这条道路，蜀锦作为具有地方特色的重要商品，成为贸易和文化交流的重要媒介。

本书介绍了我国丝绸的起源以及巴蜀地区古老的丝绸文化，详细分析了汉唐时期我国丝织业、商业、手工业的发展情况以及巴蜀地区兴盛的商业风貌，梳理了蜀锦在这一时期的纹样、织造技术等融合发展的时代特征，通过归纳总结丝绸之路上出土的蜀锦实物，分析其贸易传播路线、商人贡献和以蜀锦为媒介的纺织文化交流特征。

本书适宜热爱丝绸文化的各界人士阅读参考。

图书在版编目（CIP）数据

汉唐丝路蜀锦文化贸易交流 / 毛艺坛著. -- 北京：中国纺织出版社有限公司，2023.11
（"设计"论丛 / 乔洪主编）
ISBN 978-7-5229-1030-7

Ⅰ.①汉… Ⅱ.①毛… Ⅲ.①蜀绣-国际贸易-研究-四川-汉代-唐代 Ⅳ.①F752.871

中国国家版本馆 CIP 数据核字（2023）第 181593 号

责任编辑：华长印　王思凡　　责任校对：寇晨晨
责任印制：王艳丽

中国纺织出版社有限公司出版发行
地址：北京市朝阳区百子湾东里 A407 号楼　邮政编码：100124
销售电话：010—67004422　传真：010—87155801
http://www.c-textilep.com
中国纺织出版社天猫旗舰店
官方微博 http://weibo.com/2119887771
北京华联印刷有限公司印刷　各地新华书店经销
2023 年 11 月第 1 版第 1 次印刷
开本：710×1000　1/16　印张：14.5
字数：195 千字　定价：98.00 元

凡购本书，如有缺页、倒页、脱页，由本社图书营销中心调换

汉唐丝路
蜀锦文化贸易
交流

目录

第一章　绪论 / 001

　　一、研究对象与范围 / 002

　　二、丝绸之路的相关研究 / 005

　　三、蜀锦的相关研究 / 010

　　四、研究方法 / 016

　　五、研究意义与价值 / 017

第二章　丝绸的起源与悠久的丝绸文明 / 019

　　一、丝绸的起源 / 020

　　二、悠久的丝绸文明 / 025

第三章　汉唐丝织业的发展 / 035

　　一、汉唐时期桑蚕丝绸分布 / 036

　　二、汉唐时期丝织品种类 / 038

　　三、汉唐时期丝织生产 / 047

　　四、汉唐丝绸在经济中的作用 / 064

第四章　汉唐商业与手工业管理体系 / 069
　　一、唐代商品交易管理体系 / 070
　　二、唐代市场的多元化 / 079
　　三、唐代手工业管理 / 082

第五章　古蜀文明与蜀锦 / 089
　　一、蜀王神话 / 090
　　二、蜀文化 / 093
　　三、古蜀与丝绸 / 096
　　四、蜀锦 / 101

第六章　汉唐时期巴蜀兴盛的商业风貌 / 109
　　一、汉唐巴蜀地区的地理沿革 / 110
　　二、汉唐巴蜀地区发展的历史基础 / 113
　　三、汉唐时期巴蜀发达的水陆交通 / 118
　　四、汉唐时期巴蜀地区商业的兴盛 / 121

第七章　融合创新的汉唐蜀锦 / 129
　　一、汉唐时期蜀锦纹样的演变 / 130
　　二、汉唐时期蜀锦织造技术的发展 / 136
　　三、中外织锦技艺的交融与创新 / 140

第八章　汉唐时期丝绸之路与蜀锦的对外传播 / 147
　　一、"丝绸之路"名称的由来 / 148
　　二、丝绸之路与蜀锦贸易 / 149
　　三、从出土蜀锦看其在西域的传播 / 158

第九章　中亚粟特商人对蜀锦贸易传播的贡献 / 173
　　一、汉唐时期的中亚粟特人 / 174
　　二、粟特商人在丝绸之路上的活动 / 177
　　三、从粟特织锦看丝绸艺术的东传西渐 / 184

四、粟特人在四川的活动追踪 / 190
　　五、粟特商人对蜀锦的贸易贡献 / 192

第十章　丝绸之路汉唐纺织文化交流 / 195
　　一、中西丝绸文化的传播 / 196
　　二、丝绸在汉唐时期贸易传播方式 / 199
　　三、汉唐丝绸之路文化交流的基础 / 202
　　四、以丝绸为媒介的纺织文化交流 / 205

参考文献 / 209

附录 / 219

第一章 绪论

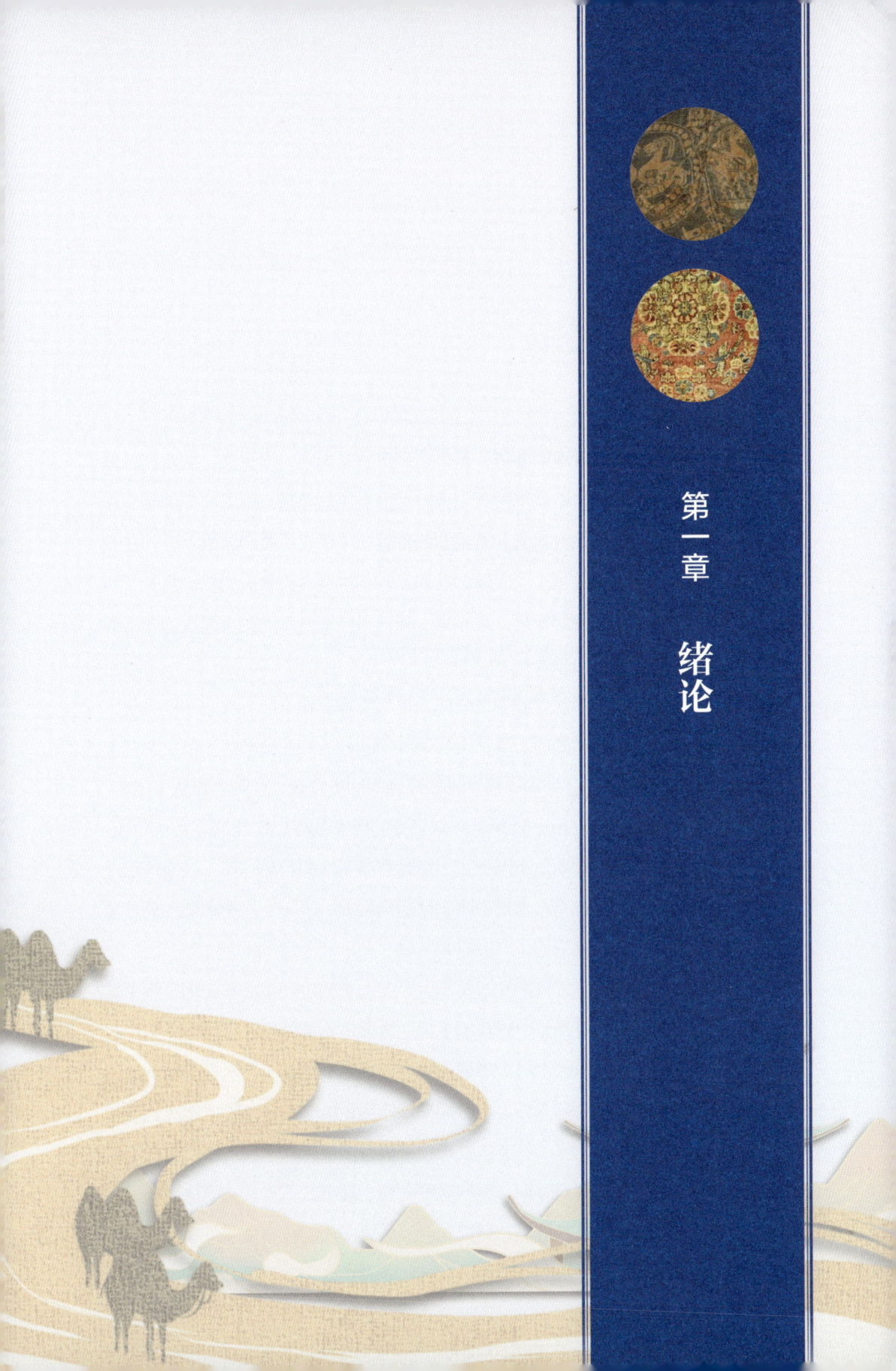

一、研究对象与范围

（一）研究对象

丝绸之路是贯穿欧亚的要道，是一条经济贸易走廊，据记载，从西汉时期正式开辟以来，丝绸之路就承担着中西方经济交流的角色。中国生产的丝绸在丝绸之路的历史上长期占据着非常重要的位置。中华人民共和国成立后，在我国新疆地区陆续发现并出土了大量的丝织品，其中包含大量的蜀锦。自此，四川蜀锦的研究越来越受到重视，近年来，蜀锦与丝绸之路的关系也成为学术界关注的焦点之一。

文化全面的高涨繁荣、丝绸之路的开拓与畅通有赖于经济发达和社会稳定的太平盛世，虽然中国经历了魏晋南北朝时期的分裂和社会动荡，但汉武帝全盛时期张骞的"凿空"，到太平盛世唐朝迎来的历史辉煌，丝绸之路从未中断。汉唐时期，经营丝绸之路一直都是一项重要的国家战略，使丝绸之路从开通、发展直至鼎盛。这一时期是我国历史上最具有典型性的历史时期，最能展现丝绸之路发展过程中的特点，也是中国主动走向世界、学习、接受和融合海外文化最广泛、最丰富的时期。

丝绸发展绵延千年，价值和意义重大，在人类的生产生活和文化交流中发挥着巨大作用。汉唐时期是中国丝织手工业发展的重要阶段，也是丝绸生产的鼎盛时期。蜀锦作为丝绸中一个重要的种类，以其高超的工艺水平和精美的图案、色彩受到古往今来国内外人们的喜爱。巴蜀地区桑蚕养殖历史悠久，地域分布广泛。从出土文物等一些考古发现，可以看出蜀锦兴于汉，胜于唐，其织造历史可以追溯到夏商周时期。春秋战国时期，蜀锦织造工艺初成体系。西汉时期，成都织锦技术日趋成熟，蜀锦花色品种繁多、制作精良、色彩艳丽，代表着汉代丝织的较高水平。唐代，社会经济空前繁荣，科学文化高度发展，对外交流日益频繁，蜀锦生产的规模和技艺进入了鼎盛期，特别是这一时期受到外来纹样和技术的影响，蜀锦在织造技艺和纹样设计上都发生了重要的转折。从这一时期蜀锦的演变发展可以窥探出我国丝绸艺术的融合和转折。

丝绸文化凝结着古人的智慧与理想，是历史文明的遗存，更是中华文化的宝藏。选择"汉唐时期"深入地探究"蜀锦"的发展背景、特色文化、贸易交流，对于了解汉唐时期社会形态的嬗变、西南手工业的发展、蜀锦在丝绸之路中的贡献，以及传承中华民族传统优秀文化，都将十分有益。

（二）研究概念的界定

1. 汉唐时期

汉代和唐代在中国社会发展和中华民族文化形成的历史中占有非常重要的地位。汉唐作为我国古代社会经济繁荣发展的重要时期，东西方交流呈现出友好、开放的姿态。汉唐时期中原纺织业高度繁荣，高超的纺织技术为丝绸贸易提供了货源保证。随着汉唐王朝对西域的持续经营，到唐代丝绸之路全线贯通，中西方贸易物质文化交流繁荣。唐朝的前半叶，社会经济处于上升阶段，文化先进，是历史上中国对周边国家文化与技术"大输出"的时期，兼容并蓄的社会风气，提供了一个空前的中西方交流融合的环境。而唐代的后半叶，经历了由盛转衰的转型期，因此，汉唐时期重点研究为西汉到唐代前期（安史之乱前），即公元前202—公元755年。

2. 丝绸之路

在学术界，对于丝绸之路有狭义和广义之分。狭义的丝绸之路就是德国地理学家阿尔伯特·赫尔曼（Albert Herrmann）所说的丝绸之路，也就是张骞出使西域以后"官方的"丝绸之路。这条路线是连接由中原地区到西域以及欧洲诸多国家的一条商贸的路线。广义的丝绸之路是指东至亚洲各国，西至欧洲与非洲，各民族之间由于各种交流而形成的漫长的贸易路线，延伸为古代中国与外界交流的交通路线。丝绸之路从空间上分为"北方丝绸之路"与"南方丝绸之路";从交通方式上分为"陆上丝绸之路"与"海上丝绸之路";从地理景观上分为"草原丝绸之路""沙漠绿洲丝绸之路"等。本文主要以陆上丝绸之路为历史背景,探讨陆路丝绸之路上中西方丝绸文化、商贸、技术及民族等方面的交流和融合。

西汉张骞出使西域从官方意义上确立向西交流的重要性,这一时期东西方有计划、有组织的丝绸贸易往来记载明确。到了唐代,陆上丝绸之路发展达到鼎盛繁荣阶段。初唐到盛唐,陆上丝绸之路占据着重要地位,是当时对外交流的主要通道。本书所讨论的主要是蜀锦经中亚向外传播的路线,从出土文物来看,这一时期蜀锦为北方丝绸之路的贸易主角,也有学者称为"西北丝绸之路"。因蜀锦的起源地为四川,而南方陆上丝路的"蜀身毒道"起始于成都,虽然这一条路线上由于气候原因,目前尚无宋代以前的蜀锦遗存发现,但由于发源地的因素,我们不得不联想,蜀锦是流通在这条道路上的主要商品之一。汉唐以来,成都也通过海上丝绸之路与海外发生联系。蜀锦沿长江顺江而下,抵达金陵、扬州等地,通过海上丝绸之路大量流入日本,其中一部分是唐王朝对日本使者和王室、寺庙的赠礼。本书暂不讨论海上丝绸之路这一线路,主要涉及线路为陆上丝绸之路中的北方丝绸之路和西南丝绸之路的部分。

3. 西域

目前学界对于"西域"的定义也有狭义和广义两个概念。狭义的西域就是《汉书·西域传》中的范围,即甘肃玉门关、阳关以西,葱岭以东,也就是中国新疆、甘肃西部和帕米尔山区等。而广义的西域则是除了狭义的西域外,还包括中亚、西北印度、西亚,并远至地中海—爱琴海区域,包含了印度、波斯、两河流域和古希腊文明所在区域。由于广义的西域概念指当时人们所认知的整个西方世界,因此,在不同朝代,广义的西域所具体指辖的范围也不同。本书中研究的"西域",指的是汉唐时期狭义上的"西域"概念。

4. 河西走廊

河西走廊因位于黄河以西，故称河西走廊。其地理范围大致东起乌鞘岭，西至古玉门关，介于南山（祁连山和阿尔金山）和北山（马鬃山、合黎山和龙首山）之间，将蒙古高原与青藏高原分隔，呈西北—东南走向的狭长地带，东西长近千公里，宽度不等，窄处仅数公里，宽处近百公里。行政区划上包括今天统称"河西五市"的武威（凉州）、张掖（甘州）、金昌、酒泉（肃州）、嘉峪关。西汉王朝取得了河西走廊的控制权，对这一地区进行了深入经营。东汉末年，羌人动乱促使河西逐渐脱离中央的控制。西晋末年，中原再度丧失对河西的控制，河西先后出现前凉、后凉、西凉、南凉及北凉等政权，史称五凉。隋唐两代对河西的经营远超前代，河西地区在隋唐之时达到了发展的顶峰，无论在政治、军事，还是社会、经济等方面都十分活跃。

二、丝绸之路的相关研究

从19世纪开始，学术界就开始了对丝绸之路的系统研究。从此之后，丝绸之路一直是海内外学者研究的热点话题，在此领域已经产生了十分丰硕的研究成果。

（一）国外研究

西方对丝绸之路的系统研究始于费迪南德·冯·李希霍芬（Ferdinand von Richthofen）、斯文·赫定（Sven Hedin）、马尔克·奥莱尔·斯坦因（M.A.Stein）等对丝绸之路的探险与考察。李希霍芬于19世纪六七十年代首次提出丝绸之路的概念，但其并未踏足过中国西北。而后的西方探险家斯文·赫定、斯坦因、保罗·伯希和（Paul Pelliot）、阿尔伯特·冯·勒柯克（Albert von Le Coq）、大谷光瑞、渡边哲雄等先后在我国新疆、甘肃、内蒙古进行考察探险，并出版了数量颇丰的考察记录、报告、著作。较为著名的是《西域考古图记》（斯坦因,1921)中详细地记录了斯坦因在丝绸之路地区考古调查和发掘的全部成果。这是各国学者第一次对丝绸之路的自然地理、社会经济、民族宗教、历史文化、交通路线开展全面的、大规模的考察探险。这些外国探险家丰硕的"新发现"奠定了丝绸之路研究的资料基础,其后有关丝绸之路的研究层出不穷。

《中国与叙利亚间的古代丝绸之路》(阿尔伯特·赫尔曼,德国,1915)阐述并确立了丝绸之路的基本内涵;《丝绸之路史研究》(长泽和俊,日本,1990)论述了我国汉唐至宋时甘肃和新疆地区的历史和交通情况等。《丝绸之路》[布尔努瓦(Lucette Boulnois),法国,2001]对丝绸之路沿途各民族之间的关系作了深入探究,对丝绸之路的历史概况和贸易史作了重点研究。《丝绸之路2000年》[吴芳思(Frances Wood),英国,2008]一书对丝绸之路沿线的商业情况及贸易对象进行了详细的梳理和考证。还有《丝绸之路新史》[芮乐伟·韩森(Valerie Hansen),美国,2015]、《丝绸之路:一部全新的世界史》[彼得·弗兰科潘(Peter Frankopan),英国,2016]、《丝绸之路:两千年的历史与文化》[戴安娜·林德纳(Diana Lindner),德国,2019]等著作均从不同视角提高了对丝绸之路历史与现实意义的重新认识。2016年的系列丝路译丛:《突厥人、粟特人与娜娜女神》[马尔夏克(B. I. Marshake),俄国,2016]、《唐风吹拂撒马尔罕》[康马泰(Matteo Compareti),意大利,2016]、《驶向撒马尔罕的金色旅程》[葛乐耐(F. Grenet),法国,2016]涵盖中亚五国丝路考古新成果,以丝路沿线地域为经,以文化交往为纬,钩织出不同民族、文明类型及其相互影响的历史状况。

(二)国内研究

近代以来,在西方学术界的影响下,丝绸之路的研究逐渐引起了国内学术界的重视。从整体上研究丝绸之路的论著有《丝绸之路》(杨建新、卢苇,1981),对丝绸之路的开通、发展与变化、交通线路、主要商品、中西交流都一一作了介绍。《丝绸之路探源》(齐涛,1992)对中国蚕桑丝织业的起源与发展、丝绸之路的兴衰变迁、丝绸之路的运销方式、丝绸之路的源头等作了系统的探讨。《丝绸之路》（陈振江，1980）、《丝绸之路》（方明，2016）、《丝绸之路》（沈济时，2010）这些论著从不同角度对丝绸之路的整体历史作了详简不同的论述，丰富了学者对丝绸之路的研究。

关于丝绸之路的研究方面的学术著作，大多涉及丝绸之路的开通与路线变化的考证，丝绸之路贸易的发展，丝绸之路民族、语言、宗教以及丝绸之路考古发现、文化交流等方面的研究。

1. 丝绸之路交通的研究

丝绸之路从无到有，对其发展历史的追溯是丝绸之路研究的重点之一。《中国丝绸之路交通史》（中国公路交通史编审委员会，2000）是一部系统介绍丝绸之路交通状况的书籍，记述了丝绸之路交通的形成、开拓、变化和现状，探讨了丝绸之路各国与丝路交通变化的联系与规律。《中西交通史料汇编》（共6册）（张星烺，2003）是一部关于西域历史的史料汇编。《丝绸之路古道研究》（丁笃本，2010）、《丝绸之路起源》（石云涛，2014）等常以时间为序细致剖析丝绸之路的起源、形成及发展。还有专门对某一时期或丝绸之路某一段路线的专题研究，如《吐鲁番唐代交通路线的考察与研究》（巫新华，1999）、《丝绸之路——河南道》（陈良伟，2002）、《汉代丝绸之路的咽喉——河西路》（王宗维，2001）等。

2. 丝绸之路贸易的研究

古代丝绸之路上的贸易内涵是极其丰富的。《丝绸之路贸易史》（李明伟，1997）是一部关于丝绸之路贸易的通史，论述了从先秦到明清丝绸之路的开拓、发展、繁荣与衰落，并对沿线的交通、城镇和贸易进行了研究。《敦煌吐鲁番文书与丝绸之路》（姜伯勤，1994）以部分敦煌、吐鲁番汉文文书的研究为中心，探讨与"东西方贸易担当者"有关的丝路实况，对葱岭以东的丝绸之路进行了考证。《丝绸之路贸易与西北社会研究》（蒋致洁，1995）主要针对西北区域贸易情况进行了研究。《古代丝绸之路胡商活动及其影响研究》（李瑞哲，2011）主要研究入华商人的活动情况，包括胡商的行走路线、商队的规模及构成、交通工具、主要贸易品等。《粟特商人史》（魏义天，2012）一书概略地揭示了粟特人四处经商的情况，其中东向入华是最重要的一个方面。

3. 丝绸之路文化交流研究

丝绸之路上开展的不只是经济贸易，这是一条全面展开的东西方文明交流互动的道路。《丝绸之路文化大辞典》（王尚寿、季成家，1995）作为国内外丝绸之路学术研究的集大成者，为后续学者进一步研究和学习丝绸之路提供了全面、翔实且有价值的资料参考。《汉唐西域与中国文明》（林梅村，1998）、《古道西风：考古新发现所见中西文化交流》（林梅村，2000）指出丝绸之路是一条从黄河流域和长江流域，经印度、中亚、西亚连接北非和欧洲，以丝绸贸易为主要媒介的文化交流之路。《丝绸之路与中西文化交流》（李刚、崔峰，2015）依据文献、丝绸之路沿线出土的文书、文物等阐释了丝绸之路上中国文化与异域文明的认识、交往和对话历程。浙江人民出版社出版了丝路文化系列丛书（2002）：《丝路文化——吐蕃卷》《丝路文化——西南卷》《丝路文化——沙漠卷》《丝路文化——草原卷》《丝路文化——海上卷》，扼要而具体地勾勒出丝路文化的总貌和特征。还有《中西文化交流史》（沈福伟，2006）、《丝绸之路中国与西亚文化交流研究》（沈福伟，2010）、《丝绸之路中国与非洲文化交流研究》（沈福伟，2010）、《丝绸之路与古代东西方世界的物质文化交流》（陈凌、莫阳、刘庆柱、杜文玉，2015）、《两汉魏晋南北朝与西域关系史研究》（余太山，2011）等著作都讨论研究了丝绸之路中的文化交流。

荣新江长期致力于中外关系史、隋唐史、西域中亚史、民族史、敦煌吐鲁番学的研究，《从撒马尔干到长安——粟特人在中国的文化遗迹》（2004）、《中古中国与外来文明》（2014）和《丝绸之路与东西文化交流》（2015）关注中亚粟特这一线索来阐明中古中国与西域外来文明之间的关系；其著作《丝绸之路上的中华文明》（2022）收录了中、英、美、俄等国二十多位学者的专题研究文章，是近年来有关丝绸之路研究的成果。《从张骞到马可·波罗：丝绸之路十八讲》（2023）通过对丝绸之路的走向、城镇、战事、物质交流、人口流动、政权与聚落、考古发掘与文化遗存等18个问题的深度分析，阐述了丝绸之路在中外文明交流互鉴中的辉煌历史。

4. 丝绸之路考古艺术研究

丝绸之路沿线国家和地区出土的各种文物涉及考古、历史、民族、宗教、人口、文化、艺术等多学科领域。《丝绸之路考古十五讲》（林梅村，2006）以中外史料和考古发现为依据，分阶段讲授自青铜时代至郑和下西洋时代丝绸之路上的重大考古发现以及海内外研究成果。《丝绸之路艺术研究》（仲高，2008）说明了西域作为丝绸之路东西方文化的重要交汇处，西域艺术与东西方艺术进行的双向交流中有经济贸易往来、宗教传播、民族迁徙、工艺提升、审美情感等，这些对文化的变迁和艺术的发展变化有着非常重要的影响。《丝绸之路美术考古概论》（赵丰，2007）收录了7篇论文，分别从纺织品、金银器、木雕、彩陶、墓室壁画等方面对丝绸之路的考古发现和研究现状进行追踪。《丝绸之路宗教研究》（李进新，2008）探讨丝绸之路上的宗教传播。周菁葆的《丝绸之路的音乐文化》（1987）、《丝绸之路岩画艺术》（1993）、《丝绸之路艺术研究》（1994）、《丝绸之路宗教文化》（1998）进行了丝绸之路上的各类艺术专题研究。罗丰的《胡汉之间——"丝绸之路"与西北历史考古》（2004）、《丝绸之路上的考古、宗教与历史》（2011）分阶段收集了他数年来大量的专题研究论文，内容涉及历史、考古、宗教、文化交流等。

在国内期刊上也发表了很多有关丝绸之路研究的重要成果，这些成果或锁定于某一个历史时期，如《五代时期的丝绸之路》（周伟洲，1991）、《唐代对西域的开拓和经营》（章伯锋，1980）等；或锁定丝绸之路上某个具体的古迹、遗址、城市，如《论唐代龟兹在丝绸之路上的地位和作用》（王蕾，2012）、《唐代羁縻府州内部结构及其相关问题》（王立霞，2007）、《唐代碎叶镇城历史地理问题研究引论》（李瑾，1986）等；或探讨丝绸之路的贸易功能，如《青海西宁出土的波斯萨珊朝银币》（夏鼐，1958）、《西域粟特移民聚落补考》（荣新江，2005）、《古代丝绸之路商队的活动特点分析》（李瑞哲，2009）等；或针对丝绸之路上某种艺术形式进行探讨，如《从石刻史料看入华粟特人的汉化》（程越，1994）、《丝绸之路沿线佛传艺术的发展与演变》（宫治昭、赵莉，2001）、《丝绸文化与汉代诗歌的交融及成因分析》（解晓红，2011）、《丝绸之路石窟壁画中的民俗文化》（周菁葆，2012）等。

专门对丝绸之路中丝绸这一商品最早展开研究的是新疆维吾尔自治区博物馆出土文物展览工作组出版的《丝绸之路——汉唐织物》（1973）。近年来以赵丰为代表，出版了系列著作，如《敦煌丝绸与丝绸之路》（2009）以敦煌出土的自北魏到元代的丝织品，包括用织、染、刺绣各种基本技法制成的佛幡、经帙、残片等各种以纺织纤维为材质的文物为主要研究对象。《锦上胡风——丝绸之路纺织品上的西方影响（4—8世纪）》（2011）由北大隋唐考古及中亚工艺品研究专家齐东方和赵丰组织专业团队合作写成，此书为中国丝绸博物馆在北京大学赛克勒考古艺术博物馆主办的"锦上胡风"专题展览的丝织文物精品图录介绍，多数丝织物精品为国内初见。《丝路之绸——起源、传播与交流》（2018）中收录了荣新江、赵丰的两篇论文和近140件（组）丝绸及其相关出土文物，从不同的方面展示丝绸在中国的起源、传播以及东西方纺织文化在丝绸之路上的交流。除此之外还有大量的学术期刊论文。

三、蜀锦的相关研究

蜀锦作为我国传统手工技艺的典型代表，在漫长的发展历程中，逐渐融入了我国劳动人民寄于蜀锦织造中丰富的人文思想、文化内涵、艺术风格及审美逸趣等，国内外对蜀锦的研究探索，常结合考古、历史、民俗、艺术、纺织、经济、旅游、交通运输等诸多学科开展，研究成果丰富。

（一）国外研究

国外对蜀锦的独立研究十分稀少，大多是针对中国丝绸的织造发展史、考古发掘、织造生产、服饰装饰等内容的研究。唐代丝织文化和织锦技术对日本有较大的影响，《日本美术史》（迁惟雄，日本，2012）记载，蜀锦对日本的丝织技术产生了深远的影响。至今，日本正仓院、法隆寺仍收藏了大量我国唐代蜀锦的遗物，《正仓院：宝物与交流》（东也治之，日本，2022）一书展示了部分源自我国的蜀锦图片；宇井庸雄、荒金太郎、伙夫尾隆氏等一些日本专家对中国的丝绸和蜀锦也展开了研究，如《四川蜀锦》（伙夫尾隆氏，日本，2016）对蜀锦的历史、技艺、图案和色彩等方面进行了较为全面的分析。

（二）国内研究

1. 蜀锦的历史文化价值研究

蜀锦研究大多依托于纺织丝绸史的研究当中。例如《中国古代物质文化史——纺织》（赵丰、尚刚、龙博，2014）分上下两册，以呈现中国历代纺织文化发展演变为主，从纺织生产概况、考古发现、纺织技术、纺织品种、丝绸之路与纺织文化交流方面全面地介绍了中国纺织发展的历史；《中国丝绸史通论》（朱新予，1992）以断代形式编写，从纵向勾勒出我国古代丝绸生产的历史面貌；《中国丝绸史（专论）》（朱新予，1997）开展了丝、绸、印染、图案、服饰等专题研究；《中国丝绸通史》（赵丰，2005）对中国丝绸的历史、发展、生产技术、丝绸品种和艺术风格分别作了简要的概述与研究。这些著作中均涉及了蜀锦的历史研究、发展与变化，为蜀锦的研究提供了基础性、全面性的理论框架。

专门针对蜀锦历史梳理的专著有《中华锦绣丛书：蜀锦》（黄忠修，2011）、《中国成都蜀锦》（黄能馥，2006）、《蜀锦史话》（《蜀锦史话》编写组，1979）等，它们就蜀锦的发展简史、织造技艺、织机、纹样色彩、组织结构等各个方面进行了详细的讨论，同时注重蜀锦的传承与保护，这些著作无论是对古代蜀锦研究还是对现代蜀锦的保护皆有重大意义。

期刊论文方面，如《蜀、蜀锦、蜀江的含义及其源流考析》（王君平，2015）、《汉代"蜀锦"兴起的若干原因考察》（吴方浪，2015）、《论蜀绣蜀锦的起源》（陈显丹，1992）、《蜀锦文化初探》（邓晓，2003）等总结了蜀锦发展演变的脉络和文化价值。《吐鲁番出土蜀锦的研究》（武敏，1984）、《吐蕃墓出土蜀锦与青海丝绸之路》（许新国，2007）、《从尼雅遗址出土汉锦特点谈蜀锦技艺》（王晨，2016）、《梁大同三年佛立像衣带纹样的初步研究——兼谈蜀锦中的西域因素》（师若予，2014）等，以实物考证为切入点，选取代表性标本作分析探讨，考证蜀锦的历史价值。

2. 蜀锦的织造技术和工艺特征研究

蜀锦其价如金主要体现在制作工艺上。2006年5月20日，蜀锦织造技艺经国务院批准列入第一批中国国家级非物质文化遗产名录。有关蜀锦织造技术和工艺研究的著作类有如《蜀锦织造技艺》（钟秉章、卢卫平、黄修忠，2014）深入讨论了蜀锦织造技艺历史沿革、分布区域、织造技艺与区域文化的渊源、织造工艺流程等方面，较为完整地展现了蜀锦织造方法、织造过程与工艺特点。另一著作《蜀锦织造技艺——从手工小花楼到数码织造技术》（黄修忠，2014）以织机的发展变化为线索，讨论了蜀锦传统生产工艺、生产工艺流程、纹制和染色工艺等，特别是与时俱进地将蜀锦传统织造技艺与数码科技相融合，促进了蜀锦创新跨越式的发展，为学界研究蜀锦织机的历史沿革提供了重要的参考。《丝绸织染》（钱小萍，2005）是专门研究丝绸织染技术的专著，在第十四章"蜀锦组织及制作工艺"中专门论述蜀锦，作者还亲自绘制了大量织物组织图、上机工艺图，填补了以往文献在此方面的空缺。《纹道：蜀锦·蜀绣·漆艺 流光溢彩的国家技艺》（凸凹，2008）一书专门讨论了成都蜀锦的纹样特征与纹样织法。

期刊论文方面有《浅谈蜀锦及其传统织造技艺》（胡光俊、谭丹，2013）

从纹制工艺、练染工艺和织造工艺三方面对蜀锦织造技艺进行了系统梳理。王君平、王斌的《蜀锦传统工艺研究》(2000)、《蜀锦传统技艺研究》(2000)，王君平、王维的《蜀锦的代表产品及其生产工艺》(2002)、《蜀锦的彩条牵经工艺》(2002)、《蜀锦传统工艺染色——天然植物色素染色》(2001)等一系列论文和研究报告，全面、系统地总结了传统蜀锦织造工艺的特点、蜀锦织造技艺的历史价值和传承保护措施。《蜀锦的晕裥工艺特征研究》(乔洪、乔熠、乔韵可，2015)、《蜀锦传统技艺风格特征研究》(乔洪、乔熠、乔韵可，2015)、《蜀锦的月华、雨丝晕裥锦技艺》(黄修忠，2007)、《蜀锦的红花染色工艺研究》(崔岩、刘元风、郑嵘，2016)、《基于染织技艺的蜀锦晕裥溯源考析》(郑喆、庄华，2021)等剖析了蜀锦经典的织造工艺和练染工艺特征。

3. 蜀锦的纹样特色及艺术风格研究

蜀锦质地坚韧而丰满，纹样风格秀丽，配色典雅不俗。专门对蜀锦纹样进行归纳总结的书籍著作较少，多是对蜀锦艺术的综合性介绍。《中华锦绣丛书：蜀锦》(黄修忠，2011)、《中国织锦大全：三大名锦编》(钱小萍，2014)从历史文化、艺术风格、结构特点、加工工艺等方面较全面、较深入地对蜀锦做了阐述。《中国历代丝绸纹样》(缪良云，1988)比较集中系统地展现了中国历代丝绸纹样的演变、类型、艺术风格及艺术特征，其中精选了大量的蜀锦纹样。《中国传统工艺全集：丝绸织染》(钱小萍，2005)从传统的栽桑、养蚕到取丝、制线、纹制、织造、印染以及刺绣、抽纱等，从制作工艺到技术奥秘，从织物规格、结构、花色品种到印染技术配方等，均作了比较系统的阐述，其中专门介绍了唐经锦、唐纬锦的组织及制作工艺。《中国古代丝绸设计素材图系汉唐卷》(王乐，2018)对汉唐墓葬和遗址发掘的丝织品以及散落在海外博物馆和研究机构的中国丝绸文物信息进行了全面的收集和整理，精选156件丝绸实物进行了图案和色彩复原、纹样单元提取，其中包含了大量的蜀锦。

期刊论文方面如《蜀锦的寓合纹样》(王君平、王维，2002)、《蜀锦图案风格及其发展沿革》(王君平、王斌，2002)、《谈谈蜀锦不同时期的织物纹样特点》（杨晓瑜，2008）、《中国古代三大名锦的品种梳理及美学特征分析》（周赳，2018）、《蜀锦织物纹样结构形式的演变》（张冯倩、赵敏，2011）等以装饰艺术为切入点，研究蜀锦的纹样结构、艺术特点及文化寓意。《唐代服饰图形"陵阳公样"》（李剑平，2016）、《从陵阳公样看中外织锦技艺的交融与创新》（乔洪、乔熠、毛艺坛、兰倩，2017）、《唐代服饰图形"陵阳公样"中的民族图式交融》（贾荣林，2017）、《丝绸之路打通前后陵阳公样图像形式的演变》（刘春晓、单筱秋、张毅，2019）、《唐代织锦纹样陵阳公样的窠环形式流变研究》（刘春晓、单筱秋、张毅，2019）、《唐代宝花狮纹锦织物的特点和复制》（罗群、吕继熔，2012）、《吐鲁番出土织物树纹特征源流考》（衣霄，2012）等则是对一些特定的纹样进行细致分析，总结其艺术特征、文化背景。

4. 蜀锦产品的创意转化和传承创新研究

针对蜀锦创新传承的研究相对较少，主要集中在文化创意产品方面。《蜀锦传承保护的双维度思考》（丁文涛，2018）中探讨了蜀锦传承保护中的完整性保护与创新性发展的双维度可能性，提出先建立一个活态性质的蜀锦传统技艺"文化基因库"，再进一步运用现代设计进行创新性转化。《浅谈蜀锦传承与保护》（杨长跃，2007）认为蜀锦创作必须要基于本土民族特色，并且要将它推向市场，为其打造文化品牌，才能重新焕发蜀锦艺术的生命活力。《基于纹织CAD设计技术和工艺的蜀锦产品设计开发研究》（朱利容，2008）从现代蜀锦的电子化生产角度出发，对工艺流程进行分析，为蜀锦传承和保护提供了指导借鉴。《论传统戏曲服装中蜀锦的文创产品开发》（潘雪梅，2016）中探讨了如何将蜀锦戏曲服饰文化符号与实用品设计相结合进行创意转化。《论成都蜀锦博物馆文创产品研发》（潘雪梅，2018）一文从蜀锦博物馆收藏品类创新研发和蜀锦文创商品两方面出发，提出文创产品开发的重点是要将文化本身所蕴含的基因提取出来归纳分析转化成现代创新设计要素。《蜀锦文化创意产品传承与发展的价值及意义》（孔毅，2014）对蜀锦文化创意产品的现状作了总结，同时论述了蜀锦文化创意产品的创新价值，探讨了蜀锦对现代设计的意义。《蜀绣、蜀锦旅游纪念品设计创新探索》(袁元，2014)结合四川旅游现状，对蜀锦作为旅游纪念品发展的现状、条件、意义等进行探究，丰富蜀锦作为旅游产品的理论成果。《基于中国传统非遗"蜀锦"的STEAM项目设计与研究》(张峰、储蕾芳，2019)提出了一种创新教育模式，让学生在科学实践中传承中国传统文化，探索出一条非物质文化遗产传承的新道路。

5. 蜀锦的传承保护与文化交流研究

自西汉张骞"凿空"西域，汉武帝开通丝绸之路，丝路贸易随之发展壮大，丝绸逐渐成为丝路上的主要商品，其中便有蜀锦。专门针对蜀锦文化传播交流的著作较少，不少学者的论著中均提及蜀锦这一重要的丝绸商品，如《丝绸之路与东西文化交流》(荣新江，2022)、《唐代丝绸与丝绸之路》(赵丰，1992)、《丝绸之路：起源、传播与交流》(赵丰，2018)等。

按照传播路线，蜀锦主要沿着两条线路对外传播：一是北方丝绸之路上的传播，二是南方丝绸之路上的传播。蜀锦在北方丝绸之路的传播主要涉及蜀锦在新疆地区的一系列考古发现。蜀锦的发源地四川成都是南方丝绸之路的起点，近年来，有部分学者专门研究了南方丝绸之路，如《中国西南早期对外交通——先秦两汉的南方丝绸之路》(段渝，2009)、《巴蜀古代文明与南方丝绸之路》(段渝，2006)、《藏彝走廊与丝绸之路》(段渝，2010)、《西南丝绸之路的保护与发展》(范宇，2006)、《西南丝绸之路与中印文化交流》(王清华，2002)、《简论西南丝绸之路》(方铁，2015)。这些研究中针对茶马古道这一中国西南民族经济文化交流的走廊中中国与南亚等地区的商贸往来的论述中，蜀锦作为贸易往来中的重要纺织品经常被提及。

专门以蜀锦为研究对象，研究蜀锦在丝绸贸易中的地位与作用的研究较少。《如何丝路成坦途——南丝路上蜀锦的过去、现在与将来》(陈爱蓉、陈雅勍，2016)认为蜀锦是南方丝绸之路上极为重要的贸易产品之一。《蜀锦与丝绸之路》(唐林，2017)提出蜀锦在南方丝绸之路的传播主要是蜀锦技艺。《丝路寻踪——蜀锦在丝路上的传播》(王君平，2018)对蜀锦出土文物、文书和文献记载给予总结,以此证明川蜀丝绸和蜀锦制品在丝绸之路的贸易、传播、应用等诸多方面均占有绝对优势和主导地位。《四川丝绸贸易历程与特点》(上、下两篇)(袁杰铭,1999、2000)探讨了以蜀锦为主要商品自秦汉到现代的四川丝绸贸易状况。《四川丝绸贸易史话》(袁杰铭,1997)中,分四川丝绸国内贸易、四川与"丝绸之路"两部分讨论了蜀锦于南北方丝路的媒介作用。《南方丝绸之路的丝绸贸易研究》(蓝勇,1993)一文提出,学界对蜀锦贸易的研究属于初步阶段,对丝绸之路的丝绸贸易在中国对外丝绸贸易史上究竟有多高地位,丝绸贸易在这条丝路贸易中占多大比重等问题予以分析,解答了学界在此研究方向上的不少疑惑。《古代成都与丝绸之路》(何一民,2017)认为汉唐之际巴蜀作为蜀锦的原产地对丝绸之路的丝绸贸易起支撑性作用。

综上所述,可以看出对蜀锦的研究呈现出研究领域广泛、学科结合深入的特点。目前很多研究者在研究出土丝织品和文书时,往往更多注重整理和考证研究,注重与传世文献的互相印证,而对于丝织品本身所体现出的时代特性以及在某一时期对社会生活等各方面的地位和影响方面的研究尚不足够。蜀锦是汉唐时期非常重要的消费品,而出土蜀锦较多的地区大多在唐代属于边陲之地,或是处于丝绸之路的要塞(如敦煌、吐鲁番、都兰等地区),这些蜀锦实物,无不体现了唐代中原文化的印记,这就给我们提供了一个重要的研究视角。从蜀锦的贸易和消费的角度去探析丝绸之路沿线地区与唐代中原地区的丝织品贸易路线、贸易方式、消费类型、消费结构等方面的互相关系与影响则大有可拓展空间。同样,如何从蜀锦贸易的角度去延伸和探讨汉唐丝绸之路上各民族之间的政治、经济、外交、文化等方面的互动关系,也有重要的研究价值。鉴于对汉唐时期蜀锦贸易文化交流的独立研究还不甚充分的前提,笔者试图作进一步探索。

四、研究方法

文献研究法:通过查阅、分析蜀锦艺术的相关文献、考古资料和地方文化史料等，全方面收集蜀锦相关的文字资料和图片素材，从蜀锦起源、发展历史、创新设计、传承等方面多角度、深层次地对蜀锦艺术的研究进行整理归纳，提取可以借鉴的相关内容。

比较分析法：将中原蜀锦与古代粟特织锦加以比较研究，从而知晓两个地区蜀锦的异同，进而讨论两地织锦纹样、图案等方面产生异同的原因。将汉代、魏晋南北朝时期、唐代蜀锦加以比较，展现汉唐时期蜀锦的历史沿革和发展演变。

跨学科研究法：蜀锦艺术特色与文化传播交流这一课题所涉及的领域十分多元化，因此需要交叉运用考古学、设计学、历史学、美学、经济学等多学科知识，多角度、全方位地对课题进行研究探讨。

五、研究意义与价值

人类物质文明一旦在各个地域产生后，不会长期囿于孤立、封闭状态，必然向外寻求联系，并在相互交往中得到进一步发展。公元前后的两三个世纪内，世界上曾有四大帝国并立——东方的秦汉帝国、西方的罗马帝国、亚洲中南部的贵霜帝国和安息帝国，丝绸之路就是在这种特殊的形势下被正式记录的。

汉唐是中外交流的成熟期、高峰期，不同国家和民族间的文化交流推动了唐代蜀锦纹样的创新与进步，丰富了中华文化的宝库。外来元素中国化的背后还蕴含着唐代创新意识与民族主体意识，彰显着中华民族开放包容的胸襟和创新求变的精神。在对外交流的过程中，唐代秉持"和而不同"的理念，用自信和包容的态度接纳外来文化，并加以糅合创新，逐渐形成了多元互补的态势。

文化作为人类社会发展的重要标志，是人与自然进行交往过程中所遗留下来的珍贵经验。而丝绸之路作为各国、各民族人民进行物质、经济、文化、技术往来的重要物质通道，其价值会随着时间的沉淀而更加重要，对于研究我国与欧亚各国的历史关系极具佐证意义，也有助于推动我国国际化发展。我们以汉唐丝绸之路中的蜀锦为主要研究对象，围绕汉唐时期蜀地的发展、蜀锦的特色、贸易路线等方面进行全面的研究，能从理论研究层面丰富汉唐丝织业的发展状况，汉唐蜀地织锦的技艺特色、商业贸易发展历史，进一步梳理汉唐时期中西方纺织文化的交流情况，为我国"一带一路"建设提供更多的借鉴意义。

第二章 丝绸的起源与悠久的丝绸文明

中国是丝绸的故乡，丝绸是中华文明的重要特征之一，与中国的礼仪制度、文化艺术、风土民俗、科学技术等有极多的联系。古代百姓向各路蚕神祭祀，祈求蚕丝丰产，帝王用丝绸彰显其权威，文人写下咏叹丝绸的诗词，画家在丝绸制成的绢帛上泼墨挥洒，古代劳动人民用艺术和技术生产出一件件丝绸珍品。丝绸是中国的特产，是中国古老文化的象征。中国丝绸以其卓越的品质、精美的花色和丰富的文化内涵闻名于世。

一、丝绸的起源

中国是世界蚕桑业的发源地。蚕丝利用、野蚕驯化、种桑养蚕，皆起源于中国，于中国传播。在古代的书籍中，关于蚕和丝绸的起源传说很多，民间广为流传的一种说法是自伏羲开始化蚕桑为帛。伏羲是我国史书记载中的创世英雄、人文始祖，但由于时代久远，被人们认为是神话传说人物。南宋罗泌在《路史》中说"伏羲（氏）化蚕桑为丝帛"[1]等，说明在伏羲时代，已经开始重视野生蚕（柞蚕）的开发利用。还有一种说法是黄帝轩辕氏的元妃嫘祖始有养蚕。据《史记·五帝本纪》记载："黄帝居轩辕之丘，而娶于西陵之女，是为嫘祖。"[2]据《通鉴纲目·外记》载，嫘祖"始教民育蚕，治丝茧以供衣服，而天下无皴瘃之患，后世祀为先蚕"。[3]黄帝的元妃，发现桑树上的蚕虫可以吐丝结茧，首创野蚕家养的方法，为先民最早开启桑蚕业，后来教族人栽桑育蚕。在南北朝时期，黄帝之妻嫘祖逐渐成为"桑蚕丝绸文化"的代表，被称为"蚕神"，进而得到百姓的膜拜和祭祀。嫘祖被后世祀为"先蚕娘娘"，在很多养蚕

---

[1] 孟宪文，班中考.中国纺织文化概论——靓丽人间［M］.北京：中国纺织出版社，2000：119.
[2] 司马迁.史记［M］.北京：中华书局，1959：10.
[3] 赵丰.唐代丝绸与丝绸之路［M］.西安：三秦出版社，1992：6.

区可以看到蚕神庙和先蚕祠里供奉着"先蚕"嫘祖。殷商以后，历代帝王都有祭祀蚕神的礼仪，显示了最高统治者对蚕桑生产的重视。传说虽不足为据，但可说明，养蚕结丝在中国上古时代就已经存在。

日本学者布目顺郎提出，中华民族先民对蚕茧的利用，是从"吃"到"穿"的过程。原始社会末期的先民们在森林里觅食，采集蚕茧，剥食蚕蛹，在食用过程中发现了丝并加以利用，随后开始在家养蚕治丝。然而，从野蚕变成家蚕是一个漫长艰辛的过程，绝非偶然，我国丝绸的起源应该具有多元性。

1926年，考古学之父李济在距今约5600—6000年山西夏县西阴村居民遗址中，发现了半个碳化蚕茧[1]（图2-1），茧壳长1.36cm，茧幅1.04cm，已经部分腐蚀，但仍有光泽。初步判断茧壳是桑蚕茧。

图2-1 山西夏县西阴村居民遗址出土半个碳化蚕茧（台北故宫博物院藏）

1958年，在距今4700年左右的浙江省钱山漾新石器时代遗址中，出土了一些纺织品。经鉴定这些纺织品中有丝类。丝织品有绢片、丝线和丝带，绢片尚未完全碳化，呈黄褐色，长2.4cm，宽1cm，属长丝制品[2]。这是在长江流域迄今发现最早、最完善的丝织品。

1977年，在距今约7000年的浙江省余姚河姆渡遗址中出土了一个骨盅。此盅外壁刻有四个蠕动的虫形纹[3]（图2-2）。虫纹的身节数与蚕相同，研究者认为此虫形纹为蚕纹。这是迄今为止，在中国考古中发现的最早的一件与蚕相关的实物资料。

---

[1] 李济.西阴村史前的遗存[M].清华学校研究院，1927：26-28.
[2] 汪济英，牟永抗.关于吴兴钱山漾遗址的发掘[J].考古，1980（4）：353-358，360.
[3] 河姆渡遗址考古队.浙江河姆渡遗址第二期发掘的主要收获[J].文物，1980（5）：1-15，98-99.

1984年在河南省荥阳市青台村一处仰韶文化遗址中，出土了一些丝、麻纺织品。这些丝织品实物大部分放在儿童瓮内，用作包裹儿童尸体，大都黏在头盖骨上。其中丝织品除平纹组织外，还有组织十分稀疏的罗织物。这是黄河流域迄今发现最早、最确切的实物。

图2-2　浙江省余姚河姆渡遗址中出土的蚕纹骨盅
（浙江省博物馆藏）

2019年，吉林大学考古学院在山西省夏县师村遗址进行田野考古时，发掘出6枚距今6000年的石雕蚕蛹，这是我国目前发现的年代最早的石雕蚕蛹。这些石雕、陶制蚕蛹与李济1926年在夏县西阴村发现的蚕茧一脉相承（图2-3）。

图2-3　山西夏县师村遗址出土的石制与陶制蚕蛹

2020年郑州市文物考古研究院在双槐树遗址出土了一件与丝绸起源有重要关联的最早家蚕牙雕艺术品（图2-4）。正在吐丝状态的牙雕家蚕的发现，证实了5300多年前的中原地区已经形成了较为完备的农桑文明形态。

20世纪90年代以来，黄河流域和长江流域大量关于采桑养蚕和丝绸纺织的文物出土，为我们了解丝绸的起源和发展情况提供了翔实的实物证据。从历朝文献记载到近代考古发掘，都说明在人类社会早期，原始先民已经开始驯化野蚕进行家养为人类服务。蚕茧的利用，家蚕的养殖和丝绸的生产，早在新石器时代就已经开始了。日本学者藤井守一研究考证，中国的缂丝织物远在彩

图2-4　郑州双槐树遗址出土的牙雕蚕（郑州市文物考古研究院）

陶土器时期（公元前2500年左右）就已存在，到商代（公元前1600—公元前1046年）缫丝织物制作已很精良。

采桑养蚕是我国古代劳动人民在生产实践基础上总结的创造性生产活动。作为蚕丝的发源地，从史前到汉代，中国一直是世界上唯一生产丝绸的国家，是世界上唯一饲养家蚕和织造丝的国家。世界上所有养蚕的国家，最初的蚕种和养蚕的方法，都是直接或间接从中国传去的。

从公元前1世纪起，中国丝绸开始传入罗马。古代西方人对中国的了解与丝绸有密切的关系，古希腊的文献称中国为"赛里斯"（Seres），西方认为丝绸是被称为"赛里斯"的东方人从树上用梳子梳下来的类似羊毛一样的东西，经过漂洗，然后纺织而成的。"Serer"意思就是"丝国"，神秘的中国就是西方人眼中的"丝国"所在。后来"Serer"逐渐成为欧洲人对中国的称谓。[1]以丝绸为纽带的贸易关系把中原王朝与罗马帝国联系起来了。柔软、轻薄、透明、丝滑、舒适的丝绸令古罗马人惊诧赞叹、十分着迷，用丝绸缝制的服饰可以显示他们优美的体态，立即引起了人们的高度追捧。他们视丝绸为奢侈品，丝绸价值倍增，几乎与同等数量的黄金等价，成为罗马贵族们最豪华、最珍贵的衣料。很长一段时间，欧洲人都不知道，丝绸从蚕丝而来，更不知道还有"养蚕缫丝"这一工艺。

历史上蚕种及桑蚕养殖技术什么时候传到西方，怎样传到西方，从来没

[1] 安田朴.中国文化西传欧洲史（上册）[M].北京：商务印书馆，2013：52.

有确切记载。但蚕种西传的故事曾在西域流传甚广，初唐玄奘西行路过于阗，听到了一个有关蚕种西传的故事，记录在《大唐西域记》卷二十"瞿萨旦那国"条。

王城东南五六里，有麻射僧伽蓝。此国先王妃所立也。昔者此国未知桑蚕。闻东国有也，命使以求。时东国君秘而不赐，严敕关防，无令桑蚕种出也。瞿萨旦那王乃卑辞下礼，求婚东国。国君有怀远之志，遂允其请。瞿萨旦那王命使迎妇，而诫曰："尔致辞东国君女，我国素无丝绵桑蚕之种，可以持来，自为裳服。"女闻其言，密求其种，以桑蚕之子置帽絮中，既至关防，主者遍索，唯王女帽不敢以验，遂入瞿萨旦那国，止麻射伽蓝故地。方备仪礼，奉迎入宫，以桑蚕种留于此地。阳春告始，乃植其桑，蚕月既临，复事采养。初至也，尚以杂叶饲之，自时厥后，桑树连阴。王妃乃刻石为制，不令伤杀。蚕蛾飞尽，乃得治茧。敢有犯违，明神不佑。遂为先蚕建此伽蓝。数株枯桑，云是本种之树也。故今此国有蚕不杀，窃有取丝者，来年辄不宜蚕。❶

大体意思就是说：瞿萨旦那国为了得到东邻的蚕种，想出了让求婚公主把蚕种藏在帽子里，私带入境的方法。20世纪初，英国探险家斯坦因在新疆和田丹丹乌里克遗址的佛寺地板上发现了一块木板画（图2-5），保存状态极好。斯坦因认为画的内容就是东国公主与蚕种西传的故事。画上公主发髻高耸，头冠上满缀珠宝，左边有一个侍女模样的人，左手高举，手指公主的帽冠，似乎在说这帽冠中有什么东西。公主背后跏趺坐着一个四臂神，三只手各执一件器物，他应该是主管或保护桑蚕和纺织的神（西域神话的蚕神）。公主右边有一个女子站在布满经线的织机旁，右手拿着筬（织具）。这幅木板画与玄奘讲的蚕种西传的故事十分匹配。但在汉文文献中，没有中国公主下嫁瞿萨旦那国的记载，关于蚕种西传的过程，也没有更多的记载或是类似的故事。玄奘记载的这一有趣的故事在一定程度上反映了蚕种西传中的某些事实，也从一个侧面证

---

❶ 玄奘，辨机.大唐西域记校注 [M].季羡林，等校注.北京：中华书局，1985：1021.

实了桑蚕丝织在古代于阗地区的流行。

图2-5 新疆和田丹丹乌里克遗址出土蚕种西传木板画（大英博物馆藏）

西方把中国称为"丝国"，形象地反映了中国的丝绸对于世界文明的广泛影响。丝绸对世界历史和人类文化进程意义非凡，以致后世将中国与周边世界的交流通道称为"丝绸之路"。

二、悠久的丝绸文明

桑蚕丝绸是承载我国历史文化的重要载体，对推动中华文明的发展与传承具有难以替代的价值和意义。早在中华文明发源伊始，华夏先民便开始摸索桑蚕丝绸技术，发源于新石器时代的桑蚕丝绸，以黄河文明、长江文明为依托，贯穿于仰韶文化、钱山漾文化、河姆渡文化等文化体系中，并形成以此为依托的贯穿于我国历史发展始末、历史悠久的丝绸文化体系，是我国重要的物质文化遗产之一。

从发展历程层面上看，我国自新石器时代发展以来，丝绸文化便在中原地区快速生根，并经历秦汉、唐宋、元明清等朝代的发展，逐渐成为我国历史文化的有机组成部分。长江、黄河等流域日渐成为栽培桑树、养殖桑蚕的重要流域。在秦汉时期，缫丝、养蚕、植桑及织绸工艺与技术逐渐上升到全新的发展高度。我国的丝绸制品随着丝绸之路的开启，传到欧洲、西亚、中亚等国家，使丝绸成为世界认识中国的重要媒介和起点。在唐宋时期，丝绸产业的发展中心逐渐从黄河转移到长江流域，桑蚕丝绸的质量及产量也得到了显著的提高，进而开启了草原、陆上、海上丝绸之路。而到元明清时期，桑蚕丝绸逐渐呈现出商品化、市场化的发展趋势，进而推动涉外贸易的快速发展。在丝绸之路打通东亚、中亚、西亚及欧洲的贸易长廊后，我国古代的大豆、水稻、茶叶、丝绸等产品有效地传播到西方各地，推动了我国和沿线国家的物种、物质、思想及文化的交流。

（一）丝绸与信仰

在人类文化不断发展的过程中，逐渐对影响自身社会活动及利益的自然力量心生崇敬。嫘祖被古代君民奉作蚕桑之神的现象，表明桑蚕丝绸在古代社会发展的重要地位和价值。作为世界蚕桑丝绸业的发源地，中国流传着许多与此相关的诸如蚕马神话、嫘祖教民、天仙配等神话和传说，都以天真美丽的幻想和清新质朴的风格，艺术地概括了人们对蚕桑丝绸的认识，反映了中国古代人民对蚕桑丝绸的情感。

蚕欲老，箔头作茧丝皓皓。

场宽地高风日多，不向中庭晒蒿草。

神蚕急作莫悠扬，年来为尔祭神桑。

但得青天不下雨，上无苍蝇下无鼠。

新妇拜簇愿茧稠，女洒桃浆男打鼓。

三日开箔雪团团，先将新茧送县官。

已闻乡里催织作，去与谁人身上著。[1]

从以上唐代诗人王建的诗词《簇蚕辞》中可以看出人们对蚕丝生产的重视。为了使桑树生长健康，年初或年终要祭神桑，养蚕之前要祭神蚕，保佑养蚕圆满顺利。蚕上簇的时候拜簇，保佑蚕茧丰收。殷商甲骨文中有"蚕示三

---

[1] 彭定求.全唐诗［M］.北京：中华书局，1960：3382.

牢"的记载，每年蚕季开始时，都要用三头牛或三对雌雄羊举行祭祀蚕神的典礼。从周朝开始，就有每年养蚕之前由皇后主持祭祀蚕神的仪式。古有所谓"天子亲耕南郊，皇后亲蚕北郊"的祭祀制度。唐朝在都城长安宫北苑中，设立先蚕坛。宋代建有亲蚕宫，也是祭祀蚕神之所。

在蚕短暂的一生中，它的身体形态经历数次变化。蚕吞食桑叶、四眠四起、吐丝结茧、羽化成蛾、破茧产卵、周而复始、生生不息。荀子在《蚕赋》中揭示了家蚕变态、眠性、化性、生殖、性别、食性、生态、结茧、缫丝和制种等各方面特征。

有物于此，裸裸兮其状，屡化如神，功被天下，为万世文。礼乐以成，贵贱以分。养老长幼，待之而后存。名号不美，与暴为邻。功立而身废，事成而家败，弃其耆老，收其后世。人属所利，飞鸟所害。臣愚而不识，请占之五泰。五泰占之曰：此夫身女好而头马首者与？屡化而不寿者与？善壮而拙老者与？有父母而无牝牡者与？冬伏而夏游，食桑而吐丝，前乱而后治，夏生而恶暑，喜湿而恶雨。蛹以为母，蛾以为父。三俯三起，事乃大已。夫是之谓蚕理。[1]

原始先民们对蚕从卵到蛹，再到化蛾飞翔的过程充满了好奇。蚕的生命循环现象引发古人对天与人、生与死等重大问题的联想和思索。古人死后用丝绸把自己裹起来，希望能像蚕一样飞升上天，获得生命的永恒。于是，蚕成了通天的引路神，丝绸具有了其他织物无法比拟的神圣意义。

古人用金蚕、玉蚕陪葬。在古代文献中，很早就有关于金蚕的记载。早在晋代人陆翙编著的《邺中记》中，就已经记载西晋永嘉年间，在春秋五霸之一的齐桓公墓中就发现过"金蚕数十箔"；南朝梁任昉的《述异记》中也记载了南朝时期在吴王阖闾夫人的墓中发现过"金蚕玉燕千余双"。1984年冬，在陕西省石泉县池河镇谭家湾村发现的"鎏金铜蚕"经鉴定，为汉代殉葬品（图2-6）。除了金蚕，还有很多玉蚕出土，形状有直身形，有弯曲形，还有璜

---

[1] 吕鸿声.养蚕学原理[M].上海：上海科学技术出版社，2011：119.

形，体现了蚕的生理变化与某些原始意识存在密切的联系。

图2-6 "鎏金铜蚕"（陕西历史博物馆馆藏）

（二）丝绸与政治

丝绸素有"软黄金"之称，先天具有高贵典雅的气质，以其柔软舒适、光泽优美的自然特性在所有纺织纤维中被尊为"纤维皇后"。由于丝织品工艺复杂，制作耗时费力，经济成本较高，所以不是所有人都可以使用。在古代，丝绸是高贵的地位和身份的象征，为历代帝王将相、达官贵人所享受。丝绸的质地和色彩、花纹等与政治制度和社会地位等紧密相关。

《礼记》云"衣服以移之"，"移"就是使人有尊严，有气度[1]。在古代，龙袍、官服之类的丝绸产品因它是皇权、官职品级高低之分的标志和权威的象征，不能作为交换商品在市场上出现。就连丝绸服饰上花纹图案的采用，也是严格区分等级的。在周朝时就已经形成十二章纹，即帝王及高级官员礼服上绘绣的十二种纹饰，分别为日、月、星、山、龙、华虫（有时候分花和鸟两个章）、火、宗彝（南宋以前就是一只老虎和一只猴子）、藻、粉米（晋朝以前是粉和米两个章）、黼、黻，通称"十二章"（图2-7）。这些图案，从帝王到各级官吏，按地位尊卑、官职高低加以采用。上级可用下级的花纹，而下级不能用上级的花纹。到了明清时期，在官服胸前或后背上织缀的一块圆形或方形丝绸织物"补子"，根据官位的不同，纹样形式亦不同。文官的补子图案用飞禽，武将的补子图案用猛兽。补子作为身份、等级的标志，是封建礼教制度在服饰

---

[1] 冯敏.唐代丝绸文化与入华粟特人的文化认同［J］.保定学院学报，2019（2）：75-78.

中最典型的代表之一。历朝历代还对各级官员官服的质地、颜色等作了详细规定。明朝对颜色的限制最大。一品至四品，用绯色；五品至七品，用青色；八品至九品，用绿色。官服的颜色是区分官员品级的大小、地位的高低的标志，所以官员的服饰颜色是不可以随便穿的。

"天下见其服而知贵贱"，帝王用丝绸彰显其权威，百官用丝绸标识其等级，百姓也以穿着丝绸服饰为荣。诸如此类，可以看出古代各级官员丝绸服饰的政治功能。

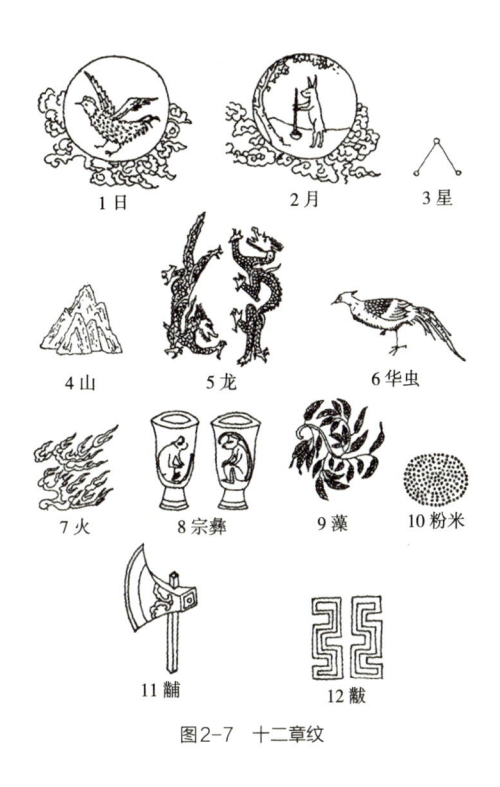

图2-7　十二章纹

（三）丝绸与文学

丝绸文化是独特而悠久的历史文化，是蕴含我国深邃人文思想的文化体系，能够体现出华夏民族极强的创造力和创新力，并深深地渗透到华夏子民的血液之中。

丝绸对中国汉字的巨大影响，反映到汉字中表现为与桑、蚕、帛和大量"纟"部字及与其有关的汉字的产生和应用。在殷商时代的甲骨文里，出现了"丝帛桑蚕"的记载（图2-8）。《说文解字》中，收录篆文9353字，其中含"纟"部的，共有248字，约占其篆文总数的3%。[1] 汉语中还有大量与这些字相关的词语，如桑蚕、桑麻、桑梓、蚕种、缫丝、纺丝、丝绸之路、帛画、玉帛、财帛等。这些词语大都与蚕丝业生产有着紧密的联系。此外，还有许多与

---

[1] 王梅.文化自信视角下当代中国文学发展的问题与反思[J].吉林工程技术师范学院报，2017，33（11）：102-104.

丝绸文化有关的成语和典故，如作茧自缚、锦囊妙计、孟母断机、衣锦夜行、衣锦还乡、经天纬地等。❶

另外，大量的文学作品通过描写桑蚕丝绸来抒发情感或反映社会现实。丝织品精美的造型和生活中的消费形态为文人提供丰富的文学素材。早在先秦时期，在《诗经·秦风·终南》中即有描写秦公着"锦衣狐裘"；《小雅·巷伯》又有"萋兮斐兮，成中贝锦"的记载。《诗经》《楚辞》两部作品中也留下了许多提及种桑、养蚕、织丝、染丝等丝绸生产状况的诗篇。如《诗经》中反映妇女从事农桑事业的情景："春日载阳，有鸣仓庚。女执懿筐，遵彼微行，爱求柔桑……"❷两汉时期

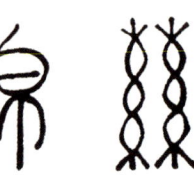

图2-8 殷商时期甲骨文"帛丝桑蚕"字样❷

的文学作品中，也有养蚕种桑的画面描写，汉代乐府诗《陌上桑》中："秦氏有好女，自名为罗敷。罗敷喜蚕桑，采桑城南隅……"❸丝绸常常会和女性形象联系在一起。如《管子》中："一女不织，民有为之寒者。"❹又如《古诗为焦仲卿妻作》中"十三能织素，十四学裁衣""三日断五匹，大人故嫌迟"❺。

唐代诗歌兴盛，丝绸繁荣，以丝绸命名的诗作明显增多，唐诗中对丝绸的描述亦十分丰富。如白居易《赠内》云："缯絮足御寒，何必锦绣文。"❻元稹《张旧蚊帱》云："独有缬纱帱，凭人远携得。"❼李白《杂曲歌辞·宫中行乐词》云："山花插宝髻，石竹绣罗衣。"❽白居易《庾顺之以紫霞绮远赠，以诗答之》云："千里故人心郑重，一端香绮紫氛氲。开缄日映晚霞色，满幅风

---

❶ 黄士龙.中西服装史［M］.上海：东华大学出版社，2018：9.
❷ 程俊英.诗经译注［M］.上海：上海古籍出版社，2012：153.
❸ 曹胜高，岳洋峰.汉乐府全集［M］.武汉：崇文书局，2018：67.
❹ 许慎.说文解字［M］.上海：上海古籍出版社，2007：655.
❺ 徐陵.玉台新咏（卷一）［M］.上海：上海古籍出版社，2007：40，42.
❻ 白居易.白居易诗集校注［M］.北京：中华书局，2006：75.
❼ 元稹.元稹集［M］.北京：中华书局，1982：102.
❽ 彭定求.全唐诗［M］.北京：中华书局，1960：408.

生秋水纹。"[1]唐人对文化的认同与自信，对艺术的审美与追求，促使丝绸大量入诗，成为诗人描摹、刻画，以及传递情感、诉说思绪的重要对象，促进了汉语言文学的发展。《全唐诗》中与桑蚕茧丝绸相关的诗约有千首，其中与蚕关联的有200多首，与桑关联的有500多首[2]，反映了唐代桑蚕茧丝绸的繁荣，有很多已成为千古传诵的名句，具有极高的文学艺术价值和珍贵的史料价值。

（四）丝绸与艺术

在绘画艺术中，丝绸可以用于制作绢画和帛书，作为书画艺术的载体。丝绸作为中国古代书画创作载体之一，已有数千年历史。秦朝，纺织业发展迅速，丝织品开始作为绘画载体出现，丝织品较为之前的陶罐、青铜器等来讲，质地更加细腻、光滑，所以此时的绘画风格也偏于细致、流畅。至魏晋时期，纺织业水平大大提高，绘画载体发展迅速，绢开始成为中国绘画的重要载体。相较于之前的绘画载体，绢的质地更加细密、光滑、柔软，且不晕墨，促使当时的艺术家摸索新的、适宜新载体的创作手法，进行更细致的艺术创作。至隋唐时期，绢的质量更加优良，质地更加细密，张彦远在其《历代名画记》中提到："齐执吴练，冰素雾绡，精润致密，机杼之妙也。"[3]这是张彦远对那一时期绢的品质所做的描述。由于绢的质地更加精润致密，这一时期作品风格也更趋于精丽、细致，用线遒劲连绵，线条运转优美流畅、富有节奏，艺术家借助于丝绸这样的绘画载体，可以表达更为细腻、柔美的艺术情怀。敦煌莫高窟出土的绢画，内容极为丰富，有各种佛像、菩萨像、经变画、佛教史迹画、供养人画像和装饰图案画等类，它们色彩沉稳，质感厚重，具有神圣的禅味，是中华传统文化的精华和人类文化遗产的稀世之珍。

在我国服装历史的长河中，一件好的丝绸产品，同时也是一件艺术珍品。

---

[1] 白居易.白居易诗集校注［M］.北京：中华书局，2006：1079.
[2] 朱丽娟.从《全唐诗》中看唐代桑蚕丝绸业的发展［D］.福建师范大学，2010.
[3] 赵权利.中国古代绘画技法·材料·工具史纲［M］.南宁：广西美术出版社，2006：8.

例如，史书记载，我国唐代官营作坊织造过两条"百鸟裙"，其艺术价值极高。其裙正看为一色，旁看为一色，日中为一色，影中为一色，百鸟形状，历历可见。色彩鲜艳而富丽，形象生动逼真，洋溢着动人的艺术魅力❶。围绕丝绸生产的每一个环节，无论是织造工艺、印染技术还是花色纹饰、图案处理等无不蕴含着艺术创作与文化交流的智慧。

（五）丝绸与经济

我国著名的思想家、教育家孟子曾说过"树之以桑，可以衣帛矣"，由此可见，丝绸是古代经济发展的支柱，是农民经济发展的关键来源，同时也是我国封建社会奠定"耕织并重"的立国之本。在经济领域，桑蚕丝绸可以维持基层人民的经济收入，维护社会的稳定。

随着桑蚕丝绸的不断发展，皇帝的赏赐、官吏之间的往来、民间的喜庆恭贺，多有丝织品。这里丝绸就扮演了一种贸易中介和货币等价物，它本身既是商品，也是货币。丝绸在大部分历史时期里充当了以物易物的中间等价物的角色，对于贸易的开展具有重要意义。绢帛充当货币在唐以前早已有之，特别是东汉以后，当实物货币逐渐取代金属货币而居统治地位的魏晋南北朝时期，绢帛以其轻便为统治阶级各阶层所欢迎，更成为当时的主要货币。到了唐代，朝廷三令五申，一再发布诏令，规定"钱货兼用"。在特殊的历史时期里，如唐初开始实行的租庸调法和贡税，以丝绸为主要赋税形式，征收丝绸赋税的州府达一百多个。这不仅说明了唐代丝织业的发达和普遍，也表明丝绸具有类似货币或实物地租的重要价值。所以，丝、绢等丝织物不仅具有文化意义，还具有重要的经济价值和作用。

在"钱帛兼行"的经济体制下，它可以作为货币用于支付"润笔"。所谓润笔钱，就是请人作诗文书画所给的报酬。古人出于自己所需，向文人墨客求

---

❶ 冯敏.唐代丝绸文化与入华粟特人的文化认同［J］.保定学院学报，2019（2）：77.

取诗、词、赋、碑、铭、志、序、记、画等，而酬谢他们润笔的形式很多，除了银两外，还有丝绸。唐代的润笔非常丰厚，清代学者赵翼在《陔余丛考》中记载："杜牧撰《韦丹江西遗爱碑》，得采绢三百匹。利之所在，人争趋之。"❶ 钱泳《履园丛话》载："白乐天为元微之作墓铭，酬以舆马、绫帛、银鞍、玉带之类，不可枚举。"❷

在以粟特人为贸易承担者所展开的欧亚大陆丝绸贸易中，丝绸更是最重要、最昂贵的商品。粟特人利用地区差异进行的长途贩卖中，中间环节加价严重。通过垄断贸易、层层加码、步步提价、过境抽税，在中国不算特别昂贵的丝绸，到了地中海沿岸时，有时就非常昂贵了。在欧洲，丝绸的价值甚至是用黄金来衡量和计算的。因丝绸贸易而推动了东西方大规模的经济文化交流，推动了整个人类文明的进程。

（六）丝绸与手工业

距今5000多年前，黄河中游流域和长江下游流域，都已出现桑蚕丝绸生产，并有了相当程度的发展。早期，桑蚕生产发展缓慢，到了商周时期，社会生产力和科学技术有了明显的进步，农业、手工业加速发展，青铜工具逐渐取代原始的石器、木器、骨器等，农田水利灌溉初具规模，桑蚕丝绸生产普遍兴起。

丝织业随着桑树的人工栽培和蚕的驯化迅速发展。丝织生产工艺逐渐完善，形成了缫丝、并丝、捻丝和整经的完整工序。生产工具也有了进步。早在新石器时代，就有了原始的腰机，到了商代，有了投梭式的平纹丝织机、六片综或六片提花蹑的织机。可以生产纨、纱、罗等高级的纺织品。

商代有数量庞大的手工业奴隶，设有专职官吏"百工"，率领和监督各种手工业生产。商代奴隶主贵族生活豪华奢侈，对丝织品消耗巨大，在河南洛阳、安阳等地发掘的商代贵族墓葬中，出土的各种青铜器表面都留下了原来用

---

❶ 彭燕郊.稿费琐谈［J］.出版科学，2002（1）：71-72.
❷ 钱泳.履园丛话［M］.北京：中华书局，1979：73.

于包裹的绢丝的痕迹。

春秋时期，各国诸侯为了扩大自己的影响力，鼓励发展蚕桑和丝织生产，以"擅麻桑之利""桑麻遍野"显示国力，加快了采桑养蚕的发展和集约化进程。诗经《大雅·荡之什·瞻卬》记载"妇无公事，休其蚕织"❶，丝织品以自给性生产为主，满足家庭消费之后，会有一部分进入市场。齐国所产的绸除了满足当地需要外，还大量输出，这才有"冠带衣履天下"的美名。

战国时期，我国由奴隶社会进入封建社会，桑蚕业日益成为人们衣食和财富的主要来源之一，《管子·牧民》说"务五谷，则食足；养桑麻、育六畜，则民富"。❷ 可见，在中原的广大地区，特别是齐鲁这样桑蚕丝织业高度发达的地区，桑蚕的地位已经跃居"六畜"之上，在社会经济生活中占有重要的地位。各诸侯国大都设有官府丝织作坊，湖南长沙战国楚墓有一方"中织宝休"印鉴出土，说明当时楚国设有"织室"管理宫廷丝织和缝纫生产。

秦始皇统一中国，结束了诸侯割据的局面，推行统一文字、货币、度量衡以及车轨的重大措施，促进了地区之间经济、商业、文化、技术等方面的往来和交流。商鞅推行重农抑商的政策，在《吕氏春秋·月令》中也记载了大量严酷的法律对破坏桑树和偷盗的行为的惩罚规定。秦统一后的官府丝织业机构设置，比前代规模更大、分工更细。养蚕织绸逐步发展为中国古代非常重要并且具有高度创造性的手工业门类。

---

❶ 程俊英.诗经译注［M］.上海：上海古籍出版社，2012：230.
❷ 黎翔凤.管子校注（上册）［M］.北京：中华书局，2004：14.

第三章 汉唐丝织业的发展

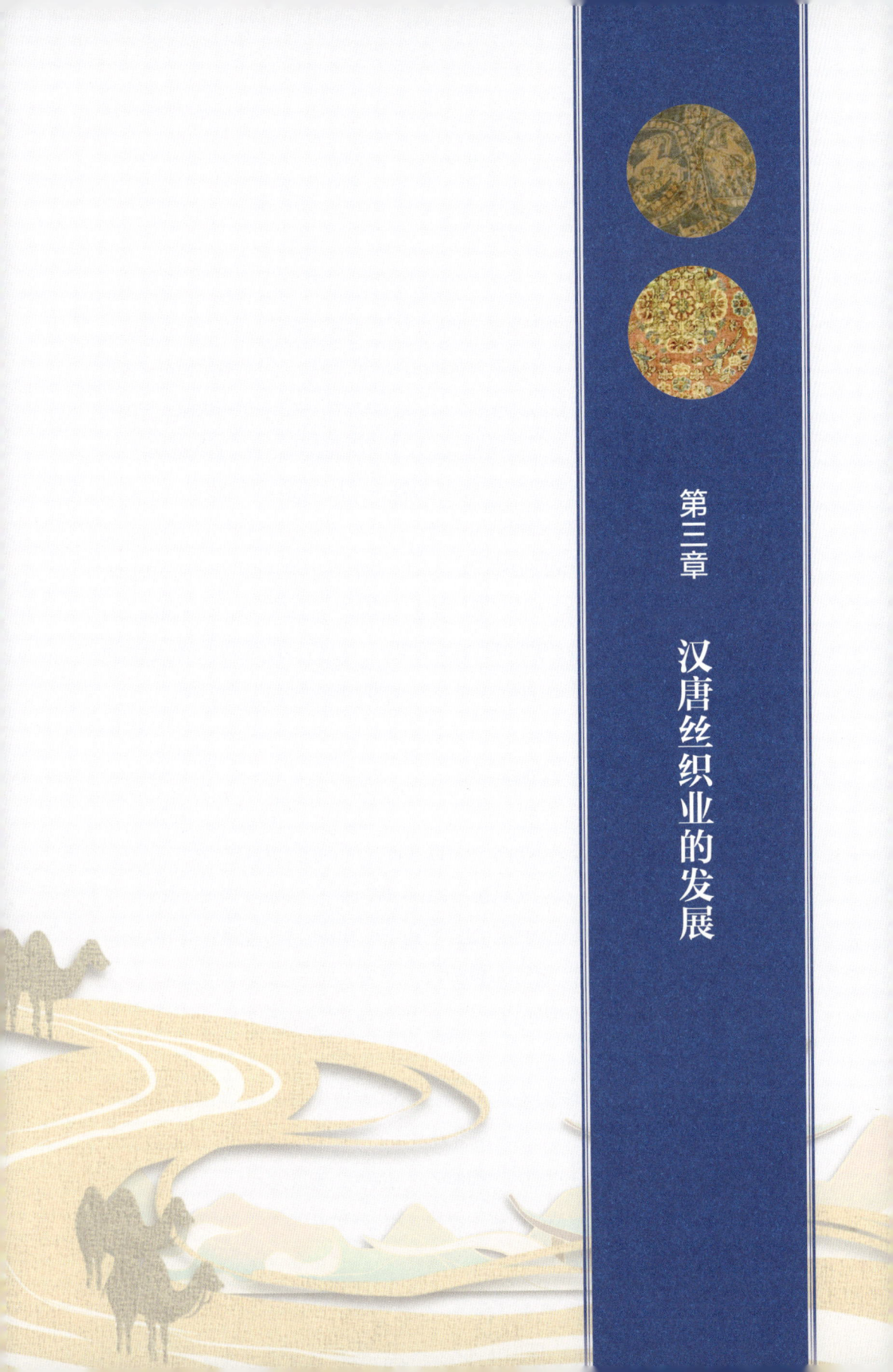

汉代是中国历史上极为重要的时期，汉代初期"农桑为本""重农抑商"，奖励农业生产，把蚕桑放在仅次于农业生产的第二位，这样的政策使蚕丝生产的规模和技术得到了飞跃的发展。在汉代，包括丝织业在内的纺织业，是民间存在的最为普遍的手工业，当时有"一夫不耕或受之饥，一女不织或受之寒"的谚语。随着民间丝织业的大发展，民间的丝织手工业作坊也逐渐兴起，社会上逐渐形成奢华的风气。在汉代，官商大贾"衣必文彩"，社会上"富者缛绣罗纨，中者素绨冰锦，常民而被后妃之服"。唐代是中国封建社会的鼎盛时期，桑蚕丝绸生产加速推广，无论产量、质量，还是工艺水平，都达到了前所未有的高度。唐代政治开明、政策完备、交通发达、宽容开放、兼容并包、进取自信，孕育了唐代艺术与文明的大繁荣，丝绸业迎来了发展的高潮时期。

一、汉唐时期桑蚕丝绸分布

春秋战国时期，桑蚕养殖主要是以齐鲁为核心的北方地区，到了两汉时期，其重心开始南移。根据《氾胜之书》记载，湖北、湖南、四川、贵州一代都有大片的区域进行桑蚕的种植和丝绸的生产。中唐以前，蚕桑丝绸生产无论产品数量还是生产技术，黄河流域仍占绝对优势。安史之乱后，中原混乱，东南偏安，社会经济和蚕桑丝织生产重心开始南移，江南逐渐发展成为全国丝绸的重要产区。

汉唐时期，桑蚕丝绸分布范围广泛，特别是唐代主要有三大桑蚕丝绸区，分别是黄河下游（以河北、河南两道为主体）、长江下游（江南、淮南两道的部分地区）、长江上游（以四川巴蜀地区剑南道和山南道为主）。

黄河下游52州，包括河南道（27州，相当于今天山东、河南两省的大部以及江苏省的部分地区）中今河南府、陕、汝、郑、沛、蔡、许、颖、陈、亳、宋、曹、滑、濮、郓、济、齐、淄、徐、充、泗、沂、青、莱、登、密、海；河北道（25州，相当于今河南和山东的部分地区）中今怀、卫、相、洺、邢、赵、恒、定、易、幽、莫、瀛、深、冀、贝、魏、博、德、沧、棣、妫、檀、营、平、安东。据《唐六典》载，河北道赋调，"厥赋绵及丝；相州调兼以丝，余州皆以绢、绵"。河南道境内"陈、许、汝、颖州，调以绵，唐州麻布，余州并以绢及绵"。[1] 这表明黄河下游52州均为蚕桑丝绸区。

长江下游包括江南、淮南两道的部分地区。江南28州，大致为江南道的润、常、苏、湖、杭、歙、睦、衢、越、婺、台、温、明、括、建、福、泉、漳、汀、宣州20州及淮南道的扬、楚、和、滁、濠、寿、庐、舒8州。除汀州外27州产蚕桑丝绸。

长江上游66州，剑南道中今益、蜀、彭、汉、锦、剑、梓、遂、普、资、简、陵、邛、眉、雅、嘉、荣、泸、戎、黎、茂、龙、扶、文、当、松、静、柘、翼、悉、维、嶲、姚33州，史载剑南道赋调，"泸州调以葛、纻等布，余州皆用绵、绢及纻布"，表明剑南道33州，除泸州外，其余32州均产绵绢。又依《唐六典》卷三，山南道的梁、洋、均、高、利、壁、巴、蓬、通、阆、果、合、渠、忠14州，呈贡或赋丝织品，亦属蚕桑丝绸区。如此，则长江上游产蚕桑丝绸达46州（表3-1）。

表3-1 汉唐时期桑蚕丝绸分布

地区	州数	产桑蚕丝绸州数	州
黄河下游	52	52	府、陕、汝、郑、沛、蔡、许、颖、陈、亳、宋、曹、滑、濮、郓、济、齐、淄、徐、充、泗、沂、青、莱、登、密、海；怀、卫、相、洺、邢、赵、恒、定、易、幽、莫、瀛、深、冀、贝、魏、博、德、沧、棣、妫、檀、营、平、安东

[1] 李林甫.唐六典[M].北京：中华书局，2014：74.

续表

地区	州数	产桑蚕丝绸州数	州
长江下游	28	27	润、常、苏、湖、杭、歙、睦、衢、越、婺、台、温、明、括、建、福、泉、漳、宣州、扬、楚、和、滁、濠、寿、庐、舒
长江上游	66	46	益、蜀、彭、汉、锦、剑、梓、遂、普、资、简、陵、邛、眉、雅、嘉、荣、沪、戎、黎、茂、龙、扶、文、当、松、静、拓、翼、悉、维、禽、姚；梁、洋、均、高、利、壁、巴、蓬、通、阆、果、合、渠、忠

黄河下游、巴蜀和长江下游三个地区自古以来就是丝绸生产的重地，但其发展却是不平衡的，一直都呈现南轻北重的格局，黄河下游和长江下游，桑蚕丝绸业几乎覆盖了全区各州。公元3世纪开始，丝绸产区逐渐发生了变化，巴蜀和江南地区得到了空前的开发，直至唐代，终于基本形成了三强鼎立的局面。汉唐时期，桑蚕丝织业兴盛的地区主要为关东、巴蜀、吴越，其中关东和巴蜀是主要的产区。特别是巴蜀地区，自成一体，始终为汉唐政府所倚重依赖的地方。

二、汉唐时期丝织品种类

从汉代发展到唐代，丝织品名目繁多，品种丰富，达到前所未有的程度。至少有缯、帛、绢、练、缦、缣、绵、绸、绒、双紃、丝布、段、纱、縠、轻容、绡、锦、綢、绮、绫、絁、罗、纨、素、缟、绨、织成、缂丝、絣等三十余种。不同品种又有不同的图案和纹样。下文列举的是一些代表丝织品。

（一）平纹类丝织物

绢、絁、缣、纱、绅、绡等是唐代的普通丝绸。一般为平纹织成，经纬大致相等。

绢，是一种厚而疏的平纹织物，几乎是唐代对于普通织物的总称。《释名》曰："绢，其丝厚而疏也。"[1] 绢为最基本的一上一下的平纹类素织物，法门寺

---

[1] 刘熙.释名疏证补[M].北京：中华书局，2008：149.

唐塔地宫出土较多，如各种夹袱、夹衣的里面多为绢。从敦煌吐鲁番文书来看，在平时的称呼中，绢分为生、熟两种，生绢是指未经精练脱胶的平纹织物，其中又有大生绢、白丝生绢或白生绢、黄丝生绢之分；熟绢是生绢脱胶之后的称呼，又可称为练，练根据尺寸有大练、小练之分。熟绢再经染色就成为彩绢，文书中有五色绢、红绢、绯绢、绿绢、黄绢、草绿绢、紫绢等记载。彩绢又可称为缦，缦原先是指没有图案的丝织物，到唐代似乎成了彩绢的称呼。但是缦的色彩标注在缦字后面，如缦绯、缦绿等都是史料中常见的用法。

䌷，是一种粗绸，《唐书·食货志》中载："丁岁，输绫䌷二丈。"❶ 䌷也有生熟之分，亦有多种色彩。唐代官营作坊中有专门的"䌷作"。

縑，《释名·释采帛》："縑，兼也，其丝细致，数兼于绢，染兼五色，细致不漏水也。"❷ 縑的经纬密度最大，是一种重平双经双纬的粗厚织物，也称为双丝绢。唐诗中有："双丝绢上为新样，连理枝头是故园。"❸ 宋人徐照《乐府》亦云："拆破唐人绢，经经是双丝。"由于縑厚重紧密，常用于绘画。在法门寺出土唐代丝织品中有一些被称为畦纹绢或交梭绢，多引双丝、三丝，甚至五丝为一梭，亦属并丝而织范畴，或与縑有着内在的相似之处。❹ 汉以后，縑多用作赏赠酬谢之物，如《全唐诗》云："紫绶名初拜，黄縑迹尚留。"❺ 或作货币进行交易，如《全唐诗》："五十匹縑易一匹，縑去马来无了日。"❻

纱，是一种纤细、稀疏、方孔、轻盈的平纹丝织物。唐人颜师古说"纺丝而丝之也，轻者为纱"❼。唐诗中也有"嫌罗不著爱轻容"❽，说明纱比罗更纤薄。唐代纱的种类极多，唐中央直属的少府监专门设"纱作"，供宫廷

---

❶ 刘昫.旧唐书[M].北京：中华书局，1975：2088.
❷ 刘熙.释名疏证补[M].北京：中华书局，2008：149.
❸ 彭定求.全唐诗[M].北京：中华书局，1960：7184.
❹ 赵丰.唐代丝绸与丝绸之路[M].西安：三秦出版社，1992：119.
❺ 彭定求.全唐诗[M].北京：中华书局，1960：810.
❻ 彭定求.全唐诗[M].北京：中华书局，1960：4705.
❼ 班固.汉书[M].北京：中华书局，2007：648.
❽ 彭定求.全唐诗[M].北京：中华书局，1960：3379.

制作衫、裙、帔子等。江南东道是有名的纱产地，各州进贡的品类有十几种，包括花鼓歇纱、吴纱、轻容、蓝縠、花纱等。其中最著名的有杭州的纹纱、京兆府的隔纱，常州晋陵郡的紧纱和蜀州的花纱等。1968年，新疆吐鲁番阿斯塔那古墓出土了一批唐代的白色蜡缬纱、绛色印花纱、黄色鸳鸯蜡缬纱、绿色骑士狩猎印花纱等高级丝织物[1]。1972年湖南长沙马王堆汉墓曾出土一件素纱禅衣，重量仅49g，质地轻薄，柔软透亮，是汉纱的代表作（图3-1）。1972年，阿斯塔那古墓又出土了天青色敷金彩轻容纱（图3-2），经纬密度仅为长沙汉墓素纱的一半，工艺水平极高，乃纱中精品[2]。

绅，绅是由质地粗劣的蚕丝加纺而织成的质地粗厚而耐穿的平纹丝织品。颜师古注《急就篇》云"抽引粗茧绪纺而织之曰绅"，因此，绅的外观总是粗犷而厚实，多为贫者衣料。在唐代贡赋资料中河南道、河北道、山南道和剑南道贡绅较多，品种有绵绅、平绅等。

图3-1 马王堆一号汉墓素纱禅衣（湖南博物馆藏）

绡，是生丝织成的平纹织物。《说文》："绡，生丝也。"[3]《玉篇》："绡，生丝也，素也，纬也。"[4]《急就篇》注："绡，生白缯。似缣而疏者，一名鲜支，其尤疏者，则为轻绡矣。"[5]其为轻薄类平纹素丝织物。

图3-2 唐天青色敷金彩轻容（新疆博物馆藏）

---

[1] 新疆维吾尔自治区博物馆.丝绸之路——汉唐织物[M].广州：文物出版社，1973：58-61.
[2] 罗瑞林，刘柏茂.中国丝绸史话[M].北京：纺织工业出版社，1986：97.
[3] 许慎.说文解字[M].上海：上海古籍出版社，2007：643.
[4] 顾野王.宋本玉篇[M].北京：中国书店出版社，1983：493.
[5] 史游.急就篇（丛书集成初编）[M].北京：中华书局，1985：123.

唐诗中多有描述，如"织绡泉底少欢娱，更劝萧郎尽酒壶"[1]"红拨一声飘，轻裘坠越绡"[2]"一尺红绡一首诗，赠君相别两相思"[3]等。

（二）暗显花丝织物

暗显花丝织物指在本色地上显示相同颜色的花纹，如罗、绒、縠、绮、绫等是唐代较高级的丝绸品种，其织法大多较为复杂，有平纹组织，也有斜纹组织。

罗，细薄的丝织品，质地手感滑爽，花纹美观雅致。《释名·释采帛》中载："罗，文疏罗也。"[4]在其他织物中，经线与纬线分别是平行并相互垂直交织而成，但罗则不同，它的经丝是相互扭绞而不平行的，是一种采用绞经组织的透孔丝织物。罗在春秋战国之前就已出现，分素罗和花罗，素罗指经丝起绞的素罗织物，花罗指罗地起各种花纹图案的罗织物，都是高级丝织物。

唐代生产罗的品种很多，载于唐代文献的罗织物品种有瓜子罗、孔雀罗、宝罗、云罗、凤纹罗和蝉翼罗等。据《新唐书·地理志》记载，唐代罗有三个重要产区，一是河北道镇州产孔雀罗、瓜子罗、春罗[5]；二是剑南道蜀州和益州产单丝罗，彭州产交梭罗、段罗，汉州产交梭罗[6]；三是江南道越州产宝花、花纹等罗[7]。特别是益蜀二州的单丝罗，《朝野佥载》记载："汴州刺史王志愔……又令买单丝罗，匹至三千，愔问：'用几两丝？'对曰：'五两。'"[8]可知每匹单丝罗织成仅用五两丝，而价"出三千"，轻薄且昂贵。法门寺地宫中出土的罗很多，大部分上有刺绣，如捧真身菩萨绣袱、棕红色大花罗地绣袱，莲花纹罗地绣袱及5件大红罗地蹙金绣衣物等。

---

[1] 彭定求.全唐诗［M］.北京：中华书局，1960：9803.
[2] 彭定求.全唐诗［M］.北京：中华书局，1960：10069.
[3] 彭定求.全唐诗［M］.北京：中华书局，1960：7825.
[4] 刘熙.释名疏证补［M］.北京：中华书局，2008：151.
[5] 欧阳修，宋祁.新唐书［M］.北京：中华书局，1975：1014.
[6] 欧阳修，宋祁.新唐书［M］.北京：中华书局，1975：1079-1081.
[7] 欧阳修，宋祁.新唐书［M］.北京：中华书局，1975：1060.
[8] 张鷟.朝野佥载［M］.北京：中华书局，1979：77.

绒，绒与罗的不同之处在于有一些纬丝被剪断用来起绒，与原来的纬丝不再平行。《新唐书》载宣州土贡"丝头红毯"，《元和郡县图志》载宣州进贡"五色线毯"，白居易专门的《红线毯》诗"红线毯，择茧缲丝清水煮，拣丝练线红蓝染；染为红线红于蓝，织作披香殿上毯。披香殿广十丈余，红线织成可殿铺；彩丝茸茸香拂拂，线软花虚不胜物"。[1]从中可以看出红线毯是高档丝织品，工艺复杂精细，栽绒丝毯的织造工艺，应是从西北栽绒毛毯的技术移植而得。

縠，一种质地轻薄纤细透亮、表面起绉的平纹丝织物，也称绉纱。《周礼》疏："轻者为纱，绉者为縠。"[2]汉以后又称"纱縠"，以轻薄著称，多为贵重衣料。唐代贡物中时见有白縠、雾縠等记载，其织造原理乃是把经纬丝加予强捻，然后精练脱胶，其捻度松散后就呈起绉状态。白居易《和梦游春诗一百韵》中云："袖软异文绫，裾轻单丝縠。"[3]

绮，平纹地起斜纹花的提花织物。《释名·释采帛》："绮，欹也，其文欹斜，不顺经纬之纵横也。有杯文形似杯也，有长命其彩色相间，皆横终幅此之谓也。"[4]唐少府监织染署有专门生产绮的机构。《唐大诏令集》中亦曾记载有二色绮[5]。唐诗云："夜裁鸳鸯绮，朝织葡萄绫。"[6]唐代，除了诗歌小说中能见到绮字外，正式的记录中，绮已大大减少。此时绮的范围大大缩小，吐鲁番的文书中基本只有绫不见绮。

绫，绫是在绮的基础上发展而来，是唐代盛行的一种丝织物，其工艺是先织后染的素织。唐代诗人白居易描写为"地铺白烟花簇雪"。绫的表现效果是地部稍暗，如铺白雪，画部较亮，似堆白雪。绫的特点是不依赖于色彩的改变，而是靠花地组织的不同造成对光反射的效果不同而显现花纹的，也就是暗

---

[1] 彭定求.全唐诗［M］.北京：中华书局，1960：1066.
[2] 班固.汉书［M］.北京：中华书局，2007：1054.
[3] 彭定求.全唐诗［M］.北京：中华书局，1960：4683.
[4] 刘熙.释名疏证补［M］.北京：中华书局，2008：156.
[5] 宋敏求.唐大诏令集［M］.北京：商务印书馆，1959：567.
[6] 彭定求.全唐诗［M］.北京：中华书局，1960：373.

花组织效果。白居易《缭绫诗》曾赞："缭绫缭绫何所以，不似罗绡与纨绮，应似天台山上月明前，四十五尺瀑布泉。中有文章又奇绝，地铺白烟花簇雪。织者何人衣者谁，越溪寒女汉宫姬。"[1]

在魏晋织物中，绫的地位十分重要。晋代，绫不准私自织造，也不准六品以下的官员使用。唐代绫的品种非常丰富，绫的生产遍布全国各产丝区。绫可以根据地部组织的不同，而分为两大类，一类是平纹地起花，另一类是斜纹地起花。有平纹地显3/1斜纹花、平纹地上隔经或隔纬显花、平纹地上嵌合组织显花、平纹地上纬浮显花四类。唐代各州贡绫品种繁多，极具地方特色。其中河南道有仙、滑二州的方纹绫，豫州的双丝绫，兖州的镜花绫；河北道有青州的仙文绫、定州的两窠细绫、幽州的范阳绫；江南道有润州的方棋水波绫，越州的吴绫、交梭白绫、异文吴绫、花鼓歇单丝吴绫、星朱纹绫，杭州的白编绫等。唐制百宫袍服以绫别等级，《旧唐书·舆服志》载："三品以上，大科䌷绫及罗，其色紫，饰用玉。五品以上，小科䌷绫及罗，其色朱，饰用金。六品以上，服丝布，杂小绫，交棕，双䌷，其色黄。七品以上，服龟甲双巨十花绫，其色绿。九品以上，服丝布及杂小绫，其色青。"[2]由于绫的品格极高，故初唐时并不准家私有绫，窦师伦即专为瑞锦和宫绫设计纹样。吐鲁番阿斯塔那出土的黄色联珠双龙纹绫（图3-3），上面写着："景云元年双流县折䌷绫一疋（匹）"。产地就在蜀郡，极具盛唐迹象。

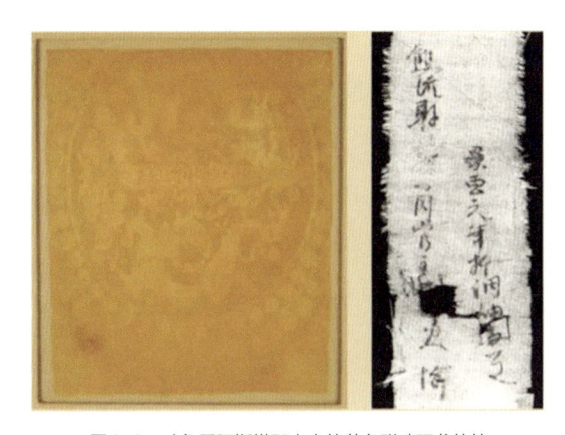

图3-3 吐鲁番阿斯塔那出土的黄色联珠双龙纹绫

---

[1] 彭定求.全唐诗［M］.北京：中华书局，1960：4715.
[2] 刘昫.旧唐书［M］.北京：中华书局，1975：1952.

（三）彩色提花丝织物

彩色提花丝织物指使用不同颜色的纱线，采用高密度、多层次的织造方式织造而成的面料，其色彩鲜艳，图案精细。彩色提花丝织物是一种高级的丝绸品种，织造工艺复杂。锦是最具有代表性的彩色提花丝织物，可采用平纹变化组织、斜纹变化组织和纬二重组织等。

锦，是"织彩为文"的彩色提花丝织物，是丝织物品种中最为精致的珍品。锦是豪华贵重的丝织品，在唐代锦是帝王权贵所有，有时亦作为赏赐品赏赐给重要的丞子。如天宝九载（公元750年），唐玄宗就曾赐安禄山"夹缬罗顶额织成锦帘二领、水葱夹贴绿锦缘白平绸背席二领、红锦缘白平绸背、红瑞锦褥四领、瑞锦屏二领"等。[1]

目前发现锦的最早实物，是出土于辽宁朝阳西周早期墓中，是典型的平纹经二重组织的平纹经锦。经锦是汉魏以来的传统织法，沿袭千年，从出土的西汉初期织锦实物看，以二色锦为普遍，也有少量三色锦。典型的实例有马王堆一号汉墓出土的"绛地红花鹿纹锦""香色地茱萸纹锦"等。直至唐代初期，织锦的生产仍然延续着传统的平纹经锦织造技术。魏晋南北朝时期，西方纺织技术传入新疆地区，在原来平纹经锦的基础上多加一片地综织出两上一下地组织形成斜纹经锦，斜纹经锦的图案在经纬两个方向都有严格的循环，纹样是严格的四方连续。从实物来看，魏晋织锦多出自新疆地区，以吐鲁番、尼雅楼兰等地出土的织锦数量最多，品种最多。斜纹经锦在唐代初期发展极快，当时流行的联珠小花纹锦、方格联珠小花纹锦都是斜纹经锦。随着中西文化交流，西方毛织物的织造方式深刻地影响了中原的织锦，唐中期出现纬线显花的织法，随后逐渐转向以纬锦为主。从组织结构上看，纬锦是斜纹经锦的90°转向，通过纬丝的表里换层来显花的。都兰热水墓出土的织锦有一半都是纬锦。纬线显花是丝织业的一大进步，也为唐代花鸟纹饰的发展奠定了技术支持。因此，

---

[1] 姚汝能.安禄山事迹［M］.上海：上海古籍出版社，1983：6-7.

发展到唐代织锦有三种常见的组织结构：一是平纹经二重组织的平纹经锦，二是斜纹经二重组织的斜纹经锦，三是斜纹纬二重的纬锦（图3-4）。

平纹经锦　　　　　　斜纹经锦　　　　　　斜纹纬锦

图3-4　唐代常见织锦组织结构图

晕䌷锦，是在纬锦基础上发展而来，用不同颜色的纬丝在织物表面织出色彩逐渐过渡的横向条纹，颜色由深到浅，逐层减退。1969年阿斯塔那381号唐墓出土的变体宝相花纹锦鞋（图3-5），用了三种锦，这双锦鞋的鞋头用经锦，鞋面用纬锦，鞋里用晕䌷锦，其中蓝绿、浅红、白色、黄色运用了七色晕法，是目前所见最精湛的晕䌷锦，也是反映唐代最高织锦工艺的纺织品之一。《唐六典》载织染署下有䌷作，专门织造䌷织物。

图3-5　变体宝相花纹锦鞋（阿斯塔那381号唐墓出土）

双层锦，是用两组不同颜色的经丝和两组不同颜色的纬丝分别对应交织，并通过表里换层而显花，两面花纹相同，但花纹的颜色和地纹的颜色互相转换。双面锦采用的是双层组织。吐鲁番斯塔那村北发掘的一座唐墓中出土了一件女舞木俑身着的短衫，就是由这种双面锦裁制而成的，沉香色地显白色四叶纹图案。新疆巴楚县托库孜萨来（唐王城）遗址也出土了新月和兔纹双层锦。

织金锦，是用金线显花的丝织物。隋唐是西亚织金锦进入汉地和中国自制织金锦的初始期。都兰热水墓曾出土盛唐时期的蓝地龟甲小花织金锦带一条，在基础平纹地上以隔经的大循环平纹金箔显花。法门寺地宫发现了织金锦残件（图3-6），长约74cm、宽约4cm，金锦用

图3-6　织金锦残件（法门寺地宫出土）

捻金线作菱格花纹，直径仅0.1mm，每公尺丝线上绕金箔3000捻回，极其精美。这批织金锦是目前考古首次发现的最重要的唐代织金锦实物。

（四）通经断纬丝织物

通经断纬丝织物是一种以平纹为基本组织，依靠绕纬换彩而显花的精美丝织物。纬丝不贯穿整个经线，而是根据纹样的轮廓或画面色彩的变化，不断换梭，采用局部回纬织制。在织物上花纹与素地、色与色之间的交界处呈现一些互不相连的断痕。在唐代，通经断纬丝织物是唐代最奢华的丝绸品种，主要有织成和缂丝两种，具有极高的艺术价值。

织成，是一种通经断纬的丝织物，其部分纬丝甚至全部纬丝都根据图案需要在局部用挖梭织法织制。织成泛指按服用之需，设计、织造其形状和图案的各类高档织物，其质料以丝为主。唐代传入日本的七条织成树皮色袈裟，由七条织成拼缝成一件袈裟。贞观二十二年（公元648年），太宗曾赐玄奘法师织成袈裟。[1]另有《中华古今注》载："天宝年中，西川贡五色织成背子，玄宗诏

---

[1] 慧立，彦悰.大慈恩寺三藏法师传［M］.北京：中华书局，2000：151.

曰：'观此一服，费用百金，其往金玉珍异，并不许贡。'"❶唐中宗女安乐公主有织成裙，史载："安乐有织成裙，直钱一亿，花卉鸟兽，皆如粟粒，正视旁视，日中影中，各为一色。"❷可知其异常珍贵。

缂丝，相比织成来说是一种全断纬丝织品。具体织法是以细蚕丝作经，以色彩丰富的各色蚕丝作纬，纬丝并不贯穿全幅，仅于图案花纹需要处投纬与经丝相交，故又称这种织法为"通经断纬"。出土文物中发现的唐代缂丝较多，如斯坦因曾在高昌故城中发现两件属于唐代的缂丝残片，伯希和在敦煌藏经洞中也发现了缂丝织物。阿斯塔那墓中还出土有橘黄色地几何纹缂丝束腰带（图3-7），是迄今为止发现的我国最早的有明确纪年的缂丝实物。这件缂丝织物是女俑身上的腰带，由草绿、红、蓝、白、青、橘黄等8种颜色丝线运用通经断纬技法织出几何形图案。❸都兰古墓中出土的蓝地十样小花缂丝，纬向宽度为5.5cm，是目前所知唐代缂丝中特别有价值的一种。

图3-7 女俑缂丝束腰带（都兰古墓出土）

三、汉唐时期丝织生产

汉唐时期，丝织生产工具不断改进，织造工艺更加复杂。唐代的丝绸生产愈加制度化、产业化，这离不开统治者政策措施的颁布与施行。从产业结构、社会分工的角度看，上至中央机构，下至地方百姓，每个生产单元各自承担着丝绸生产的任务。

---

❶ 马缟.中华古今注·卷中［M］//苏鹗.苏氏演义：外三种.北京：中华书局，2012：103.
❷ 司马光.资治通鉴［M］.北京：中华书局，1956：6741.
❸ 孙佩兰.丝绸之路上的刺绣与缂丝［J］.西域研究，1995（2）：54-61.

（一）丝织生产工具

我国古代丝织品的织造技术高超，一直领先于世界各地，丝织品的生产纺织工具是织造技术的核心部分，也是衡量古代纺织技术水平的主要标志。两汉时期，丝织生产工艺技术有了长足的长进，到了唐代，唐人兼容并包、开放自信的审美追求，促进了丝绸工艺的革新与完善。新疆出土的汉唐时期丝织品非常丰富，图案精美，织造工艺复杂。其图案、组织结构等方面充分证明了汉唐时期丝织品精妙高超的织造技术和较高水平规模化的丝织生产。

1. 纺车

织造前道工艺的主要机具是纺车，纺车是中国的发明，且是在不必纺纱的丝绸生产中发现的。丝绸生产的前道工序为生丝—缫丝—络丝，热汤缫丝会促使丝胶溶胀而相互粘接，于是产生了摇纬的纬车，纬车由大的转轮和小绽子加纡管结合而成，这就是纺车的基本形制。1974年，江苏泗洪曹庄出土的纺织汉画像石上，有一部脚踏纺车（图3-8），这种新型纺车极大地提高了生产效率。在五代时期莫高窟第6窟和第98窟北壁的《华严经变》中各描绘了一架纺车（图3-9），大同小异，是一种两锭的手摇纺车。[1]其反映的是敦煌一带唐末五代时的情况。

图3-8 汉代画像石上的纺车（江苏泗洪曹庄出土）

图3-9 莫高窟第6窟北壁纺车

---

[1] 王进玉.敦煌学和科技史[M].兰州：甘肃教育出版社，2010：439.

2. 织机

从我国织机的机械原理和发展历史看，织机主要分为素机、提花机两大类，素机主要是织平素织物，当然也可用挖花、挑花等方法织入花纹。素机包括腰机、踏板机、双轴机。提花机能织出复杂的组织，提花的工艺方法源于原始腰机挑花，汉代时这种工艺方法已经用于斜织机和水平织机，随着不断地改革发展，出现了多综式提花机和各类花本式提花机。关于汉唐时期丝织品织造工具的研究成果并不多，以汉唐画像石等为参考，围绕出土丝织品的组织结构、织造方法与技术、图案纹饰等研究，总结出汉唐时期主要的织机有以下几种（图3-10）。

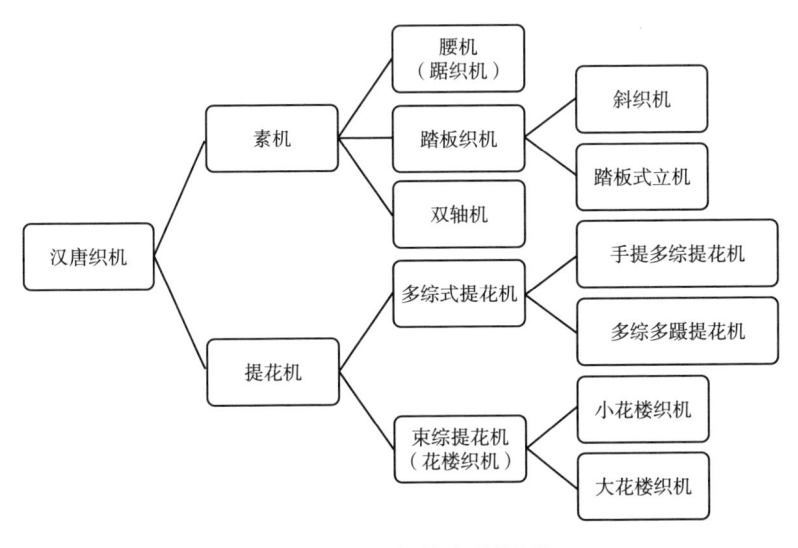

图3-10 汉唐时期主要丝绸织机

（1）腰机

腰机也称踞织机，由一些简单的不相连接的部件组成，最基本的有经轴、定经杆、分经木、打纬刀（机刀）、卷布棍（轴）和引纬木棒（梭子）。织造时织者席地而坐，把卷布棍系于腰前，双脚前伸蹬住经轴，拉紧、拉平经面，然后分经、引纬、打纬依次进行，织出一定长度后，卷布并转动经轴放出相应长度的经纱（图 3-11）。考古人员通过对一些文化遗址出土的相关物件分析（表 3-2），早在新石器时代中期，我们的先民就已熟练地运用原始腰机织制精美的织物了。河姆渡遗址出土的织机，可以作为早期腰机的代表（图 3-12）。

表 3-2　中国原始腰机出土情况

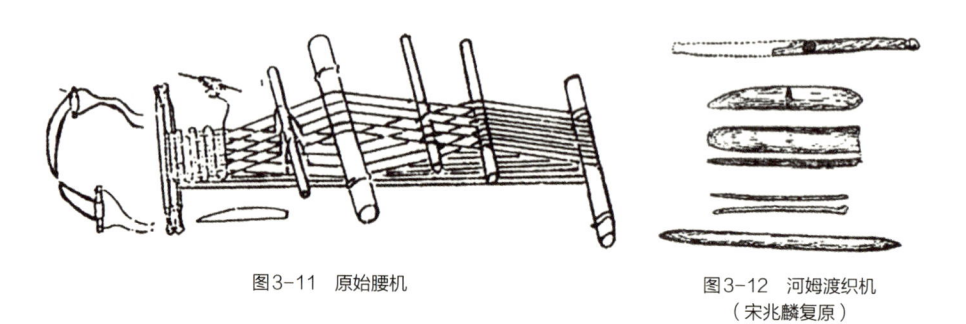

距今时间	遗址	出土物件
10000 多年	河北磁山文化遗址	石机刀
7000—5300 年	浙江余姚河姆渡遗址	木机刀、木骨匕、卷布轴、锯形物
4500 多年	余杭反山基地 23 号墓	玉端饰（腰机卷布轴、开口刀、经轴两端的饰物）
2600 多年	江西贵溪县鱼塘公社仙岩一带崖墓群	打纬刀、经轴、杆杆、综竿等
3000—2000 年	云南石寨山滇文化遗址	青铜贮贝器上有原始腰机的图像信息

图 3-11　原始腰机

图 3-12　河姆渡织机
（宋兆麟复原）

用腰机踞织仍然是汉代重要的织造方式，在有些地区腰织还十分流行。20 世纪 60 年代，云南江川李家山古墓群出土了一尊青铜贮贝器（图 3-13），器物盖塑有一位高大威严的女性贵族，她端坐在中央，身边有一人正捧着食盒跪在她左侧，另外还有两人分别跪在她的后方和前方。6 位纺织娘沿着器物边缘坐成半圆形，正在忙碌地纺织。有 2 人低头绕线，其余 4 人低头用腰机织布。此器物真实表现了滇国纺织活动及滇人对纺织工具的运用。明宋应星《天工开物·乃服》称腰机为小机："凡织杭西、罗地等绢，轻素等绸，银条、巾帽等纱，不必用花机，只用小机。织匠以熟皮一方置坐下，其力全在腰民之上，故名腰机。"❶ 腰机以其单人操作和不受场地限制之便利，可以随时随地任意织造小件织物，是其他大机器生产所无法取代的，自出现后一直经用不衰。但织物幅宽受到限制，这也是腰机无法克服的弱点。

（2）踏板织机

踏板织机是带有脚踏提综开口装置的织机的通称。原始织机在操作过程中需要用手提综片开口，踏板织机则用脚踏板提升或下压综片控制开口。它采用

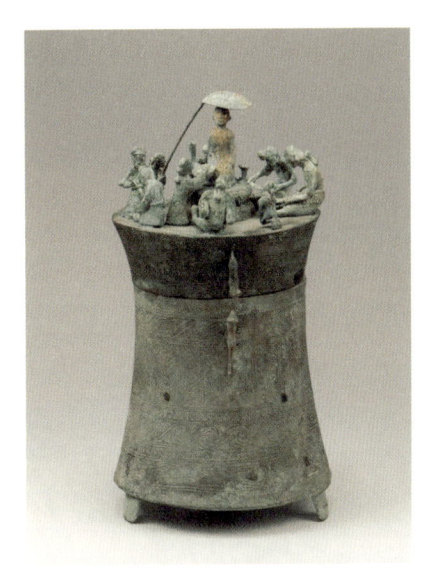

图3-13 纺织场面铜贮贝器
（江川李家山青铜器博物馆藏）

杠杆原理，用脚踏板来控制综片的升降，使经纱分成上下两层，形成一个三角形开口，使织工能腾出手来专门用于投梭打纬，并且用机架替代人身作为支架，大大提高了生产效率和织造质量。踏板织机在春秋战国时期已经出现，但其实物图像却迟至东汉时期的汉画石中才能看到。到秦汉时期，黄河流域和长江流域的广大地区已普遍使用。

①斜织机

斜织机是踏板织机的一种，特征是用两块踏板控制一片综，因其机身倾斜而称为斜织机。它的出现可以追溯到春秋战国时期，大量见于汉代画像石上，可知在汉代被广泛使用。斜织机和原始织机相比，织造技术有很大突破，用以织造平纹素织物。

江苏泗洪县曹庄出土的汉代画像石刻（图3-14），展示了汉代纺织的三道工序：第一道是右边女子在用络车进行"调丝"，第二道是中间女子在用纬车

---

❶ 宋应星.天工开物［M］.北京：商务印书馆，1933：11.

进行"摇纬",第三道是用织机制成绢帛。这也是我们所见到的斜织机结构的实物形象史料,是汉代织机的重大革新。

1975年成都土桥曾家包汉墓出土的大型浮雕石,中部刻有斜织机两架(图3-15)。左边织机结构较简单,织工正在丢梭织造。右边的织机结构较复杂,织工右手扬起,左手执舟形梭子正在织造。以上织机图的出土,证明了从秦汉以来锦江之滨的成都也是我国丝织业最发达的地区之一。

从20世纪60年代开始,先后有学者宋伯胤、黎忠义、夏鼐、高汉玉、屠

图3-14 汉画像石刻（江苏曹庄出土）

图3-15 汉代石刻织机

恒贤、赵丰等展开了对汉代斜织机复原研究（图3-16）。斜织机由机台、机架两部分组成，有脚踏板。机台均为长方凳架，机架的主体是长方形框，即持经框，持经框用撑柱支撑斜置于机台之上，使机架上装置的经面与机台成五六十度的倾角。通过机架的倾斜作用，可促使经面的张力得到一定缓和，减少丝线的断头。斜织机上脚踏提综装置是织机发展史上一项较为重要的发明，它的出现不仅使织造效率和质量有了大幅度的提高，对纺纱技术的进步也产生了相当大的影响。织布的人可以坐着操作，手脚并用，生产率比原始织布机一般提高10倍以上。

②踏板式立机

立织机是与斜织机较为接近的中轴式踏板织机，其经纱平面垂直于地面，形成的织物是竖起来的，故又称为竖机。立织机的形象曾出现在敦煌五代时期石窟中，在第196窟和第98窟的《华严经变》中都描绘有一架织机（图3-17），绘制非常简单，从形制看可以认为是一架脚踏式立机，可认为这是继承我国传统斜织机。❶我们可以把脚踏式立机看作晚唐五代时期在敦煌普遍使

图3-16 夏鼐汉斜织机复原图（1972年）

图3-17 莫高窟98窟北壁脚踏式立机

---

❶ 王进玉.敦煌学和科技史［M］.兰州：甘肃教育出版社，2010：442.

用的素机中的一种。

（3）水平式双轴机

水平式双轴织机是介于原始腰机和踏板机之间的一种过渡形式，在我国织机发展史上占有重要的地位。斯坦因曾在丹丹乌里克发现的传丝公主木版画上右下角就有一台不完整织机（图3-18），可看是一台水平式双轴织机。在机框直木上，竖立着一个Y形支架，架上有横木，显然是提综杆。

图3-18 传丝公主木版画上的织机

（4）提花织机

在中国古代织造技术中，最为复杂的就是提花技术。为了使织机能反复有规律地织造复杂花纹，人们先后发明了以综片和花本作为提花装置来贮存纹样信息，形成了多综式提花机和各类花本式提花机。提花技术是纺织史上的里程碑，提花机的基本概念是将提花规律贮存在织机的综片或是与综眼相连接的综线上，利用提花规律的贮存来控制提花程序，使得这种记忆信息得到循环使用。用今天的眼光看，古人发明的提花技术就是一种图形信息存储技术，如同计算机的程序，编好程序之后，所有的运作都可以重复进行，不必每次重新开始。

战国时已有靠脚踏板提沉综片的多综多蹑提花机。到汉代，这种多综多蹑提花机已日趋完备，提花机的使用反映了汉代纺织工具与技术发展水平的高度。但汉代提花机使用的范围还很小，新疆出土的汉唐时期丝织品所体现的丝绸织造提花方法有多种类型。其中，最重要的有多综式提花和束综式提花。❶

---

❶ 赵丰.丝路之绸：起源、传播与交流[M].杭州：浙江大学出版社，2015：15.

①多综式提花机

多综式提花机是提花织机的一种，以多个综框来实现提花织造。但受织造工艺的限制，其综框数量不能无限增加，因此多综式提花机主要适合织造纵向花纹较短、横向花纹不受限制的提花织物。综合现有的史料和已出土的丝绸文物结构分析，该织机的出现应不晚于战国时期。2012年，在四川成都老官山汉墓发现了4台竹木构成的织机模型（图3-19），部件上残存有丝线和染料。同时有15件彩绘木俑伴出，从身姿和铭文推测可能是对汉代蜀锦纺织工场中织工的模拟再现。这些织机模型是我国目前发现的唯一有出土地点、完整的汉代织机模型，也是迄今为止世界上出土最早的提花机模型，对研究中国乃至世界丝绸纺织技术起源和发展具有重大意义。❶ 经专家学者推测与证实，该类型织机为织造汉代经锦的蜀锦提花织机。中国丝绸博物馆联合成都博物馆院、中国科学院自然科学研究所等科研机构，以此为研究基础，于2015年复原了西汉勾综式提花机以及织造技术，2018年进一步利用老官山出土汉代提花机的研究成果成功复制了"五星出东方利中国"锦。

图3-19 勾综式提花织机模型（成都老官山汉墓出土）

丁桥织机是多综多蹑式提花机的一种机型（图3-20）。作为一种织机，丁桥织机一直作为"传说"存在于文献中，直到20世纪70年

图3-20 丁桥织机（成都蜀锦织绣博物馆）

---

❶ 于湛瑶.神机妙算：中国古代织机及其演变［J］.农村·农业·农民（A版），2020（6）：59-61.

代，蜀锦专家们才在华阳找到了实物。取名"丁桥织机"是因为织机脚踏板上布满竹钉，神似四川乡下河沟常见的过河石墩。丁桥织机中，综框是一个重要部件，是由上下横梁和左右侧档连接的带有穿综杆和驱动件的框架，织机有两个综就可织平纹，有三个综就可织斜纹，综越多，能织的纹饰就越复杂，而蹑就是联动这些综框的脚踏板。丁桥织机生产复杂，最多的有50综50蹑，操作起来需多人协同完成。丁桥织机比花楼手工提花机时间更早，丁桥织机经向起花，织造图案较为简单的经锦，一般用来织造提花装饰花边。汉代主要通过多综式提花机织造汉代绫锦。

三国以前使用的多综多蹑（脚踏板）提花机，在织造图案复杂和循环较大的提花织物时，由于级数过多，操作难度大，生产效率低。三国曹魏时期，陕西扶风人马钧对提花机进行了大胆的改革，将原来50综50蹑、60综60蹑的多综多蹑提花机，通通改成12蹑。织机结构大大简化，效率成倍提高，而织出的花纹反而变化自如，图案逼真生动。隋唐时期，提花机进一步改进，在不断完善的过程中，织机形成了多种类型。

②束综提花机

以往的织机织造织物时纬向花纹循环无法扩大，因此对纹样图案的织造产生了局限性，对于循环大、组织复杂的大花纹，如花卉纹、动物纹等，织造起来就显得相当困难。经过长期的摸索实践，大约在东汉时期人们在原有织机的基础上发明了束综提花机。束综提花机是一种较为复杂的织机，该织机最关键的技术是挑花结本，利用花本贮存提花程序，记忆花纹图案的变化规律。该织机上部高耸出一个控制提花机经线起落的织机部件，名为"花楼"，束综提花机因此又称为"花楼机"。花楼束综提花机的最大特点是提花经线不用综片控制而改用线综控制，也就是说有多少根提花经线，就要有多少根线综，而且升降运动相同的线综是束结在一起吊挂在花楼之上的。织造时需一名织工和一名挽花工配合操作，挽花工坐在花楼上拉动花本横线，提升相应经线以开口提综，织工在下面踏杆引纬织造。两人要依一定的口诀唱歌，互相依此节拍进行协调操作，拉牵、踏综、投梭、打纬，边唱边织。

束综提花织机分为小花楼织机和大花楼织机，视纹样的幅度和经线的密度而定，多花的小花幅织物可用小花楼织机（图3-21），花幅大的织物适用于大花楼织机。小花楼织机中比较有代表性的是汉代的四川蜀锦织机。隋末唐初，蜀锦生产逐步使用"束综式"小花楼织机，织机上的"花本"，即可比喻为用线编出来的提综"存储器"，花楼上的挽花工按照花本储存信息"提综"，与楼下的织手配合便能织出复杂的蜀锦纹饰图案。大花楼织机约出现于唐末五代时期，明清时期得到较快发展，是束综提花机发展的顶峰。其特点在于花本大而呈环形，花纹循环可以极大，织出像龙袍一类的袍料，循环达十余米。

图3-21 《织耕图》中的小花楼织机

（二）丝绸染色印花

我国是世界上较早应用织物染色和印花的国家。在原始社会已开始使用赤铁矿、朱砂、精石、石黄、炭黑等天然矿物颜料，染出红、白、黄、黑等色彩。进入文明社会后，印染已从萌芽状态发展成专业水平。夏至商代已存在练染，用于练丝织帛，用练熟的彩丝织造锦绮，染色从矿物颜料发展到植物染料，到战国时有"青取之于蓝而青于蓝"的染色经验。

1. 染色

汉代，染色技艺相继发展，植物染料的生产和使用逐步扩大，染料品种增多，由西域传入的红花种植技术，迅速从西北地区传入中原。套染技术的完善，使染色色谱迅速增加，到东汉时《说文解字》中记载的色彩多达39种。

唐代用于丝绸染色的植物染料不下30余种。[1]从其所含主要色素的染料性能来看，它们可分成直接染料、酸性染料、还原染料、媒染染料、阳离子染料等类。但从染色色泽来看，则可分成红、蓝、黄、紫、黑五大色调，若再加上练白一项，就与织染署下的"练染之作有六：绛、青、黄、紫、皂、白"[2]完全相当了。

（1）红色植物染料染色

红色是汉唐时期常用的色彩，染红色最初使用的是赤铁矿粉末、朱砂（硫化汞）等矿物染料，色牢度较差。周代开始使用茜草，它的根含有茜素，以明矾为媒染剂可染出红色。汉代起，大规模种植茜草。茜草在汉代应用十分广泛，在西汉长沙马王堆一号汉墓出土的实物中，红色丝织品主要采用茜草染色，色彩至今仍然纯正。但茜草不是正红而是暗土红色，到了唐朝，茜草逐渐被红花取代。

红花，又名红蓝花，原产于埃及和近东一带，在汉魏之际从近东传至中亚地区，又传入中原。红花适合多种纤维的直接染色，是红色植物染料中色光最为鲜艳的一种，用它染成的红色被称为真红或者猩红。唐代，红花的栽培和染色几乎遍及全国各地。红色曾是汉唐时期的流行色，唐代诗人李中的诗句"红花颜色掩千花，任是猩猩血未加"[3]形象地概括了红花非同凡响的艳丽效果。

根据现代科学分析，红花中含有黄色和红色两种色素，其中黄色素溶于水和酸性溶液，在古代无染料价值，而在现代常用于食物色素的安全添加剂；而红色素易溶解于碱性水溶液，在中性或弱酸性溶液中可产生沉淀，形成鲜红的色淀沉积在纤维上，获得具有一定牢度的红色衣物。蜀锦多用红花染色，织后要在锦江中洗濯，大概就是这个原因。

---

[1] 中国纺织科学技术史编委会.中国纺织科技史资料（第十七集）[M].北京：北京纺织科学研究所，1984：76.
[2] 李林甫.唐六典[M].北京：中华书局，2014：576.
[3] 彭定求.全唐诗[M].北京：中华书局，1960：8615.

苏木，又名苏芳。唐朝以来四品大官的官服都染自于苏木。并且苏木变化较为多样，与不同的媒染剂相作用产生的颜色也不尽相同。如使用二氧化铁作为媒染剂的话，就会得到偏紫的颜色；使用氧化铬为媒染剂则可染成黑色，称为苏木黑。

（2）黄色植物染料染色

汉代时，栀子作为黄色植物染料使用十分广泛，栀子的种植业形成了一定的规模。栀子的果实中含有"藏花酸"的黄色素，是一种直接染料，染成的黄色色相鲜艳。汉代的宫中御服都是运用栀子染色。南北朝以后，黄色染料又有地黄、槐树花、黄檗、姜黄、柘黄等。用柘黄染出的织物在月光下呈泛红光的赭黄色，在烛光下呈现赭红色，其色彩很炫人眼目，所以自隋代以来便成为皇帝的服色。

（3）靛蓝植物染料染色

蓝草是我国早期使用的植物染料之一，蓝草可用来染青、蓝、碧。汉代时蓝草的染色工艺技术已经相当成熟，在湖南长沙马王堆汉墓出土的丝织物中，有许多蓝色丝织品，经专家分析，为天然靛蓝。靛蓝是一种还原染料，《天工开物》中记载了靛蓝染色的方法，即将蓝草泡在桶或缸中，在水中加入石灰，经过发酵（还原过程）形成可溶性的染料色体进行染色，染后经空气暴吹，氧化为原先的不溶性染料而发色。[1]唐朝《新修本草》记载"蓝实，其茎叶可以染青……菘蓝为淀，惟堪染青；其蓼蓝不堪为淀，惟作碧色尔"[2]。

2. 染缬

汉唐时期在对丝绸织造技术进行改进和创新的同时，还对丝绸的印染技术进行了诸多改进。古代印花技术主要以防染印花为主，唐代主要表现为染缬技术的日益完善。唐代的染缬主要有夹缬、绞缬、蜡缬三种方法。

夹缬亦称夹结，是十分最古老的一种印染艺术，其原理与扎染、蜡染相

---

[1] 陈荣折.天然染料及其染色[J].染料与颜料，2015（52）：5.
[2] 苏敬.新修本草（辑复本）[M].尚志钧，辑校.合肥：安徽科学技术出版社，1981：185.

似,但是工艺更加复杂。其方法是把染色的丝绸分层折叠,每层夹上各种颜色的植物花叶,经木棒捶打,使叶汁沾在丝绸上,然后施染。由于有叶汁处不着色,或着和染剂不同的颜色,能显出五颜六色的花纹。夹缬始于秦汉时期,隋炀帝曾令工匠们印染五彩夹缬花罗裙,赏赐给宫女和百官妻女。官兵的军服也常用夹缬来作标识,敦煌莫高窟彩塑菩萨身上穿的也多是夹缬织物。唐代诗人们也留下"成都新夹缬,梁汉碎胭脂"[1] "合罗排勘缬,醉晕浅深妆"[2]的诗句,夹缬艺术在唐代达到了巅峰。《唐语林》引《因语录》云:"玄宗时柳婕妤有才学,上甚重之。婕妤妹适赵氏,性巧慧,因使工镂板为杂花之象而为夹缬。因婕妤生日,献王皇后一匹,上见而赏之,因敕宫中依样制之。当时甚秘,后渐出,遍于天下。"[3]说明早期夹缬工艺是扎根于民间,而后才传到宫廷的。唐代"黄地宝花纹夹缬绢"染成黄地红花绿叶的宝花纹样,其很可能采用了三套夹缬分别染成,即首先将织物统一染成黄色作地,在未干的情况下,再分别用红色染橙色花瓣,用蓝色染绿色的叶子纹样。日本正仓院有多件唐代夹缬藏品。

绞缬,依据一定的花纹图案,用针和线将织物缝成一定形状(呈疙瘩形状),或直接用线捆扎,然后抽紧扎牢,使织物皱拢重叠,染色时折叠处不易上染,而未扎结处则容易着色,从而形成别有风味的晕色效果。隋唐时期,由于皇家的喜好,绞缬更是风靡一时。史料记载的绞缬名称就有"大撮晕缬、玛瑙缬、醉眼缬、方胜缬、团宫缬"等。1969年考古工作者在新疆吐鲁番发现的属于唐高宗永淳二年(公元683年)编号为117号墓葬中曾出土了一件绞缬菱花纹绢,以浅黄色为底色,折成数叠,加以缝缀,再用棕色染液染成。出土时为绞缬而缝缀的丝线还未拆除。菱花纹饰色彩明显,大方美观。[4]可见,这种染色工艺在唐初已由内地传到西藏,它比夹缬的产生时间要早。

蜡缬又称蜡染。用蜡在织物上画出图案,然后以天然染料入染,最后沸煮

---

[1] 彭定求.全唐诗[M].北京:中华书局,1960:5168.
[2] 彭定求.全唐诗[M].北京:中华书局,1960:5159.
[3] 王谠.唐语林[M].北京:中华书局,2007:173.
[4] 竺敏.吐鲁番新发现的古代丝绸[J].考古,1972(2):29-32,74-79.

去蜡，则成为色底白花的印染品。由于蜡凝结收缩或加以揉搓，产生许多裂纹，染料渗入裂缝，成品花纹往往产生一丝丝不规则纹理，形成一种独特的装饰效果。蜡缬起源于印度，汉代已在中亚地区普遍应用。魏唐之际，蜡缬出现在丝织品上，吐鲁番阿斯塔那曾出土一些以点蜡作纹的蜡缬产品，唐张萱《捣练图》中有几个妇女的衣裙也是蜡染工艺制成的。

（三）丝织生产系统

汉唐时期丝绸产品的生产单元小到家庭生产，大到皇家作坊，几乎遍及整个中国各个层次，担负着整个社会的丝绸生产任务。丝绸生产单元自上而下、紧密清晰地联结在一起，构成了完备全面的丝绸生产系统。丝绸产品通过官方的汇集和分流进入消费领域。

1. 男耕女织的家庭生产

男耕女织是当时最普遍的劳动方式。《汉书·食货志》中载"一夫不耕或受之饥，一妇不织或受之寒"[1]，这种满足自身需求的男耕女织的生产方式普遍且分散，以家庭为单位的生产结构小而紧凑，是这一时期丝绸生产的主要组成部分。袁皓"有村皆绩纺，无地不耕犁"[2]就呈现出田夫蚕妾的景象。当时一名妇女勤劳纺织，则自养有余。封建社会里，妇女长期从事丝绸纺织活动，生活的喜怒哀乐也多来源于生产劳动中。孟郊"如何织纨素，自著蓝缕衣"[3]女子日夜不停地赶织细绢，丝绸精美洁白却不是为己所用。

2. 官营丝绸生产作坊

官营纺织机构，在秦汉郡府、蜀汉朝廷中皆有设置，主要生产为朝廷官府服务的、较高级的丝绸物品及服装。上有中央的皇家作坊，下有地方性的官营生产作坊，官营丝绸生产作坊具有充足的原料和雄厚的人力、物力，专供上层

---

[1] 班固.汉书［M］.北京：中华书局，2007：1133.
[2] 彭定求.全唐诗［M］.北京：中华书局，1960：6955.
[3] 彭定求.全唐诗［M］.北京：中华书局，1960：4201.

统治者消费。官营丝绸业规模庞大，财力雄厚，集中了许多优秀的工匠进行高档丝绸的生产，技术精湛。唐代仅在长安就设有织染署、贵妃院、掖庭局、内作等官营丝绸作坊，其中绫匠、巧儿等织工人数更是多达六百余人。据《旧唐书·后妃传》载："开元以来，豪贵雄盛，无如杨氏之比也……宫中供贵妃院织锦刺绣之工，凡七百人，其雕刻熔造，又数百人。扬、益、岭表刺史，必求良工造作奇器异服，以奉贵妃献贺，因致擢居显位。"❶

政府为了加强管理，设置了被称作"蚕官令丞"的职官，专门负责管理养蚕事务：西汉时期，政府有专门的纺织机构，名为"东西织室"。《汉书·贡禹传》云："三工官费五千万，东西织室亦然。"❷又《惠帝纪》织室注："（织室）主织作缯帛之处。"❸《三辅黄图》云："织室在未央宫，又有东西织室，织作文绣郊庙之服，有令史。"❹可见西汉长安未央宫内设有东西两织室，分别由织室令丞管理，主要为宫廷织造丝绢、彩锦和宗庙仪服。到了唐代，官营的丝织业由中央少府监总负责，下设直接管理丝织业的染织署。唐代丝绸织染业内部分工更加细致。据《唐六典》卷22《少府监·织染署》载少府监下设的"掌供天子皇太子及群臣下冠冕"的织染署内置有以下载："凡织纴之作有十：一曰布，二曰绢，三曰絁，四曰纱，五曰绫，六曰罗，七曰锦，八曰绮，九曰繝，十曰褐。组绶之作有五：一曰组，二曰紃，三曰绦，四曰绳，五曰缨。紃线之作有四。一曰紃，二曰线，三曰弦，四曰纲。练染之作有六：一曰青，二曰绛，三曰黄，四曰白，五曰皂，六曰紫。"❺这是有史以来在丝织业内部出现的最完整、最细致的作业分工，对提高丝绸生产的数量和丝织业生产的技术水平都起到巨大的推动作用。除中央外，诸州郡各道也设有官营的丝织机构，如织锦坊、续锦坊、染坊等。官营手工业集中了最优秀的工匠，其丝织产品也代

---

❶ 刘昫.旧唐书[M].北京：中华书局，1975：2179.
❷ 班固.汉书[M].北京：中华书局，2007：719.
❸ 班固.汉书[M].北京：中华书局，2007：10.
❹ 何清谷.三辅黄图校释[M].北京：中华书局，2005：152.
❺ 李林甫.唐六典[M].北京：中华书局，2014：572.

表了唐代最高的工艺水平。这就保证了输入丝绸之路市场的外贸产品必然是上乘的。

益州（今四川成都）是相当重要的官锦坊设置地。据《历代名画记》记载，"窦师纶，性巧绝，草创之际，乘舆皆厥。敕兼益州大行台检校修造。凡创瑞锦，宫绫，章彩奇丽"❶。可见，唐高祖时期就在益州设坊织造，益州很可能是唐代官营丝绸作坊中最早的一家。据《中华古今注》载，"唐天宝年中，西川贡五色织成背子，玄宗诏曰：观此一服，费用百金"❷，这是一般织造户难以达到的，可见当时四川织造技术在国内都是相当高的水平。《中国商业史》中言，"官营丝织品，一直在西蜀经济中占主要地位，远销魏吴，后来并成为支持战争开支的重要资源"❸。

3. 织造户

织造户是介于官方和民间的生产形式，是一种相对松散的丝绸生产单元。织造户根据官府的指令，使用自己的织造工具进行来样加工，所织产品多为有地方特色的贡品。他们主要为官府承担专门的织造任务，是官府固定的丝绸加工点。产品的式样、规格、数量、完成期限等都有严格规定和要求。织户姓名、织造产品等有关情况也都详细登记在册。这些织造户的丝织工艺精湛，而且分布相对自由、广泛，尤其是在长年进贡的地方州县上这些织造户更多。唐诗中就有许多关于荆州、宣州、越州等地织造户织绸精巧的描写。像元稹的《织妇词》以及王建的《织锦曲》这两首诗，分别就有对荆州贡绫户和益州织锦户的相关描写。《织锦曲》中这样描述当时益州（成都）的织锦户："大女身为织锦户，名在县家供进簿""一匹千金亦不卖，限日未成宫里怪""锦江水涸贡转多，宫中尽著单丝罗"，❹可以看出当时益州的织女们辛苦织作的蜀锦产品质量高，但工作繁重，辛勤劳累。唐代的织户各司其职且分布零散，但依然需

---

❶ 张彦远.历代名画记［M］.上海：上海人民美术出版社，1964：193.
❷ 马缟.中华古今注·卷中［M］//苏鹗.苏氏演义：外三种［M］.北京：中华书局，2012：103.
❸ 余鑫炎：中国商业史［M］.北京：中国商业出版社，1987：86.
❹ 彭定求.全唐诗［M］.北京：中华书局，1960：3382.

要受地方官府的管辖，并且记录在册，期限规定非常严格，生产、生活、婚姻等都受到诸多限制。

4. 民间丝绸作坊

民间丝绸作坊以营利为目的，集中了大量的匠人，产品较注重质量。汉唐时期这种专业的丝绸作坊规模不大，但它们游离于官府控制和土地束缚之外，经营方式比较灵活，有些是买丝织绸，"卿卿买得越人丝，贪弄金梭懒画眉"❶；有些进行来料加工，王建《去妇》"在时纵嫌织绢迟，有丝不上邻家机"❷。民间丝绸作坊在城镇之中居多，并兼行贸易，可以看出当时商品经济的发展较为活跃，也说明除上层贵族外，普通百姓对丝绸的需求也在不断扩大，民间消费水平日益提高。唐代最大的民间丝织作坊式定州何明远家，"有绫机五百张"。❸

手工织造业的极度发达带动了商业的发展。丝绸产品通过以上生产单元生产之后，除了部分由生产者直接消费外，一般通过两种途径进入消费领域：官方集散和市场贸易。皇家作坊和织造户的产品一般都汇集于中央官府，独立的作坊将其产品直接投放市场，而农村家庭生产者，既要考虑本身服用，又要缴纳赋税，多余的才会去市场进行交换。可以这样说，民间丝织业的发达是唐代丝织业的基础，也是丝路贸易最可靠的基础。

一方面，底层百姓纺织劳作，缴纳赋税，谋求生活；另一方面，富室豪家享用丝绸，以供日常消费。如此一来，丝绸成为将生产和消费、底层百姓与上层贵族紧密相连的重要元素之一。

四、汉唐丝绸在经济中的作用

汉唐时期，丝绸成为国家财政收入支柱。封建朝廷的收入主要是赋税。桑

---

❶ 彭定求.全唐诗[M].北京：中华书局，1960：5655.
❷ 彭定求.全唐诗[M].北京：中华书局，1960：3438.
❸ 李昉.太平广记[M].北京：中华书局，1986：1875.

蚕作为家庭副业，在汉代已经十分普遍。汉末之前，早有丝绸实物税，但限于部分地区，到汉末才更加重视征收丝绸。曹操实际控制政权后，于献帝建安九年（公元204年）创立"亩课田租、户调绢绵"的新税法，规定每亩征缴田租4升，每户缴纳绢2匹、丝绵2斤。以实物征税，既可安定农民生计，奖励生产，朝廷也能征得财赋。为了保证丝绸实物税的征收，封建政权采用了"劝课农桑"的政策措施。

南北朝时期，北魏也实行户调的税法，但早期征收的实物不一定是丝绸，而指明要粮食、马、牛等。即便如此，税额中丝绸的分量还在不断增加。太和九年（公元485年）实施均田法，同时改正税法，"其民调，一夫一妇帛一匹，粟二石"，税额下降。南朝也征收丝绸实物税，"丁男调布绢各二丈，丝三两，绵八两，禄绢八尺，禄绵三两二分，租米五石，禄米二石，丁女半之"❶。这是按丁抽税，不是户调。单从绢的数量来说税率比北魏低。但实际上，赋调多少常常因时增减，而且正税之外还有杂税。

唐代丝绸产量巨大，也实行户调绢绵的制度，在全国范围内广泛征收丝绸实物税，使全国各地普遍地生产丝绸，丝绸产量大，质量和品种也达到了顶峰。唐代，租庸调与土贡在历代丝绸贡赋中达到了最高，这也促使唐代丝绸生产出现了繁荣发展的局面。唐代租庸调制以均田制作为基础，农户需向朝廷缴纳赋税，承担劳役。武德七年（公元624年），颁布正式均田制，《旧唐书·食货志上》记载："每丁岁入租粟二石；调则随乡土所产，绫、绢、絁各二丈，布加五分之一。输绫、绢、絁者，兼调绵三两；输布者，麻三斤。"❷据《新唐书·食货志下》载："国朝著令，租出谷，庸出绢，调出缯、纩、布、麻。"❸其中的绢、绫、缯等丝织品就承担着部分赋税的作用，我们仅从国家赋税征收的庞大丝织品数量便可窥知当时丝绸产业所承担的生产量。

---

❶ 魏徵.隋书[M].北京：中华书局，1973：673.
❷ 刘昫.旧唐书[M].北京：中华书局，1975：2089.
❸ 欧阳修，宋祁.新唐书[M].北京：中华书局，1975：1355.

由于蚕桑生产的普遍化，丝绸是广大农民手里唯一值钱的东西，它的价值比较稳定，政局动荡和通货膨胀对它影响比较小，它很快代替了一部分钱币而成为市场交易的媒介，即实物货币。这种情况在隋末已经出现，唐代更为普遍。朝廷三令五申，一再发布诏令，规定"钱货兼用"。开元二十二年（公元734年）规定："布帛为本，钱刀（货币）为末，贱本贵末，为敝则深，法教之间，宜有变革。自今以后，所有庄宅口马交易，并先用绢、布、绫、罗、丝、绵等，其余市买至一千以上，亦令钱物兼用，违者科罪。"❶开元二十年九月二十九日敕："绫、罗、绢、布、杂货等交易，皆合通用。如闻市肆必须见钱，深非道理，至今后，与钱货兼用，违者准法罪之。"❷绫、罗、绢、布和钱一样成了法定货币，市肆交易拒绝使用绫、罗、绢、布等要被判罪。

唐代的实物货币，依法令规定有粟、谷、布、帛等，而粟、谷体积大、价值低，不便携带运输，这就使它受到限制不能充分发挥其货币的职能，所以真正进入流通领域的实际上是布帛。然帛比布更轻便、价值更高，又优于布，所以荣新江先生认为，丝绸轻、价值稳定，常常取代金属货币，成为远行贸易中的等价物。❸

在唐代，一切物品都可以通过绢帛来表现其价值。太宗时曾令"诸郡贡献，皆取当土所出，准绢为价，不得过五十匹"❹。唐代的土供，品种繁多，包括吃、穿、用，应有尽有，一律"准绢为价，不得过五十匹"，就是用绢来计算其价值以确定最高限额的。这时丝绸充当了货币，执行价值尺度的职能。唐人购物无论大宗交易或零星买卖以及日常开销亦常以绢帛支付。据敦煌出土的文书记录，天宝十三年（公元754年）敦煌郡官府购马100匹，付绢2500匹。这充分反映了丝绸在经济活动中的货币职能。

政府对丝帛的重视，保护了蚕农的利益。蚕农除了交纳赋税，满足家人需

---

❶ 董诰.全唐文［M］.北京：中华书局，2013：387.
❷ 董诰.全唐文［M］.北京：中华书局，2013：293.
❸ 赵丰.丝路之绸：起源、传播与交流［M］.杭州：浙江大学出版社，2015：9.
❹ 杜佑.通典［M］.北京：中华书局，1988：152.

要外，还有余额流入市场。唐代手工业以丝绸业最为繁荣，从业人数众多，全国不少地区家家户户养蚕缫丝，投梭织帛，所出大量产品，汇集到市场上，成为货物交易中的主要商品。《卢氏杂说》记云："唐卢氏子不中第，徒步出都城，逆旅寒甚，有人续至附火，吟云，学织缭绫工未多，乱拈机杼错抛梭。莫教官锦行家见，把此文章笑杀他。"❶ 这里所说的"行家"就是指织锦行业。唐代从事丝绸生产营销的工商业者已经组织起来，足以证明经营丝绸交易的人很多。

此外，土贡也是唐朝主要的丝绸来源和丝绸收入，在地方向朝廷纳贡的众多品类里，丝绸作为其中的大类发挥了很大的作用。如《新唐书·地理志》中载：徐州彭城郡"土贡：双丝绫、绢、绵䌷、布、刀错、紫石"❷；镇州常山郡"土贡：孔雀罗、瓜子罗、春罗、梨"❸；润州丹杨郡"土贡：衫罗，水纹、方纹、鱼口、绣叶、花纹等绫"❹。各类丝绸精品源源不断地供给中央，不仅增加了朝廷的丝绸收入，也扩大了地方州郡的丝绸产量，提升了丝织工艺。

唐代丝绸业的蓬勃发展带动了丝绸市场的繁荣，以此为基础，丝绸产业也由国内扩展到唐王朝的周边国及其他地方，加之唐代交通的发展，客观上实现了唐代丝绸贸易的向外传播与扩展。

---

❶ 李昉.太平广记［M］.北京：中华书局，1986：2015.
❷ 欧阳修，宋祁.新唐书［M］.北京：中华书局，1975：990.
❸ 欧阳修，宋祁.新唐书［M］.北京：中华书局，1975：1014.
❹ 欧阳修，宋祁.新唐书［M］.北京：中华书局，1975：1056.

第四章

汉唐商业与手工业管理体系

汉唐时期，南北各地植桑养蚕明显扩大，封建政权推行的征收绢帛实物税和贡赋政策，推动了整个丝织业的发展。商品交易规模和品种数量较前代有了更突出的发展，商业管理体系日趋完善。以纺织为代表的手工业经营方式灵活多样，进入了一个崭新的阶段。

一、唐代商品交易管理体系

城市中的市是商品贸易的主要场所，其发展状况标志着商业发展程度。坊市制度是古代社会对城市生活进行组织管理的一种制度。坊市制度起源颇早，可以追溯到商周时期。唐代自立国开始，承袭了前代的一些做法，在城市建设上实行坊市制度，即严格区分商业贸易的"市"与居民住宅区的"坊"，并加以严密的管理控制。百姓必须在政府设置的固定的市场内进行商业活动，在居住的坊内是严禁交易的。坊市制度对市场的设置、开闭的时间、商业区域的规划都有严格的限制，这不仅是对商业活动在时间上和空间上的一种限制，而且对市场交易的各个方面都有严格的规定。

市的出现由来已久，传说在神农氏时代，就有"日中为市，致天下之民，聚天下之货，交易而退，各得其所"[1]的商业活动。最早的"市"仅是指定期内相互交易的场所，没有完备的建置，市罢便散。随着商业的发展、交易品和交易行为的增多，"市"的面积逐渐扩大，成为一个固定的区域。战国时期有了封闭结构的市，根据考古资料和文献记载，当时的市为方形或长方形，四面有墙，墙上开门，而且市场开闭都有时间的规定。西汉时期，长安城的北面郭区出现了对称的东西两市，这种东西对称的市制，到隋唐时期依旧沿用并有所

---

[1] 王弼，孔颖达.周易正义［M］.北京：北京大学出版社，1999：299.

发展。元稹《估客乐》诗中所说"经游天下遍，却到长安城；城中东西市，闻客次第迎"❶，长安城位于丝绸之路的起点，是当时中西方贸易的中心，全国各地的商品都汇聚而来，市场交易量非常繁盛。东市与西市是唐长安最主要、规模最大的两个商业中心，商业活动多聚集于此。

市场是实现商品交换的主要场所，关乎国计民生，唐朝的统治者非常重视对市场的管理。

（一）唐代市场管理机构

唐代的市场管理制度是在吸收借鉴了历代商品交易管理经验的基础上发展而来的。唐代从中央到地方都设立了管理市场的专门人员，这一制度最早起源于西周。西周设立司市作为管理市场的总负责人，其下还设有胥师、质人、廛人、贾师、载师、闾师、司虣、泉府。到了汉代，商品交易管理人员有市长、市令（大市设长，小市设令）和市丞，市令的职责是察商贾货财贸易之事，市令以下还设有市吏、市掾、市啬夫，他们帮助市令登记市籍，征收市租，检查物价、度量衡、商品质量等。隋朝两京市场蓬勃发展，京市各有市令一人，丞二人，肆长四十人，负责管理市场，隋炀帝时还改设京市隶太府。到了唐代，市场管理体系日渐完备。

唐代设置了明确的管理机构和管理人员来对市场进行管理，他们对市场中商品交易的行为进行监督和管理，维护市场商品交易的秩序。尚书省户部下属的金部司是市场管理的中央行政管理机关，设置有郎中、员外郎各一人，主要职责是管理"天下库藏出纳、权衡度量之数，两京市、互市、和市、宫市交易之事"❷。而市场管理的具体事务机构是太府寺及下属的两京诸市署。太府寺是中央事务机关九寺中的一寺。有卿一人，少卿二人。太府卿为从三品职事官，副官少卿从四品，均属政府高官，地位显赫。其职责是"掌邦国财货之政令，

---

❶ 彭定求.全唐诗[M].北京：中华书局，1960：4623.
❷ 欧阳修，宋祁.新唐书[M].北京：中华书局，1975：1193.

总京都四市、平准、左右藏、常平八署之官属，举其纲目，修其职务……以二法平物：一曰度量。二曰权衡"❶。太府寺卿和少卿是唐中央政府负责京都市场管理的最高行政长官。

京都四市各有市署和平准署具体负责市场管理，设有市令、丞、佐、史、帅五类官员负责市场管理工作。市令主管早晚市门的开闭及度量衡器的校正、商品价格的编制、买卖奴婢牛马契约的订立等有关事宜。而平准署则主要掌管政府用品的采购、官司不用之物和没入官府物品的卖出。有令二人，丞四人，监事六人。❷京都的市署和平准署在太府寺的总体领导下，对京都四市进行具体管理。

按照唐初的规定：州县治所以上的城市皆可以设立正规的"市"，并按州县级别设置市场管理官员，负责市场交易的正常进行。地方市场的商品交易管理行政级别分为都督府和州。都督府分为大、中、下都督府（贞观中为上、中、下都督府），一般统十州者为大都督府，小者二三州。大、中都督府皆设市令一人，掌市厘交易，禁斥非为之事。而下都督府若户满四万以上，官员皆可同大都督府；户满两万以上，可同中都督府。唐宣宗大中五年八月所颁布一条有关州县职员令，有较为详细的表述："大都督府市令一人，掌市内交易，禁察非为，通判市事；丞一人，掌判市事；佐一人，史二人，师三人，掌分行检察州县市，各令准此。"❸由表4-1可见，市场管理官员分工明确。州级市令系统相当于州的市场管理处，市令是领导，总领市场管理一切事务，为最高市场管理官员。根据《唐六典》等记载："凡建标立候，陈肆辨物，以二物平市，以二贾均市。凡与官交易及悬平赃物，并用中贾。"❹由此可见，市令的主要职责包括五个方面：按照商品的种类，分门别类地陈列店铺；按时开闭市场；负责制订物价，即根据商品质量制定上、中、下三种价格；为

---

❶ 李林甫.唐六典［M］.北京：中华书局，2014：540.
❷ 李林甫.唐六典［M］.北京：中华书局，2014：544.
❸ 王溥.唐会要［M］.北京：中华书局，1955：82.
❹ 李林甫.唐六典［M］.北京：中华书局，2014：543.

特殊商品的交易订立市券；维护市场交易秩序。另外配备市丞，作为市令的副手，协助市令的日常工作。佐、史、帅则负责分管各行业交易市场的检查，纠察市场中的违法行为。

表4-1　都督府市场管理机构官吏设置情况[1]

官吏		市令	丞	佐	史	帅
大都督府	人数	1	1	1	2	3
						旧志失载
	官品	从九品上	无	无	无	无
中都督府	人数	1	1	1	2	3
	官品	从九品上	无	无	无	无
下都督府	人数	1	1	1	2	2
			旧志作2			
	官品	从九品上	无	1	2	无

唐代在地方各级市场管理官员的设置上，较为灵活，并不一定每官必设，而是根据实际情况做相应的调整。如唐初，依照隋代旧制，仅设市丞对市场进行管理。而唐宣宗统治时期，中县只有户口满三千以上者，才可以设置市令一人、史二人，不满三千户者一概不得设置市官。专职官吏的设置和调整为唐代市场管理的系统化、规范化提供了制度保障。

（二）唐代市场的布局与排列

唐代的市场四周有墙，每边各开两扇门以通出入，市场四周的垣墙是保障市场交易安全的重要防护，按照唐律的规定，不准许随便翻越，否则就要受到制裁。市场每边各开两扇门以通出入，市署等有关管理部门位于市场中心，其他地方则按行布局，进行交易。唐代市场的内部商店必须按照分行列肆的原则排列。唐代的"行"是同业店铺或同类物货售卖的区域。市场中琳琅满目的商

---

[1] 李林甫.唐六典［M］.北京：中华书局，2014：743.

品不能随意摆设，同类商品要集中陈列在一起，物品必须按行排列。各级市司不仅要辨别物品以陈肆，还要为每肆建标立候，即在各行行首修筑一个土堆候作为各类物货的区域之界，界首立一标牌，题写绢行、布行、药行等不同的行名，说明该区域所售商品的类别，即"建标立候，陈肆辨物"。每个行有十几个甚至几十个肆。这样做的目的，首先便于交易和管理，购买者能根据行名快速找到购买商品的种类，市场管理者也能够根据"市肆"的行名快速判断出商家有没有跨行违规经营；其次是能够有效禁止属于国家禁卖物品的上市交易；最后，还能够有效防范未经官府许可而私自销售等扰乱市场的行为。行、肆的数目会随着时代变迁、工业的发展有所变化。《入唐求法巡礼行记》中曾记载唐会昌三年六月二十七日，夜里一场大火将长安东市24行，4000多肆烧毁。❶徐松在《唐两京城坊考》卷十一载，长安东市"街市内货材二百二十行，四面立邸，四方珍奇，皆所积集"。❷唐代长安东西两市仅见于历史记载的就有粮行、铁行、肉行、笔行、大衣行、靴辔行、药行、秤行、绢行、鼓行、鱼店、酒肆、帛肆、衣肆、寄附铺、波斯邸等。各种商品经营分工明确、种类丰富。且大部分商品是居民的日常生活用品。可见当时居民日常消费的市场化程度已很高。市内有些店铺是前店后铺的形式，自产自销符合传统的商业形式。长安市中还有中亚、西亚人开的珠宝店，波斯人开的"波斯邸"，可见当时商业的繁荣。

在唐代官府还利用行会进行具体的管理。"行"作为市内依类相聚的行列早已存在，而作为工商业者的一个同业组织"行"或"行会"始见于唐。诸行设行头、行首，并且配合官府工作，为政府收缴赋税，差派徭役等。贾公彦在《周礼注疏》中说："肆长，谓行头，每肆则一人，亦是市中给徭役者也。"❸

"行行皆有铺，铺里有杂货"，每间商铺都根据自己的商品类别题写铺名，

---

❶ 圆仁.入唐求法巡礼行记[M].上海:上海古籍出版社,1986:172.
❷ 徐松.增订唐两京城坊考[M].李健超,增订.西安:三秦出版社,1996:127.
❸ 贾公彦.周礼注疏[M].上海:上海古籍出版社,2010:540.

布局陈列。这些统一规划布局的店铺，构成了市场交易的主体。市场中也有一些没有固定的商铺的小商贩。他们大多数是居住在市场附近的普通百姓，为换取日常生活补贴，往往将家中的牲口、特产等物品带到市场中进行交易。因此，他们实际上是一群具有流动性和不定期性的兼职小商小贩。如中唐诗人李贺的诗作中就曾生动形象地描写了一位小贩赶早市的场景："星近四方高，万物知天曙。已生须已养，荷担出门去。君平久不返，康伯遁国路。晓思何譊譊，阛阓千人语。"❶

（三）唐代市场管理的主要内容

史学界对唐代市场管理的研究起步于20世纪30年代。关于市场管理的律令，《唐律》《唐六典》《唐会要》诸书载之详细，中外学者也多有论述。唐代形成了以律、令、疏为主的完备的市场管理体系。《唐律疏议》作为国家的重要法典，其关于市场商品交易管理的法律条文多达13条，这些条文涉及市场主体的规定、商品质量的规定、商品价格管理的规定、度量衡器管理规定、商税管理规定、维护交易秩序的规定等。《唐律》还规定了管理商品交易的官吏体系，下到县级治所的市令系统，上到中央的市政管理，机构职权明晰，分工合理，并以法律条文的形式规范市场管理者的责任，加强对其监督考核。唐代市场的兴旺繁荣景象与完备的市场管理体系密切相关。

1. 商品的计量管理

度量衡器物即斛斗、秤、度尺，是进行市场交易的基本工具。对斛斗、秤、度尺实行统一标准和监校是贸易公平开展的基本保证。可见，计量管理是市署官员的基本职责之一。唐政府非常重视度量权衡的校正，以减少短斤缺两现象的发生，保证市场交易过程中计量准确。早在武德八年（公元625年）就颁敕规定："诸州斗称经太府较之。"❷ 唐律规定："凡官私斗、秤、度尺，每年

---

❶ 彭定求.全唐诗［M］.北京：中华书局，1960：4390.
❷ 王溥.唐会要［M］.上海：上海古籍出版社，1955：1154.

八月，诣寺校正印署，无或差谬，然后听用之。""不在京者，诣所在州县平校，并印署，然后听用。"❶对于私造不合标准的解斗秤度者，或者利用度量衡器作弊，求取非法利益者，唐律都严加禁止。唐律又规定："诸私作解斗秤度不平，而在市执用者，笞五十""因有增减者，计所增减，准盗论""在市用解斗秤度虽平而不经官司印者，笞四十"。❷

2. 商品质量规格的管理

交易物品的质量与规格是市场管理的一项重要内容，为了保障市场商品的质量合格，交易的商品必须符合"官样"标准，不符合者不得出售。《新唐书》卷四八《百官志三中》可以看出，唐政府对于丝帛等丝织品的生产标准有明确规定："锦、罗、纱、縠、紬、絁、绢、布皆广尺有八寸，四丈为匹。布五丈为端，绵六两为屯，丝五两为绚，麻三斤为绨。"❸对于不符合此规定，商品不得入市出售，生产者还将受到严惩。文宗大和三年（公元829年）诏令曰："若花丝布、缭绫之类，及幅尺广狭不中常度者，并宜禁断。仍仰天下州府，敕到后一月日内，所有此色机杼一切焚弃讫闻奏，并委观察判官严加检查，犯者以故违敕论。"❹从以上诏令可以看出，唐代对于织造物品的尺寸要求是严格限定的，对于不符合规定的丝布、缭绫是禁止出售的，更是要求在一月内焚烧机杼，所有人不得违反敕令。

另外，为保证商品的质量，各器物上必须标注制作者的姓名方可出售。唐令规定："其造弓矢、长刀，官为立样，仍题工人姓名，然后听鬻，诸器物亦如之。以伪滥之物交易者，没官，短狭不中量者，还主。"❺市司有检查商品质量的职责。市令等负责对市场交易商品进行抽检，检查商品真假，质量优劣。同时，对于质量低劣的不合格商品，检校不实的官吏会受到法律的处罚。如

---

❶ 长孙无忌.唐律疏议［M］.北京：中华书局，1983：899.
❷ 长孙无忌.唐律疏议［M］.北京：中华书局，1983：604.
❸ 欧阳修，宋祁.新唐书［M］.北京：中华书局，1975：1301.
❹ 张泽咸.唐代工商业［M］.北京：中国社会科学出版社，1995：101-102.
❺ 李林甫.唐六典［M］.北京：中华书局，2014：543.

"得利赃重者，计利，准盗论。贩卖者亦如之。市及州县官司知情，各与同罪；不觉者，减二等"❶；又如"诸造器之物及绢布之属，有行滥、短狭而卖者，各杖六十"❷。这些严格的法律规定，对于限制伪劣商品的生产和流通有一定的积极意义。

3. 商品的价格管理

市场物价的稳定与否，直接关系国计民生和社会稳定。三贾均市是唐代管理市场商品交易价格的一项重要制度，不仅在京都，而且在全国各地也普遍实行。在唐代，交易商品的价格是由国家统一管理的。《唐六典》明文记载为："凡建标立候，陈肆辨物，以二物平市，谓秤以格，斗以概。以三贾均市，精为上贾，次为中贾，粗为下贾。""凡与官交易及悬平赃物，并用中贾。"❸京都诸市令管理市场交易之事，"以三贾均市"管理市场物价。所谓"三贾"即市场出售的每类商品均按质量分为精、次、粗三个类别，制定出上贾、中贾、下贾三种时价，并依据市场行情每隔十日进行调整，"诸市，每肆各标行名，市司每行准货物时价为三等，十日为一簿，在市案记，季别各申本司"❹。如若市司官吏不认真履行职责，不能真实评估物价的以贪赃罪论处，"诸市司评物价不平者，计所贵贱，坐赃论；入己者，以盗论"❺。在做好政府物价评估的同时，唐政府也严厉禁止串通垄断，哄抬价格的行为。"诸卖买不和，而较固取者，及更出开闭，共限一价；若参市，而规自入者，杖八十。已得赃重者，计利，准盗论。"❻

4. 商品交易时间的管理

唐朝政府对商品交易的时间作了明确的规定，市场定时启闭由市令职掌，启闭有时。《唐六典》中记载："凡市以日午，击鼓三百声而众以会；日入前七

---

❶ 长孙无忌.唐律疏议［M］.北京：中华书局，1983：418.
❷ 长孙无忌.唐律疏议［M］.北京：中华书局，1983：218.
❸ 李林甫.唐六典［M］.北京：中华书局，2014：543.
❹ 中国社会科学院历史研究所.天一阁藏明钞本天圣令校证［M］.北京：中华书局，2006：540.
❺ 长孙无忌.唐律疏议［M］.北京：中华书局，1983：498.
❻ 长孙无忌.唐律疏议［M］.北京：中华书局，1983：500.

刻，击钲三百声而众以散。"❶可见，唐代的市大致是中午开始营业，太阳未落即散市，交易时间并不长。长安东、西两市共设有八个市门，市门启闭的时间有着严格限定，相关人员必须按时上锁关闭市门和按时开锁开启市门，击鼓以开，击钲而闭。对不按时执行政令者唐律有"坊正、市令非时启闭坊市门者，同城主之法即徒一年"的规定。❷这些制度体现了唐政府对市场管理的严厉性。

5. 商品交易秩序的管理

维护市场秩序的安定也是唐代市场管理制度的主要内容之一，是市官的主要职责之一。第一，严禁在市众中惊动扰乱正常秩序。唐律规定："诸在市及人众中，故相惊动，令扰乱者，杖八十；以故杀伤人者，减故杀伤一等；因失财物者，坐赃论。其误惊杀伤人者，从过失法。"❸按疏议解释，扰乱市场秩序者，要视其情节和造成的后果给予相应的惩罚。第二，严禁在市中走车马。唐律规定："诸于城内街巷及人众中，无故走车马者，笞五十；以故杀伤人者，减斗杀伤一等。"❹第三，严禁越及毁坏坊市垣篱。唐律规定："越官府廨垣及坊市垣篱者，杖七十。"❺第四，严禁在市中进行非法的政治活动。大中二年九月，唐宣宗下诏说："比有无良之人，于街市投匿名文书，及于箭上或旗蟠上纵为奸言，以乱国法。此后所由潜加捉溺。如获此色，使即焚瘗，不得上闻。"❻第五，禁止强迫交易与欺诈性交易。唐律规定："诸买卖不和，而较固取者（较，谓专略其利；固，谓障固其市），及更出开闭，共限一价谓卖物以贱为贵，买物以贵为贱。若参市（谓人有所卖买，在傍高下其价，以相惑乱），而规自入者，杖八十。已得赃重者，计利，准盗论。"❼这些制度有利于维护交易公平，保证自由竞争和维护市场的正常秩序。

---

❶ 李林甫.唐六典［M］.北京：中华书局，2014：543.
❷ 长孙无忌.唐律疏议［M］.北京：中华书局，1983：1874.
❸ 长孙无忌.唐律疏议［M］.北京：中华书局，1983：1875.
❹ 长孙无忌.唐律疏议［M］.北京：中华书局，1983：1783.
❺ 长孙无忌.唐律疏议［M］.北京：中华书局，1983：632.
❻ 王溥.唐会要［M］.北京：中华书局，1955：1876.
❼ 长孙无忌.唐律疏议［M］.北京：中华书局，1983：1869.

6. 商人的管理

唐代依然推行"重农抑商"的政策，工商业者的社会地位不是很高。工商业者还要受到严格市籍管理制度的限制。市籍是用来登记工商业户并为之造册的一项制度。市内列店肆经营的工商业者，都要在市署登录为市籍。市籍详细记录入籍者的所有财产，作为征收资产户税的依据。无市籍者不得在市上设点经营，这样就把市场的准入限定在一个特定的原则之内，可以保证在有限的市场面积内进行有序的交易活动。《旧唐书》中记载的"巧作器用者为工，屠、沽、兴贩者为商，工商之家不得预与士"❶，商人在经营活动中取得丰厚的利润，积累了越来越多的货币资金，但商人的财富积累并未为其积累出较高的社会地位。市籍管理制度至少延续到唐代中叶，这种制度对唐朝工商业的发展有一定限碍作用。封建法令对工商业者社会生活的各方面进行了种种限制。唐高祖时下令："工商杂类不得预于士伍"❷，禁止工商业者骑马，服饰、车乘、婚丧等方面也被明令低于普通百姓一等。而唐后期商人的社会地位与前代相比有了较大改变，到唐后期商人允许进入相关政治领域。

二、唐代市场的多元化

唐代，市场由政府统一设置，唐景龙元年（公元707年）十一月敕："诸非州县之所，不得置市。"❸唐朝政府规定只有在州、县政府所在地或者贸易繁盛的地方才能设立合法市场，其他地方不允许任意设置市场，唯一的例外就是皇帝外出车驾行幸的地方。唐代不同等级的城市，市场设置的数量也是不同的。都城一般设有二市，也曾设三市，如唐高宗时，长安设有东、中、西三市；武则天时，洛阳则设南、北、西三市。一些具有重要战略地位的都督府治

---

❶ 刘昫.旧唐书[M].北京：中华书局，1975：1825.
❷ 刘昫.旧唐书[M].北京：中华书局，1975：2119.
❸ 王溥.唐会要[M].北京：中华书局，1955：1874.

城市也设有二市，如扬州（大都督府）也有东市和西市。然而在商业贸易发展的过程中，有许多大宗商品逐渐形成了以城市为中转或最终销售地的专门市场，为市民进行商品性消费提供了便利。许多非官方设计的市场随之出现，如草市、蚕市、夜市等。

（一）草市

随着商业贸易的不断发展，经贸活动逐渐由城镇扩展到乡村地区，主要表现为草市的出现。草市一般都在城市外围。唐代的草市在州县城以外交通发达的水陆要道或驿站附近形成。草市的出现使农村地区纳入商品市场之中，促进农村地区商品经济的发展。如《太平广记》卷二六五《西川人》载西川人曰："梓州者，乃我东门之草市也。"[1] 杜牧《上李太尉论江贼书》写道"凡江淮草市，尽近水际"[2]，可见为了便于货物的运输，江淮地区的草市设在靠近水边的地方。这些草市的出现，实际上与唐设"诸非州县之所，不得置市"的规定背道而驰，但由于草市是根据当地贸易发展的需求而自发形成的，因此草市反而成为商人云集、交易频繁之地。在成都有东门外草市，在都江堰有青城山草市，在彭州有建德草市，在雅州蒙顶山麓有遂斯安草市。这种根植于交换需要而自发产生的市场，在很大程度上方便了普通百姓的日常生活需要，也正是这种需要促进了草市在唐代的大量出现。

草市的发展是对唐代原来坊市制的强烈冲击，唐代统治者一开始对此是持反对态度的，但草市的发展却带动了商品贸易的频繁，带动了社会经济的发展，政治权力无法遏制，统治者也不愿一味用政治权利来压制草市，相反其开始极力想使草市官方化，或将规模较大的草市设为县治，如大历七年将张桥草市设为县，或在一些草市设置军事措施，加强管理，如将白洑南草市设为征科巡院。唐政府的这些举动肯定了草市在促进商品交易的重要作用。

---

[1] 李昉.太平广记[M].北京：中华书局，1986：2105.
[2] 董诰.全唐文[M].北京：中华书局，1983：7787.

（二）蚕市

蚕市，主要流行于生产绢帛的巴蜀地区。唐人的诗歌对此多有描述，如"蚕市初开处处春，九衢明艳起香尘"；"蚕市归农醉，渔舟钓客醒"。之所以名为蚕市，是因为交换的主要商品为蚕丝之物。不仅唐诗有记载，一般的史籍中也有，宋人张君房辑《云笈七签》中的"金堂县昌利化玄元观九井验"条云："每岁三月三日，蚕市之辰，远近之人，祈乞嗣息，必于井中"，将三月三日定为"蚕市之辰"。[1] 一般而言，最佳的养蚕时节就是春天，因此在以养蚕为业的巴蜀地区在二月至三月间举办集会，正是为了方便当地百姓为这年的养蚕做好准备。苏东坡在《和子由蚕市》中云："千人耕种万人食，一年辛苦一春闲。闲时尚以蚕为市，共忘辛苦逐欣欢。"[2] 反映出蚕市的举办正是在蜀人的农闲时间，这一年一度的蚕市，已经成为当地民众相聚的盛会。由此可见，巴蜀地区的蚕市是流行于乡村间的定期集市，每年举办一次，吸引了许多异乡人前来交易，场面十分热闹。

除草市、蚕市外还有虚市、亥市、药市等，如刘禹锡《湖南观察使故相国袁公挽歌》有云"湘南罢亥市"；张籍《江南曲》有云"江村亥日长为市"；皎然《买药歌送杨山人》有云"扬州喧喧卖药市，浮俗无由识仙子"。可见，虚市、亥市也是唐代常见的市场，这些非官方设置的市场大多出现在长江流域及岭南地区，一般都设置在城外，是根据当地商品交换的需要自发产生的。这种民间市场受官方统治管理约束较少，贴近百姓日常所需，更具有灵活性和便利性，在唐代中后期得到了广泛的发展，使得唐代的市场由封闭式走向开放式。

（三）夜市

"坊市"制度下严格的夜禁制度随着市场交易和商业活动繁荣渐渐放松，

---

[1] 张君房.云笈七签［M］.北京：中华书局，2003：776.
[2] 苏轼.苏轼诗集［M］.北京：中华书局，1982：1214.

各大城市中的夜市悄然兴起。如《唐两京城坊考》中记载，长安崇仁坊"一街辐凑，遂倾两市，昼夜喧呼，灯火不绝"[1]；卢论《送吉中孚校书归楚州旧山》："沿溜入阊门，千灯夜市喧"[2]；王建《夜看扬州市》："夜市千灯照碧云，高楼红袖客纷纷。如今不似时平日，犹自笛歌彻晓闻"[3]。从这些描述夜市热闹非凡的场景可见夜市的繁荣。虽然此时夜市与昼市相比，其规模和影响难与之抗衡，但却是居民生活所需要的。"夜市"的出现说明了唐代商业的发达，城市居民财富的增加以及对精神娱乐生活的迫切需求。在唐代中后期，特别是在一些古来交易频繁之地，夜市已成为普遍现象。旧的坊市制也日渐崩溃。

唐代商品交易无论是从交易规模还是交易品种数量上都较前代有了更为突出的发展，商品交易突破地点限制产生了草市，突破时间限制产生了夜市，市场商品琳琅满目，交易频繁。

三、唐代手工业管理

手工业是古代基本的物质生产部门，门类众多，产品丰富，与城市商品经济的发展和居民日常生活息息相关。唐代，手工业成为商品生产的重要部分，无论是百姓家庭的副业还是个体手工业、官僚富商的手工业作坊，这些经营规模都在日益扩大，制糖、制茶、印刷等新兴的手工业部门日益兴起，商品生产的发展为商品贸易的发展准备了条件。根据经营方式的不同，唐代城市手工业可分为官营手工业和私营手工业两种类型，其中官营手工业处于主要的支配地位，私营手工业居次要地位。对于这两种不同类型的手工业，唐朝统治者采取的管理制度和政策也是不相同的。

---

[1] 徐松.增订唐两京城坊考[M].李健超,增订.西安：三秦出版社,1996：72.
[2] 彭定求.全唐诗[M].北京：中华书局,1960：3376.
[3] 彭定求.全唐诗[M].北京：中华书局,1960：3412.

（一）官营手工业的管理

尚书省及工部下属诸司是唐代手工业管理的最高政务机构，负责手工业政策的制定和宏观管理。尚书省总理全国庶政，对各级手工业生产部门亦有最高管理权。工部是手工业管理的专业部门，工部尚书、侍郎"掌天下百工、屯田、山泽之政令"。工部和工部司作为官营手工业的最高管理机构，制定和下达有关政令和计划，督导少府监、将作监、军器监等手工业部门的生产、管理。少府监、将作监、军器监是负责手工业具体的生产经营的中央事务机构。少府监，有监一人，主管手工艺品，掌供百工伎巧之事，总领中尚、左尚、右尚、织染、掌冶五署及诸冶监、铸钱监等手工业生产部门，各署、监有令（或监）、丞、府、史、监作等属吏若干。其中中尚署主要负责生产供应"郊祀之圭璧……及岁时乘舆器玩，中宫服饰，雕文错彩，珍丽之制"[1]；织染署负责供应"天子、皇太子及群臣之冠冕"。将作监，有监一人，主管土木工程的兴建，掌土木工匠之政，总领左校、右校、中校、甄官四署及百工等监。军器监，有监一人，主要负责刀剑甲弩等军事用品的制造修缮，军器监总领弩坊、甲坊二署。

除了少府监、将作监和军器监之外，唐代中央还有一些其他机构也从事手工业生产。司农寺的导官署"掌供御导择米麦之事"，是负责粮食加工的机构。内侍省下掖庭局所掌管的宫人簿有从事女工的，"公桑养蚕，会其课业；供奉物皆取焉"[2]。此外，唐代也有一些宫廷内作坊从事酿酒、纺织等手工业生产。如贞观时，破高昌后，唐太宗"收马乳蒲桃，种于苑，并得酒法"，遂在宫内自酿葡萄酒；天宝年间，专门设置供应杨贵妃的丝织品生产作坊，其中"织锦刺绣之工，凡七百人，其雕刻熔造，又数百人"[3]。这表明，宫廷内作坊是专门为满足皇室对各种口味、服饰、好玩器物等奢侈品的需求而生产的。

---

[1] 李林甫.唐六典［M］.北京：中华书局，2014：573.
[2] 欧阳修，宋祁.新唐书［M］.北京：中华书局，1975：1222.
[3] 刘昫.旧唐书［M］.北京：中华书局，1975：2179.

一些地方州县城市内也有一定的官营手工业作坊，如州县中的作院。地方城市中的作院生产的手工业产品种类繁多，但主要有三类：一是军器制造，这是地方手工业生产的主要部门；二是具有地方特色的特种丝织品；三是具有地方特色或特殊技艺的其他手工业品。地方官营手工业有的是设有专官管理，有的是由当地相关官员管理。

唐代官营手工业的产品一般不对外销售，只供皇室和衙门消费。唐代官营手工业的生产经营是建立在封建专制统治的基础之上，其生产的劳动力主要包括官奴婢、刑徒、流徒以及征集的各地工匠和农民。《唐六典·尚书刑部》规定有："凡犯流罪以下……其应徒则皆配居作，在京师服刑者送将作监，妇人送少府监缝作；在外州服刑者，供当处官役及修理城隍、仓库及公廨杂使""凡初配没有伎艺者，从其能而配诸司；妇人工巧者，入于掖庭；其余无能，咸隶司农。"❶根据需要从各地征调的各类工匠和农民是官营手工业的主要劳动力。《唐六典》载，少府监有匠 1985 人、将作监有匠 15000 人，这些工匠都是"散出诸州，皆取材力强壮、伎能工巧者"❷；被征集的工匠若不按时服役，则要受到严厉惩罚，《唐律疏议》中就规定："诸被差充丁夫、杂匠，而稽留不赴者，一日笞三十，三日加一等，罪止杖一百；将领主司加一等。"❸多样化的劳动力征集方式，保证了唐代官营手工业生产的顺利进行。

唐代官营手工业生产经营管理中，采取了多种措施对生产过程进行质量控制。

首先，官府手工业作坊中对工匠进行生产技术培训。《唐六典》中就规定：少府监中的工匠"凡教诸杂作，计其功之众寡与其难易而均平之，功多而难者，限四年、三年成，其次二年，最少四十日，作为等差均其劳逸焉"❹。其次，唐代官营手工业中制定有产品样式和尺寸标准，工匠生产时都必须照此

---

❶ 李林甫.唐六典 [M].北京：中华书局，2014：190-191.
❷ 李林甫.唐六典 [M].北京：中华书局，2014：222.
❸ 长孙无忌.唐律疏议 [M].北京：中华书局，1983：317.
❹ 李林甫.唐六典 [M].北京：中华书局，2014：572.

生产。手工业生产其物数皆有制，地方手工业也要按照中央提供的标准样式生产。唐《营缮令》规定："诸营造军器，皆须依样，镌题年月及工匠姓名。"[1] 开元八年（公元720年），唐玄宗以各地上缴的庸调标准不一，遂敕"顷者以庸调无凭，好恶须准，故遣作样，以颁诸州，令其好不得过精，恶不得至滥"[2]，以此作为各地生产庸调绢帛的标准。对于不依样生产，唐律中也有处罚措施。

唐代手工业分工细密，仅少府监所属织染署，就包括25个作坊，织造缝纫方面有织布、织绢、织纱、织罗、绢锦等10个部门，轴线方面有轴、线、弦、网4个作坊，练染方面包括染青、染绛、染黄、染紫等6个作坊。唐代官营手工业有一套较为完善的管理制度，既有制定政令与计划的尚书省及工部等最高政务机构，也有负责具体落实政令和管理生产的少府监、将作监、军器监及其下属的中尚、左尚、右尚、织染、掌冶、左校、右校、甄官、甲坊、弩坊等署和百工、诸冶、诸铸钱等监以及地方官营手工业的生产管理机构，形成了从中央到地方多层次的管理体系。

（二）私营手工业的管理

与官营手工业相比，私营手工业虽然规模小，但门类多、经营方式灵活多样，主要以商品交换、获得利润为生产目的，是唐代城市手工业的重要组成部分。一方面，唐朝统治者仍然通过各种法令和政策对城市私营手工业进行管理和控制；另一方面，隋唐时期出现的工商业者自治性的团体组织——"行"，在私营手工业的管理中发挥了重要作用。

1. 唐政府对私营手工业的管理

历代王朝多实行"重农抑商"的政策，唐王朝继承了这种抑制工商业的政策，把手工业者归入"杂色之流"，视为"贱类"。[3] 对民间手工业者采取歧视

---

[1] 中国社会科学院历史研究所.天一阁藏明钞本天圣令校证［M］.北京：中华书局，2006：672.
[2] 刘昫.旧唐书［M］.北京：中华书局，1975：2090.
[3] 刘昫.旧唐书［M］.北京：中华书局，1975：2955.

性政策。《唐六典》也规定："辨天下之四人，使各专其业；凡习学文武者为士，肆力耕桑者为农，功作贸易者为工，屠沽兴贩者为商……工、商之家不得预于士。"❶ 在政治和社会地位上对手工业者进行限制。

为了加强对私营手工业的控制，唐朝统治者为民间手工业者编制了专门的户籍，即匠籍。一旦被编入匠籍就要子孙因袭，不得随便脱籍，"工巧业作之子弟，一入工匠后，不得别入诸色"❷。

唐朝统治者对私营手工业生产经营的具体过程一般采取放任自由的政策。当然，根据自身的需要和社会经济的发展情况，针对各手工业部门的特殊情况，唐朝统治者也会有一些具体的管理政策。如对民间丝织业，长寿二年（公元693年），严禁民间私自织锦，侍御史侯思止因"私蓄锦"而被杖杀❸。敦煌出土的唐中宗神龙年间（705—707年）《神龙散颁刑部格残卷》对民间织造违样绫锦也有严厉的惩罚措施，"私造违样绫锦，勘当得实，先决杖一百，造意者徒三年，同造及挑文客织，并居停主人，并徒二年半"❹。大和三年（公元829年），唐文宗也下令："四方不得以新样织成非常之物为献，机杼纤丽若花丝布缭绫之类，并宜禁断。敕到一月，机杼一切焚弃。刺史分忧，得以专达。事有违法，观察使然后奏闻。"❺ 如对古老的酿酒业，唐前期对私营酿酒业实行的是一种宽松自由的政策，允许民间私酿及酤卖，因而《新唐书·食货志》说"唐初无酒禁"❻，每逢出现粮荒时，统治者就会采取措施禁断酒的生产与消费。安史之乱以后，唐前期的以自由放任为主，辅之以禁酒的政策为榷酒制所替代。广德二年（公元764年），唐代宗颁布规定："天下州各量定酤酒户，随月纳税。除此之外，不问官私，一切禁断。"❼

---

❶ 李林甫.唐六典［M］.北京：中华书局，2014：74.
❷ 李林甫.唐六典［M］.北京：中华书局，2014：222.
❸ 司马光.资治通鉴［M］.北京：中华书局，2011：6606.
❹ 唐耕耦，陆宏基.敦煌社会经济文献真迹释录（第2辑）［M］.北京：全国图书馆文献缩微复制中心，1990：569.
❺ 刘昫.旧唐书［M］.北京：中华书局，1975：533.
❻ 欧阳修，宋祁.新唐书［M］.北京：中华书局，1975：1381.
❼ 杜佑.通典［M］.北京：中华书局，1988：246.

唐代政府对私营手工业的管理离不开剥削的本质，唐代宗敕令有司"定天下百姓及王公以下，每年税钱，分为九等"，对"有邸店、行铺及炉冶"的私营工商业者却"加本户二等税"❶。除了征收重税外，唐王朝还以"贡物"的名义无偿征收私营手工业者的劳动产品。盛唐诗人王建的《织锦曲》就描写道："大女身为织锦户，名在县家供进簿。长头起样呈作官，闻道官家中苦难……一梭声尽重一梭，玉腕不停罗袖卷。窗中夜久睡髻偏，横钗欲堕垂著肩。合衣卧时参没后，停灯起在鸡鸣前。一匹千金亦不卖，限日未成宫里怪。"

2. "行"对私营手工业的管理

隋唐时期，"行"最初是指同业商店的街区。随着社会经济的繁荣，城市私营手工业也有了较大发展，产生了大量的私营手工业者，城市中出现了私营手工业作坊。城市中的私营手工业者就联合起来组成同行业团体，手工业行会组织——"行"出现。本行内一切共同事务都由行首领导执行，执行国家法令是行首的职责之一。还有决定行户入会、确定本行经营方针、组织同行宗教活动等职责。《卢氏杂说》载，唐卢氏子在长安遇东都织锦人李某，其"世织绫锦"，曾属东都官锦坊织宫锦巧儿，后来"以薄艺投本行"，但长安行会认为"如今花样，与前不同"，拒绝其入行，李某只好东归；❷ 同时，市署对度量衡使用、三贾均价以及奴婢、牛马买卖公验立券等事务的管理，都是通过各行的行头来管理的。对外行首与官府交涉，保护本行手工业者的经济权利，同时还要承办政府分配的任务，把全行业的人组织起来，在本行内部来调配安排。如建中元年（780年），唐德宗敕令："自今以后，忽米价贵时，宜量出官米十万石，每日量付两市行人下价粜货。"❸贞元九年（793年）又敕："陌内欠钱，法当禁断，虑因捉搦，或亦生奸，使人易从，切于不

---

❶ 刘昫.旧唐书［M］.北京：中华书局，1975：2092.
❷ 李昉.太平广记［M］.北京：中华书局，1986：2005.
❸ 刘昫.旧唐书［M］.北京：中华书局，1975：2125.

扰。自今以后，有因交关用欠陌钱者，宜当令本行头及居停主人、牙人等检察送官。"❶

唐代是我国封建商品经济高度发展和繁荣的时期，其政治安定，社会统一，为市场的发展提供了良好的条件。唐政府十分重视市场管理，市场管理与手工业的管理都形成了一套较为完整的管理体制。唐代设置专门的市场管理机构，从中央到地方，层级不同，分工明确，权责分明，形成了由上至下的严密的市场管理行政体系。唐代的律、令、格、式中也有不少针对市场及商品交易管理的制度。唐政府对商品的计量管理、商品质量规格管理、商品的价格管理、商品的交易时间管理、商品交易秩序管理以及商人管理方面，管理内容细致具体。在手工业方面，唐王朝加强对官营手工业和私营手工业的管理，唐代私营手工业中还出现了自治性的"行"，在私营手工业的管理中发挥了一定的作用。这些共同构成了唐代市场及商品管理制度的完备体系，在调控市场、平衡利益、推动城市商业发展发挥了积极的作用。为手工业特别是丝织业的日益兴起和丝织商品贸易的繁荣奠定了基础。唐代对市场的设置、开闭市时间、市场的管理都有严格的规定，但随着商业贸易的不断发展，旧的坊市制日渐崩溃，市场不断扩展。草市、蚕市、夜市等新市场的多元化促进了商品交易的频繁。

---

❶ 刘昫.旧唐书［M］.北京：中华书局，1975：2102.

第五章

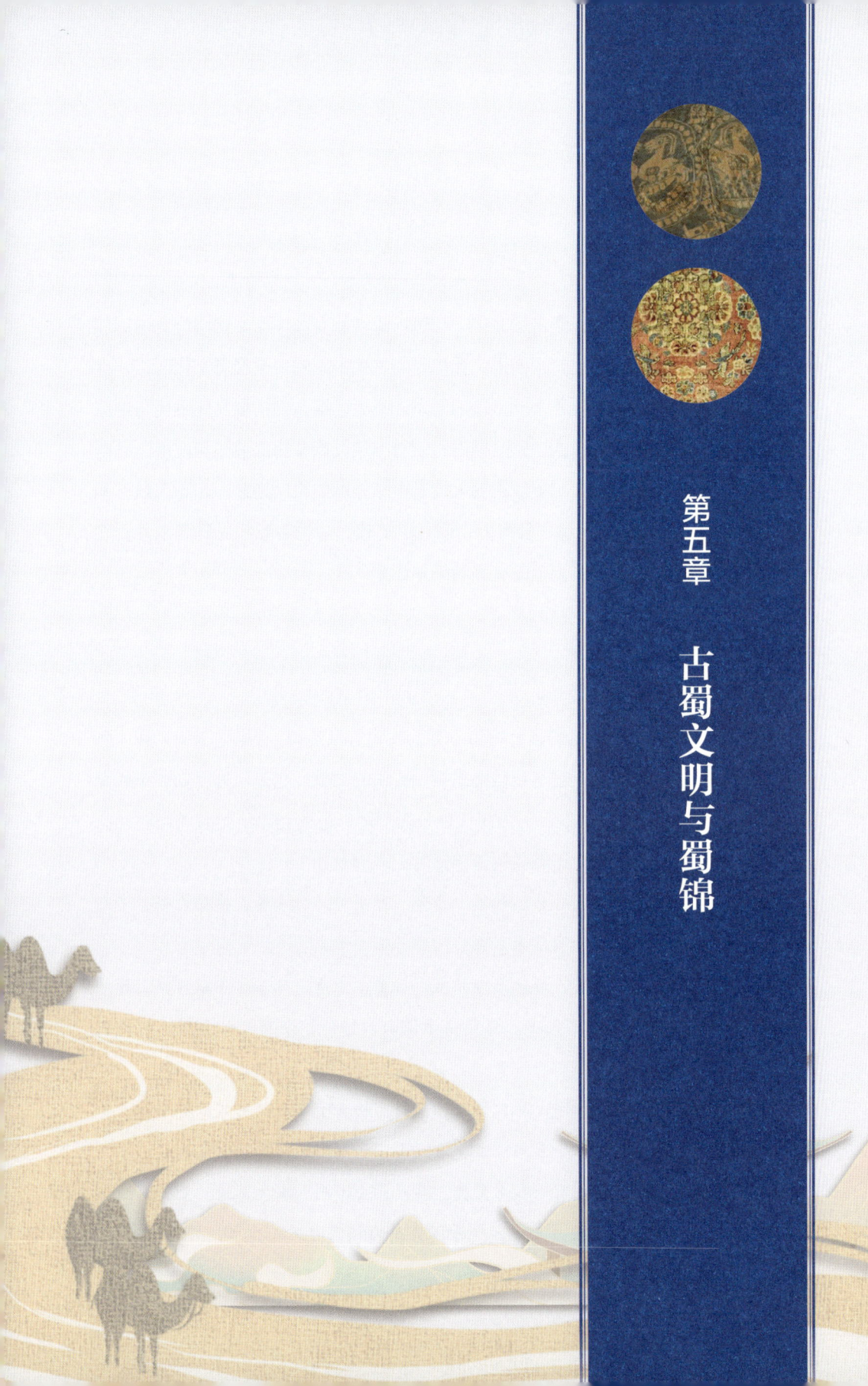

古蜀文明与蜀锦

以成都为中心的先秦古蜀文化，与黄河流域的夏商中原文化同样有着辉煌的古老文明。古蜀文化扎根西南，蜀地作为古代中国的一个经济文化区，一直与周边各文明区系发生着千丝万缕的联系。秦灭巴蜀，使古蜀文化迅速与中原文化融合，甚至在后来的一定时期内引领着中华民族文化的前进与发展，共同构成了华夏千百年的文明史。古蜀大地是中国丝绸的原产地之一，不仅以"嫘祖""蚕女"等古史传说享誉海内，而且以蜀锦、蜀绣等丝织品驰名中外，在中国丝绸的起源和发展史上占有显著的地位。

一、蜀王神话

西汉时期早已有了蜀王为黄帝子孙的古史神话传说。《蜀王本纪》和《华阳国志·蜀志》是现存较早记载蜀王神话传说的文献，也是研究巴蜀古史最重要的材料来源。《蜀王本纪》为汉代生长在蜀地郫邑的扬雄所记载的当时社会上盛行流传的蜀王家史，有关蜀王神话的记载摘录如下：

蜀之先称王者，有蚕丛、柏濩、鱼凫、开明，始时人萌，椎髻左衽，不晓文字，未有礼乐，从开明已上至蚕丛，积三万四千岁。

蜀王之先，名蚕丛，后代名曰柏濩，后者名鱼凫。此三代各数百岁，皆神化不死，其民亦颇随王化去。鱼凫猎于湔山，得仙，今庙祀之于湔，时蜀民稀少。

后有一男子名曰杜宇，从天堕止。朱提有一女子名利，从江源井中出，为杜宇妻。乃自立为蜀王，号曰望帝，治汶山下邑曰郫，化民往往复出。

望帝积百余岁，荆有一人名鳖灵。其尸亡去，荆人求之不得。鳖灵尸随江水上至郫，遂活，与望帝相见，望帝以鳖灵为相。时玉山出水，若尧之洪水，望帝不能治水，使鳖灵决玉山，民得安处。鳖灵治水去后，望帝与其妻通，惭愧，自以德薄不如鳖灵，乃委国授之而去，如尧之禅舜。鳖灵即位，号曰开明帝。帝生卢保，亦号开明。

望帝去时子规鸣，古蜀人悲子规而思望帝，望帝杜宇也，从天堕。[1]

扬雄关于古蜀的记述，传说的色彩比较浓郁，并掺杂了巴蜀地区的神话成分，但也透露了早期古蜀王朝的兴衰更替，曾相继经历了蚕丛建国、柏灌继位、鱼凫兴邦的故事。

学者们多数认为今四川茂汶县叠溪一带是蚕丛氏起源的地方，而后沿着岷江下移，沿途留下了蚕丛关、蚕丛石、蚕丛市等一系列地名。[2]《明史》中言"鸟道蚕丛，诸蛮种类，嗜淫好杀，畔服不常"[3]，说明蚕丛部族兴起初期的社会文化面貌处在极端落后原始的阶段。历代文献极少记述柏灌的事迹，段渝先生也说"柏灌一代的史事无考"[4]。《太平寰宇记》卷七十二《益州》载："始称王者，纵目名蚕丛，次曰鱼凫。"关于鱼凫氏的来源，《山海经·大荒西经》有载"有鱼偏枯，名曰鱼妇。颛顼死即复苏。风道北来，天乃大水泉，蛇乃化为鱼，是为鱼妇"[5]。"鱼凫"与"鱼妇"有一定关系。又《山海经·海内南经》中记载"氐人国在建木西，其为人，人面而鱼身，无足"。[6] "建木西"当为成都平原西部的岷江上游地区。鱼凫氏当为氐族的一支，且为一个崇拜鱼形象的部族，学者们根据三星堆文化遗址第2~4期出土的大量长喙带钩、极似鱼鹰的鸟头勺柄，以及被称为权力象征的黄金权杖上所刻人头、鸟、鱼等标记，推断三星堆遗址的2~4期，极可能就是鱼凫氏的统治时期，当时蜀地经济已进入了繁荣的阶段，正相当于中原的殷商时代。

杜宇是如何取代鱼凫的？史籍上只含混地交代："（鱼凫）王猎于湔山，

---

[1] 严可均.全汉文[M].任雪芳，校注.北京：商务印书馆，1999：539-540.
[2] 曹学佺.蜀中名胜记[M].重庆：重庆出版社，1984：85.
[3] 张廷玉.明史[M]//文渊阁四库全书·第三百十六卷.台北：台湾商务印书馆，2008：544.
[4] 段渝.政治结构与文化模式：巴蜀古代文明研究[M].上海：学林出版社，1999：21.
[5] 袁珂.山海经校注[M].成都：巴蜀书社，1993：280.
[6] 段渝.政治结构与文化模式：巴蜀古代文明研究[M].上海：学林出版社，1999：21.

得仙。"取代鱼凫后，杜宇定都"汶山下，邑曰郫（今成都郫都）"，或"治瞿上（今成都双流），为别都"。杜宇教民务农、纳妃、修道、指挥治理水灾、禅让帝位，是巴蜀人民共同感激和崇拜的明君。蜀地还盛传望帝杜宇死后化为了杜鹃鸟。经考古考证，蜀王杜宇统治的时期与成都平原的十二桥文化大体一致，相当于西周至春秋时期。这个时期的蜀人已经从渔猎游牧的生活方式走向了农耕文明，农业已经成为了影响社会经济发展的重要因素。

在文献记载当中，古蜀第五代蜀王为鳖灵，号开明，又称丛帝。其事迹大致为：荆人鳖灵死后，其尸体随江水来到古蜀之地郫邑，死而复生，望帝将之任命为相。后蜀地洪水泛滥，望帝使鳖灵决巫山（或说巫峡、玉山、玉垒山），民方得安处。鳖灵治水去后，望帝因与其妻私通，自愧德薄不如鳖灵，乃禅位于鳖灵。鳖灵继位以后号开明，生卢保亦号开明。❶开明王朝有着全然不像鱼凫、杜宇时代的政治制度，对于王朝的皇室成员，开明王均实行诸侯式的分封制，《华阳国志·蜀志》就曾记载："蜀王别封弟葭萌于汉中，号苴侯，命其邑葭萌焉。"❷开明王朝承袭了十二代，最后才被秦国所灭。其皇家墓地，在近年的考古发掘中发现了新都木椁墓和成都商业街船棺墓。虽然这两处墓葬均被盗过，但从遗存下来的器物可以看出，当时的宫廷用品已经十分豪华精美。应当说，开明王朝已经是个政治体制相对完善，农业、手工业、商业相对发达的奴隶制社会，已经具备了国家的形态。

五代蜀王神话从蚕丛、柏濩、鱼凫到望帝杜宇、丛帝鳖灵，反映了古蜀由畜牧、渔猎文明向农耕文明转变的过程。这期间，整个社会的文化面貌由蚕丛氏最原始时期的"嗜淫好杀，畔服不常"，逐步接受中原、荆楚等周边先进文化礼制，走向了开明九世时期"始立宗庙，以酒曰醴，乐曰荆"的文明阶段。❸古蜀人的习俗由畜牧、渔猎时期的删繁就简，逐渐走向农耕社会安土重

---

❶ 曹学佺.蜀中广记[M]//影印文渊阁四库全书·第五九一卷.台北：台湾商务印书馆，1983：142.
❷ 常璩.华阳国志[M].济南：齐鲁书社，2010：26.
❸ 常璩.华阳国志校补图注[M].任乃强，校注.上海：上海古籍出版社，1987：122.

迁后的礼繁仪多，崇尚勤劳生产，且重视群体利益的价值取向。

从考古发现看，成都平原上发现了新津宝墩古城遗址群，是中国第三大史前古城，揭示了早在四千多年前的蜀地就已出现了早期城市文明的曙光，印证了神话传说中的蚕丛时代的存在。广汉三星堆遗址的考古发掘揭示，三千多年前这里已经有了规模宏大的王都，特别是三星堆一号坑、二号坑出土的青铜雕像群和大量精美文物，以及后来成都十二桥遗址和成都金沙遗址的考古发现，都揭开了古蜀神秘的面纱（表5-1）。

表5-1　成都古蜀时期文化遗存

文化	遗址	古蜀时期
宝墩文化	三星堆遗址一期 新津宝墩古城	蜀王蚕丛时期 （唐虞至夏代早中期）的遗存
三星堆文化 十二桥文化	三星堆遗址二期 三星堆遗址三期 十二桥遗址 金沙遗址	蜀王柏灌（夏代晚期至商代早期） 鱼凫时期（商代中期至西周早期）的遗存

二、蜀文化

蜀文化历史悠久，灿烂辉煌，从蚕丛时代的古蜀文化到汉代的巴蜀文化强势崛起。蜀之先民向外开拓，形成了在封闭中求开放的历史个性。到唐代，巴蜀文化全面开花结果。

（一）古蜀文化

段渝先生认为蜀王时期的古蜀还处在一个部落联盟式的聚居时期，当时蜀地的古文化应当分为若干块散存于每一个部落聚居点之中，它们具备着各自的特点，又共同构成和展现着古蜀的文化面貌。林向先生认为："蜀国只有一个，即文献记载的由香丛、柏灌、鱼凫、杜宇、开明各部族轮流坐庄的'蜀国'。考古发现证明成都平原中部就是蜀国的中心，其核心区的文化即考古发现的'三星堆文化'与'十二桥文化'，文化辐射至四川盆地及邻近地区的蜀国境内诸多发展不平衡的民族群中（可统称为'蜀人'），使这些族群的文化面貌在其涵盖之下，构成了'蜀文化'或'蜀文明'，共同形成了一个'古蜀文化区'。"❶夏商周时期的四川盆地和邻近地区是以'蜀'为核心的'古蜀文明'的范围。

唐代诗人李白《蜀道难》中描述："蚕丛及鱼凫，开国何茫然。尔来四万八千岁，不与秦塞通人烟。西当太白有鸟道，可以横绝峨嵋巅。地崩山摧壮士死，然后天梯石栈方钩连。"文献记载中，先秦时期的古蜀长期被认为是偏僻隔绝、蛮荒落后之地。然而，在秦灭巴蜀不久之后，汉代人却把蜀地发展成为一个沃野千里、物产丰富、无所不通的繁庶经济文化中心。我们可以大胆地想象，这是因为秦占蜀地之后，秦文化强行推进的过程中，导致古蜀文化的衰弱及消亡，曾经发达的古蜀文化在当时已不为一般人所知道，记载甚少。

古蜀文化中心所在的四川盆地处于长江上游，盆地的边沿由一系列山体围绕，在交通极不发达的史前时代，这些艰险难越的崇山峻岭，严重阻隔盆地内部与外界的沟通联系，使盆地中心的成都平原成为一个相对独立的地理单元，极大地限制其与外界的经济文化交流。但闭塞的地理环境并没有阻碍勤劳勇敢的古蜀人沟通外界的步伐。在秦统一巴蜀、修建栈道之前，古蜀人通过川西北的岷山旧道，途经陇南、汉中一线，与中原文化圈发生了联系。三星堆遗址中发现了大量的海贝，古蜀国不可能产生海贝，应该是与中原的贸易过程中由中原输入的。《史记·货殖列传》记载："及秦文、德、缪（穆）居雍，隙陇蜀之货物而多贾。"❷早在春秋时代古蜀国就已与外地建立起正常的官方贸易，蜀地的丝绸和麻布就已经行销秦国，受到秦人的重视。

---

❶ 林向."巴蜀文化"辨证［J］.成都文物，2006（4）：28.
❷ 司马迁.史记［M］.北京：中华书局，1959：3261.

（二）巴蜀文化

"巴文化"和古蜀文化一样，从一开始也是独立发展的，两种文化经历了一个过程才在春秋战国至秦汉时期融合在一起，统称为"巴蜀文化"。春秋战国时期在江汉平原的"巴"受楚逼迫，向西进入四川盆地东部，与原是蜀地的一些土著民族结合而形成"巴文化"。于是"巴文化"和"蜀文化"一起，共同构成长江上游四川盆地的古代文明中心——"巴蜀文化区"。

"巴蜀"作为一个词组连称，始见于《战国策》。《史记·秦本纪》载惠文王后元九年，"司马错伐蜀，灭之"。至于汉，则往往多见，尤以《史》《汉》二书为甚。此时所谓"巴蜀"，不过秦汉以来涉及地理、行政区划之习谈。西汉以前，中央朝廷注意力在蜀而非巴，故往往言虽连带及于"巴"，而其实乃蜀。[1]

"巴蜀文化"在《中国大百科全书·考古卷》中由童恩正先生这样解释："中国西南地区古代巴、蜀两族先民留下的物质文化主要分布在四川省境内。其时代大约从商代后期直至战国晚期，前后延续上千年。"[2]林向先生则认为，"巴蜀文化不仅是巴、蜀两族先民留下的，应该说是以巴、蜀为主的族群的先民们留下的才更恰当"。[3]他对巴蜀文化所下的定义："中国西南地区以古代巴、蜀为主的族群的先民们留下的文化遗产，主要分布在四川盆地及其邻近地区。其时代大约相当于春秋战国秦汉时期，前后延续上千年。从考古学上确认巴蜀诸族群的文化、并形成巴蜀文化区，是中华人民共和国成立以来两周考古的一大收获。"[4]

公元前316年，秦攻占了蜀地，将其作为一个统一全国的经济富饶的大后方，秦国推出一系列措施对古蜀地加以改造，推行郡县制，向蜀地大量移民，

---

[1] 李诚，张以品.古蜀文化与三星堆"神乌扶桑"新证——兼评《古代巴蜀与南亚的文化互动和融合》[J].四川师范大学学报（社会科学版），2022（5）：168.
[2] 中国大百科全书总编委员会.中国大百科全书[M].中国大百科全书出版社，1993：40.
[3] 林向."巴蜀文化"辨证[J].成都文物，2006（4）：18.
[4] 林向."巴蜀文化"辨证[J].成都文物，2006（4）：18.

在全国统一文字等。古蜀文化急剧衰落，但蜀地在经济和文化诸方面却进入了一个迅速发展的好时期。西汉开国后，蜀地受到重视，经济、文化、教育都有大的发展。进入汉代后期，蜀地在经济上取代关中成为"天府之国"。《汉书·食货志下》载："遂于长安及五都立五均官，更名长安东西市令及洛阳、邯郸、临淄、宛、成都市长皆为五均司市师。"❶可见，成都已经是当时全国的"五都"之一。

三、古蜀与丝绸

四川古称"蜀""蜀国"和"蚕丛之国"，最初得名由来就是西蜀喜栽桑养蚕的习俗，这里桑蚕丝绸业起源最早，是中国丝绸文化的发祥地之一。

（一）"蜀"字起源

"蜀"字最早出现是在殷代的甲骨文当中，据董作宾先生《殷代的羌与蜀》中统计，殷墟甲骨文字当中有11条记载了"蜀"，❷日本学者岛邦男在《殷墟卜辞综类》中统计有42条。❸"蜀"在甲骨文中的契刻形状，大致有图5-1所示的几种：

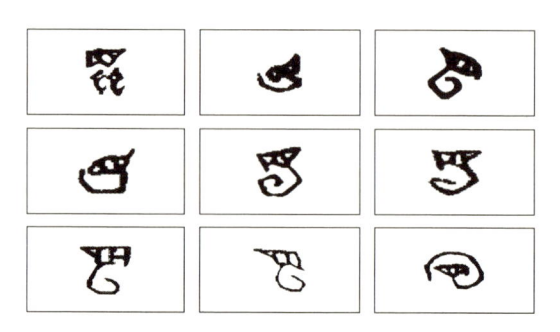

图5-1 "蜀"在甲骨文中的形状

---

❶ 班固.汉书［M］.北京：中华书局，2007：986.
❷ 董作宾.殷代的羌与蜀［J］.说文月刊，1942，3（7）：103.
❸ 郭胜强.蜀与殷商关系刍论——从甲骨文记载谈起［J］.郑州大学学报（哲学社会科学版），2004（4）：87.

《说文解字》释"蜀，葵中蚕也，从虫，上目象蚕头形，中象其身蜎蜎"❶。"葵"即"桑"字。《尔雅》释文引作"桑中蚕也"。又《诗经·豳风·东山》中有"蜎蜎者蠋，烝在桑野"。东汉许慎《说文》曰："'蜀'为桑下之虫"。《淮南子》中述"蚕"和"蜀"相似。"因而很多学者根据"蜀"字的这个象形特点，认为"蜀"即为"蚕"，蜀中自古喜欢养蚕。❷

（二）蜀人养蚕神话

1. 嫘祖与蜀山氏

司马迁《史记·五帝本纪》记载：

"黄帝居轩辕之丘，而娶于西陵之女，是为嫘祖。嫘祖为黄帝正妃，生二子，其后皆有天下：其一曰玄嚣，是为青阳，青阳降居江水；其二曰昌意，降居若水。昌意娶蜀山氏女，曰昌仆，生高阳，高阳有圣德焉。黄帝崩，葬桥山。其孙昌意之子高阳立，是为帝颛顼也。"❸

这段记载中提到了黄帝与古蜀的两次联姻，先娶西陵之女为正妃，又为其子娶了蜀山氏女。关于西陵，据学者邓少琴先生研究，西陵就是蚕陵，在古蜀的岷江河谷，今天的四川旧茂州之叠溪。❹例如《蜀水考》卷一就记述说：岷江"南过蚕陵山，古蚕丛氏之国也"。❺扬雄《蜀王本纪》有"蚕丛始居岷山石室中"之说，❻岷江上游河谷是蚕丛的故里和崛起之地，后来才由岷江河谷逐渐迁入成都平原。袁珂先生考证说，与黄帝同时期的蜀山氏，很可能是岷江上游最早养蚕的部族。有学者认为，蜀山氏因为长期养蚕和纺织丝绸，后来便以蚕为族名，称为了蚕丛氏。

古史传说蚕丛王衣青衣，教民蚕桑，被蜀地奉为蚕桑始祖"青衣神"。古

---

❶ 许慎.说文解字[M].上海：上海古籍出版社，2007：135.
❷ 李叶.蜀王神话的文化内涵探究[D].兰州：西北师范大学，2017.
❸ 司马迁.史记[M].北京：中华书局，1959：10.
❹ 邓少琴.巴蜀史迹探索[M].成都：四川人民出版社，1983：136.
❺ 陈登龙.蜀水考[M].成都：巴蜀书社，1985：6.
❻ 常璩.华阳国志校补图注[M].任乃强，校注.上海：上海古籍出版社，1987：724.

代成都曾修建有蚕丛祠以祭祀教人养蚕的蚕丛氏,《方舆胜览》卷五十一:"蚕丛祠,蜀王蚕丛氏祠也,今呼为青衣神,在圣寿寺。蚕丛氏教人养蚕,作金蚕,数十家给一蚕,后聚而弗给,瘗之江上为蚕墓。"❶《成都府志》载"蚕丛祠,府治西南,蚕丛氏初为蜀侯,后称蜀王,教民桑蚕,俗呼青衣神"❷,说明在青神县、成都府西南处、圣寿寺等蜀地多处皆有为蚕丛立祠,祭奠这位衣青衣、教民蚕事的古蜀先王。蚕丛是古蜀国的开创者,倡导先人养蚕和农事,对后世的影响可谓深远。

2. 蚕女马头娘娘

在古代蜀地,还流传着蚕女马头娘娘的传说。据说,在远古时代,有个姑娘的父亲外出不归。姑娘思父心切,立誓说如果谁能把父亲找回来,就以身相许。家中的白马听后,飞奔出门,没过几天就把父亲接了回来。但是人和马怎能结亲?这位父亲为了女儿,就将白马杀死,还把马皮剥下来晾在院子里。不料有一天,马皮突然飞起将姑娘卷走。又过几日,人们发现,姑娘和马皮悬在一棵大树间,他们化为了蚕。人们把蚕拿回去饲养,从此开始了养蚕。那棵树被人们取"丧"音叫作桑树,而身披马皮的姑娘则被供奉为蚕神,因为蚕头像马,所以又叫作"马头娘"。四川什邡、绵竹、德阳每年都要举办年会来祭祀蚕女。马头娘娘的传说,在蜀中广泛流传,反映了蜀人养蚕的起源。人兽同体、相互转化是史前神话最典型的母体,细审这个传说,它的来源与嫘祖、蚕丛氏等有密切关系。

(三)丝绸是古蜀文明的遗产

蜀地丝绸织造发端于蚕丛氏进入成都平原时,在鱼凫王的三星堆文化时期,古蜀的丝绸业已经达到了相当的水平。三星堆出土部分青铜器上发现了丝绸残留物,通过显微镜观察,有明显的经纬组织结构。这证实了三星堆文化时

---

❶ 祝穆.宋本方舆胜览[M].上海:上海古籍出版社,1986:450.
❷ 李贤.大明一统志(下册)[M].西安:三秦出版社,1990:1043.

期就有了丝绸，古蜀先民已经有了成熟的纺织工艺和技术水平。❶四川广汉三星堆二号祭祀坑中出土有一尊青铜立人大雕像，通高260.8cm，高冠、左衽、长袍，身着三重衣衫，胸襟和后背有异形龙纹和其他纹饰。王㐨、王亚蓉研究认为，立人身着的中衣"双袖右衽，鸡心领，领口较大，为前后双鸡心形；袖窄，半臂或长至腕端，绣作黼黻文（或属内衣）"❷。沈从文先生说："商代人民已经能织极薄的精细绸子和几种提花织物，在铜玉器上留下明显痕迹。"❸有学者考证青铜立人像所着最外层的长襟衣服上所饰的有起有伏的各种花纹，即显示出蜀锦和蜀绣的特征❹，三星堆时期古蜀蚕丝的生产和织造技术虽然已达到较高的水平，但是由于无其他实物相佐证，目前只能视为一种推论。在渭水上游宝鸡附近发掘的西周前期古蜀人弓鱼氏的墓葬内，发现丝织品辫痕和大量丝织品实物，丝织品有斜纹显花的菱形图案的绮，有用辫绣针法织成的刺绣，这些丝织品其实就是巴蜀丝绸和蜀绣。

成都交通巷曾出土西周时期铜戈，上面刻画有蚕纹，"蚕"的形状头大而眼突出，身屈曲（图5-2）。在青铜兵器上铸制蚕纹，为首次发现。说明蜀名称的由来与养蚕有关系，也说明了蜀国早在传说的蚕丛氏或蜀山氏时代就已经种桑养蚕，并将蚕作为图腾的标志。

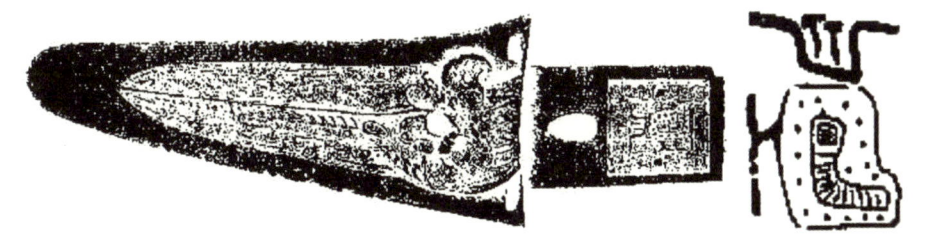

图5-2　成都交通巷出土西周时期铜戈拓本以及铜戈上的蚕纹

---

❶ 郭建波，蔡秋彤，罗雁冰，等.三星堆遗址二号坑出土部分青铜器表面附着丝绸残留物的发现与研究［J］.四川文物，2022（1）：113-120.
❷ 王㐨，王亚蓉.广汉出土青铜立人像服饰管见［J］.文物，1993（9）：60-68.
❸ 沈从文.中国古代服饰研究［M］.上海：上海书店出版社，1997：24.
❹ 陈显丹.论蜀锦蜀绣的起源［J］.四川文物，1992（3）：26-29.

在渭水上游的陕西宝鸡西周前期的弓鱼国墓葬中，考古发现了大量的丝织品和刺绣制品遗痕。经专家鉴定，这些包裹各类器物葬于墓中的丝织品，以平纹丝绢为主，纺织非常细密精美，段渝认为"这些丝织品其实就是古蜀丝绸和蜀绣"❶。西周时期，四川境内的蜀国与宝鸡境内的弓鱼国曾有密切的关系，彭县竹瓦街出土的戈与宝鸡竹园沟十八号墓出土的戈上存在相同的蜀人文化的特色花纹。梳理有关蜀文化的考古资料，可以发现，弓鱼氏族类是古代蜀人沿嘉陵江向北发展的一支，也是古代蜀国在渭水上游的一个拓殖点。弓鱼国墓中的丝织品可视为古蜀蚕丝文化中的最早佐证❷。弓鱼国墓葬中还发现了很多玉石制作的蚕形饰物，也印证和展示了古蜀蚕丝文化的发展和传播。

蜀地是我国古代早期十分重要的养蚕、治丝、织锦的中心之一，首先是因为有良好优越的桑蚕养殖条件。成都位于四川中部偏西的平原地带，四周被海拔两千亩左右的崇山峻岭环绕，这里的气候温暖湿润，适合桑树生长，自古就盛产蚕桑。与蚕丝生产技术密切相关的采桑活动最早出现于一批战国青铜器上。这些青铜器上镶嵌着与采桑劳动相关的纹饰。成都百花潭出土的战国水陆攻战纹铜壶（图5-3）、宴乐渔猎攻战纹壶（图5-4）上都有类似的采桑纹❸，可以看到蜀人妇女着丝裙、攀树上、坐枝头、采桑叶的生动图像。这反映了当时大规模种植桑树和饲养家蚕的盛况。蚕桑生产在当时是农户个体经济的一个重要组成部分。成都新都区汉墓出土有汉代"桑园"画像砖，描绘有桑园和柴门，一高髻妇女手执长竿采桑叶的形象（图5-5）。虽然这是汉代的作品，但它是西蜀自古以来就有桑麻遍野，"擅桑麻之利""开轩面场圃，把酒话桑麻"的天然条件的证明。近几年在成都都江堰市挖出的一株桑树乌木，就是几千年西蜀适宜栽桑的明证。

---

❶ 段渝.古代中印交通与中国丝绸西传[J].天府新论，2014（1）：144.
❷ 肖佳忆.古蜀蚕文化的考古发现[J].四川蚕业，2020（1）：59.
❸ 杜恒.试论百花潭嵌错图象铜壶[J].文物，1976（3）：47-51.

图5-3　战国嵌错水陆攻战纹铜壶上的蚕桑纹（四川博物院藏）

图5-4　宴乐渔猎攻战纹壶的采桑纹（故宫博物院藏）

图5-5　桑园画像砖局部（四川成都新都区汉墓出土）

四、蜀锦

蜀锦专指蜀地（四川成都地区）生产的丝织提花织锦。蜀锦是中国四大名锦之一，其历史最为悠久，是古蜀文明孕育出的蜀地传统技艺。

（一）历史沿革

锦，指由蚕丝所织成的彩色花纹丝织物。《释名》载："锦，金也，作之用功重，其价如金。"❶锦之价值同金无异，是财富与地位的象征。蜀锦，即由蜀地生产的彩色提花织锦，不仅价值连城，而且具有浓厚的地域特色与民族特征。

蜀锦与蜀绣是蜀丝绸文明发展的最高成就。古蜀的物质文明和精神文明孕育了以蜀锦、蜀绣为标志的巴蜀丝织文明，体现了蜀人制作衣饰的特殊智慧。

巴蜀的人文地理环境养育了其独特的历史文化，通过前文梳理，在新石器渔猎时代，四川西部岷江上游就有居住者以从事养蚕为主要职业的氏族，"蚕丛氏"南迁成都平原"教民养蚕"，为巴蜀织锦孕育了条件，奠定了基础。《华阳国志·巴志》记载"禹会诸侯于会稽，执玉帛者万国，巴蜀往焉"❷，由此推断距今四千多年前的蜀国已能生产丝织品"帛"了，而帛即为最初的锦。

春秋战国时期，蜀地桑蚕丝织业持续发展，人们把蜀地生产的丝织品专称为蜀锦，以区别其他丝织品。秦灭六国，巴蜀以"丝棉锦帛"资助部分军费。之后"移秦民万户入蜀"，使得大批从事织锦生产的工奴相随而至，他们把中原地区先进的丝织技艺带到四川，从而促进了川蜀丝织业，尤其是蜀锦的蓬勃发展，行销全国。《太平寰宇记》卷七二引《蜀王本纪》说："秦惠王遣张仪、司马错定蜀，因筑成都而县之。都在赤里街。"❸秦惠王修建成都，在城南夷里桥南岸筑"锦官城"，让织锦工人集中生产。

蜀锦兴起于汉代。西汉时期，成都织锦技术日趋成熟，蜀锦花色品种繁多、制作精良、色彩艳丽、代表着汉代丝织的较高水平。《华阳国志》记载，汉武帝时，成都已有住户7.62万家。东汉时期朝廷奖励农桑，蜀锦继续发展，

---

❶ 刘熙.释名疏证补［M］.北京：中华书局，2008：157.
❷ 常璩.华阳国志［M］.济南：齐鲁书社，2010：6.
❸ 乐史.太平寰宇记［M］.北京：中华书局，2000：1528.

产量很大。诸葛亮注重丝织，南征期间教民耕种，将织锦技术传授给当地百姓。在连年征战时期，蜀锦成为支撑蜀国军需的重要经济来源。《太平御览》八一十五卷引《诸葛亮集》载武侯之言："今民困国虚，决敌之资，唯仰锦耳。"❶可见对蜀锦的重视程度。《华阳国志》记载，诸葛亮平滇后，赐给当地羌族"瑞锦、铁券"，"瑞锦"便是蜀锦的一种。这种赏赐行为事实上便是对于当地经济支助的一种形式。刘璋与刘备在涪城相聚百日后，临别时刘璋以米二十万斛，骑千匹，车千乘，缯絮锦帛，以资送刘备，在这里，丝绸也是被作为军用资产给予刘备。所以《丹阳记》载："江东历代尚未有锦，而成都独称妙，故三国时魏则市于蜀，而吴亦资西道。"❷三国时期，宫廷和官府对织锦的需求量大增，在成都的东南隅（今宝云庵和百花潭以东，西校场笮桥之南）围城建织锦工场，设锦官督造，称"锦官城"，城南的流江称为"锦江"或"濯锦江"，买卖蜀锦的集市称为"锦市"，锦工居住的地方叫"锦里"，锦官居住地方叫"锦官驿"，可见当时织锦之盛。

朱启钤《丝绣笔记》记载："自蜀通中原而织事西渐，魏晋以来蜀锦勃兴，几欲夺襄邑之席，于是襄邑乃一变而营织成，遂使锦绩专为蜀有。"❸至两晋时期，成都在丝织业上的地区已同襄邑（今河南睢县）不相上下，织锦之类唯蜀地专门生产。

唐代，社会经济空前繁荣，科学文化高度发展，对外交流日益频繁，蜀锦生产的规模和技艺进入了鼎盛期。蜀锦生产遍及川中，除成都（益州）之外，嘉州、梓州、邛州、绵州、遂州、阆州、果州、崇州和巴州等州郡都是著名的蜀锦丝绸产地。《大唐六典·太府诗》记载，当时全国有87个州产绢，蜀地占28个。唐代蜀锦的图案更加生动、形象，色彩更加丰富、自然，名满天下。唐代的丝绸图案一方面继承并发展了传统的风格，另一方面又从中亚、西亚的

---

❶ 李昉.太平御览［M］.北京：中华书局，1960：3502.
❷ 王君平.嫘祖开创的蚕丝文明及其在丝绸之路上的传播［J］.纺织科技进展，2015（6）：10-12.
❸ 朱启钤.丝绣笔记［M］.杭州：浙江人民美术出版社，2019：72.

装饰艺术品中汲取了大量灵感。在新疆丝绸之路上发现的唐代初期的丝绸文物延续北朝以来的艺术风格，具有明显的异域特色，让人感受到多元文化的交相辉映。

（二）织造与生产

1. 丝线准备过程

蜀锦的原材料主要是桑蚕丝，准备过程大致为：缫丝—纡上取丝—精炼脱胶—染色—洗濯—挂晒。

缫丝：将蚕茧抽出蚕丝的工艺。原始的缫丝方法，是将蚕茧浸在热盆汤中，用手抽丝，卷绕于丝筐上。盆、筐就是原始的缫丝器具。至唐代才有手摇式缫丝车。缫丝首先需要选茧与剥茧（选取合适的蚕茧）；其次煮茧，在控制好水温与浸煮的前提下，使丝绞软化；最后是缫取，在缫丝机上依次经过索绪、理绪、茧丝的集绪、拈鞘、缫解、部分茧子的茧丝缫完或中途断头时的添绪和接绪、生丝的卷绕和干燥。

纡上取丝：从丝框上取下绞装生丝。取下的生丝是由若干根茧丝组成，每根茧丝又是由上百根微细纤维组成，这些微细纤维因丝胶的凝合而在生丝表层包覆一层丝胶，手感较为粗糙发硬，而且丝胶里还含有蜡质、灰粉及各种色素。为追求更好的光泽与染色效果，便要进行精炼脱胶。

精炼脱胶：通过高温烹煮的方法脱去生丝当中的丝胶及其各种杂质，使丝绸手感柔软、外表光洁亮丽，为后一步的染色做好铺垫。精炼脱胶最早采用草木灰、生物酶（猪胰子），现代主要采用皂碱、生物蛋白酶等。先秦时期，"精炼"一词最早出现在《周礼》当中，考古资料也显示，河南省安阳殷墟出土的青铜器上的丝织物痕迹当中出现了带丝胶和没有带丝胶的两种丝。汉代班婕妤在《捣素赋》中描绘了宫女捣练情景，"投香杵，扣玟砧……阅绞练之初成"。[1]

---

[1] 王世东.大汉史家：班氏家族传［M］.武汉：华中科技大学出版社，2018：138.

所谓捣练，《农书》中有记载："对立，各执一杵，上下捣练于砧，其丁东之声，互相应答。今易作卧杵，对坐捣之，又便且速，易成帛也。"❶汉代以后，酶练逐渐取代之前的灰练，《齐民要术》记："漱生衣绢法：以水浸绢令没，一日数度回转之。六七日，水微臭，然后拍出，柔韧洁白，大胜用灰。"❷

染色：丝绸上色的工序。染色分三种，一是对染料使用媒染剂，染出合适的颜色。以苏木为例，用明矾、铬矾、青矾对它进行媒染，可以获得木红、深红、绛紫等不同程度的红色。二是按照蜀锦所需要的具体颜色，通过控制染色的次数以满足对蜀锦颜色深浅的需求。《尔雅·释器》记载："一染谓之源，再染谓之赪，三染谓之𫄸……"❸染色次数的多少决定了丝绸颜色的深浅。三是对颜料的叠加使用，利用不同颜色的组合形成新的颜色。巴蜀地区染料丰富，分为植物染料与矿物染料，中国古代时期织物染料主要采用植物染料，有花叶、茎实、根皮等。植物染料颜色主要有黑色、靛蓝、红色、黄色、紫色等。

洗濯、挂晒：染色后对丝绸进行洗涤的过程。汉唐时期，蜀地织工把染成的丝线与帛、绢、锦在城南流江中洗濯，就地挂晒，流江沿岸成为了染后洗涤的集中地，因此，流江古称"濯锦江"或"锦江"。流江上游之水来自高山雪水，水中含多种金属离子的氧化物和有机物。经草木媒染的蜀锦在江中洗涤，与金属离子及一部分有机物结合，色泽更加艳丽，色牢度更好。这一步骤一定程度上决定了蜀锦的颜色与质地。

2. 蜀锦织造工艺

蜀锦是经纬线以桑蚕丝为原料，按照蜀锦生产工艺，经过若干工序的组合，改变桑蚕丝之间的结构形态，使绞装生丝编成。蜀锦的织造工艺由准备工艺、织造工艺、纹制工艺三部分组成。

---

❶ 王祯.农书［M］.北京：中华书局，1991：501.
❷ 贾思勰.齐民要术［M］.扬州：江苏广陵古籍刻印社，1998：649.
❸ 郭璞.十三经注疏·尔雅注疏［M］.北京：北京大学出版社，1999：152.

（1）准备工艺

桑蚕丝经精练脱胶，单丝及其细微纤维裸露在外，不能承受织造过程中的摩擦与拉伸，因此，在织造蜀锦前必须对丝线进行加工，制成符合织锦工程所要求的经纬丝原料，这个加工过程称为准备工程。其主要作业有络丝、捻丝（手工称纺丝）、成绞、练染、牵经、卷纬等。由于原料性质、规格、卷装形式及不同规格的锦缎对经纬原料有不同的要求，所以准备工程的内容也不同。

丝籰是古代的络丝工具，王祯《农书》称为"籰"，解释为"必窍贯以轴，乃适于用。为理丝之先具也"[1]。丝籰的作用相当于现代卷绕丝绪的筒管。籰虽是一种简单的机械，但它的发明大大加速了牵经络纬的速度。络车是将缫车上脱下的丝绞转络到丝籰上的机具。关于络车的记载，《方言》有"河济之间，络谓之给"[2]。捻丝可以增强丝线在织造过程中承受摩擦拉伸的能力。1986年，广汉三星堆出土的石器和陶器有不同质地和不同规格的纺轮，表明蜀地在商代就能纺捻不同规格的丝线。蜀锦的牵经工艺和牵经方式随着机具不断改进而发展，具有地域性和历史性，自成体系。从战国起，直到汉唐时期，蜀锦多采用经丝显花的经锦，在经面沿经向形成彩条花纹，这是后期蜀锦晕裥牵经工艺的重要启示。

（2）织造工艺

一幅蜀锦的完成，要经过设计、定稿、点意匠、挑花结本、装机、织造等数道复杂工序。从图案的设计到织锦的完成，短则四五个月，长则耗时一年。仅"织造"一道工序，就涉及很多工艺，如打结、打纤儿、拉花、投梭、转下衢、接头等。这些古代织造蜀锦的工艺令人叹为观止。

（3）纹制工艺

纹制工艺是提花织物织造前的准备工作，包括纹样设计、意匠图描绘和提花纹板轧孔的过程，也就是挑花结本。

---

[1] 王祯.农书[M].北京：中华书局，1991：478.
[2] 李强.中国古代美术作品中的纺织技术研究[D].上海：东华大学，2011：43.

挑花结本是我国古代丝织提花生产上的一项关键工艺和重要环节。明代宋应星在他著述的《天工开物·乃服》篇中阐述："凡花必先挑而后织。花有本，挑有式，织有法。"[1] 意思是说，要想织锦就必须先挑花结本，并且挑花和织造都有自己独特的技法和规律。挑花结本是中国提花织物最原始的方法，《天工开物·乃服》对挑花结本做了概述："凡工匠结花本者，心计最精巧。画师先画何等花色于纸上，结本者以丝线随画量度，算计分寸秒忽而结成之。张悬于花楼之上，即织者不知成何花色，穿综带经，随其尺寸度数，提起衢脚，梭过之后，居然花现。"[2] 也就是说，结织花纹纹样的工匠首先设计好织造的纹样，再设计纹样的颜色（即给织锦纹样配色），然后把这个图案搬到意匠纸上，根据意匠纸上经纬交织的线设计出挑花时用线的多少，最后利用古老的结绳法把整个图案搬到绷子上结出花本。

根据织物组织、生产工艺流程、使用机具，蜀锦被划分为经锦和纬锦。唐代中前期蜀地织锦均是多种色彩的经线显花，即经锦。到了唐代中后期，逐渐演变为不同色彩纬线显花的纬锦。宋末至明清时期发展为既有经线显花又有纬线显花的织锦。

蜀锦从起源到现在，历经了近3000年的传承与发展。蜀锦的织造技艺凝聚了蜀地人民几千年的劳动智慧和文化精髓。2006年6月10日是我国第一个文化遗产日，蜀锦织造技艺被列为我国第一批非物质文化遗产项目。2009年9月，蜀锦作为"中国传统蚕桑丝织技艺"的重要组成部分入选联合国教科文组织的《人类非物质文化遗产名录》，得到了世界的认可和保护。

---

[1] 宋应星.开工开物［M］.北京：商务印书馆，1939：86.
[2] 宋应星.开工开物［M］.北京：商务印书馆，1939：86.

第六章

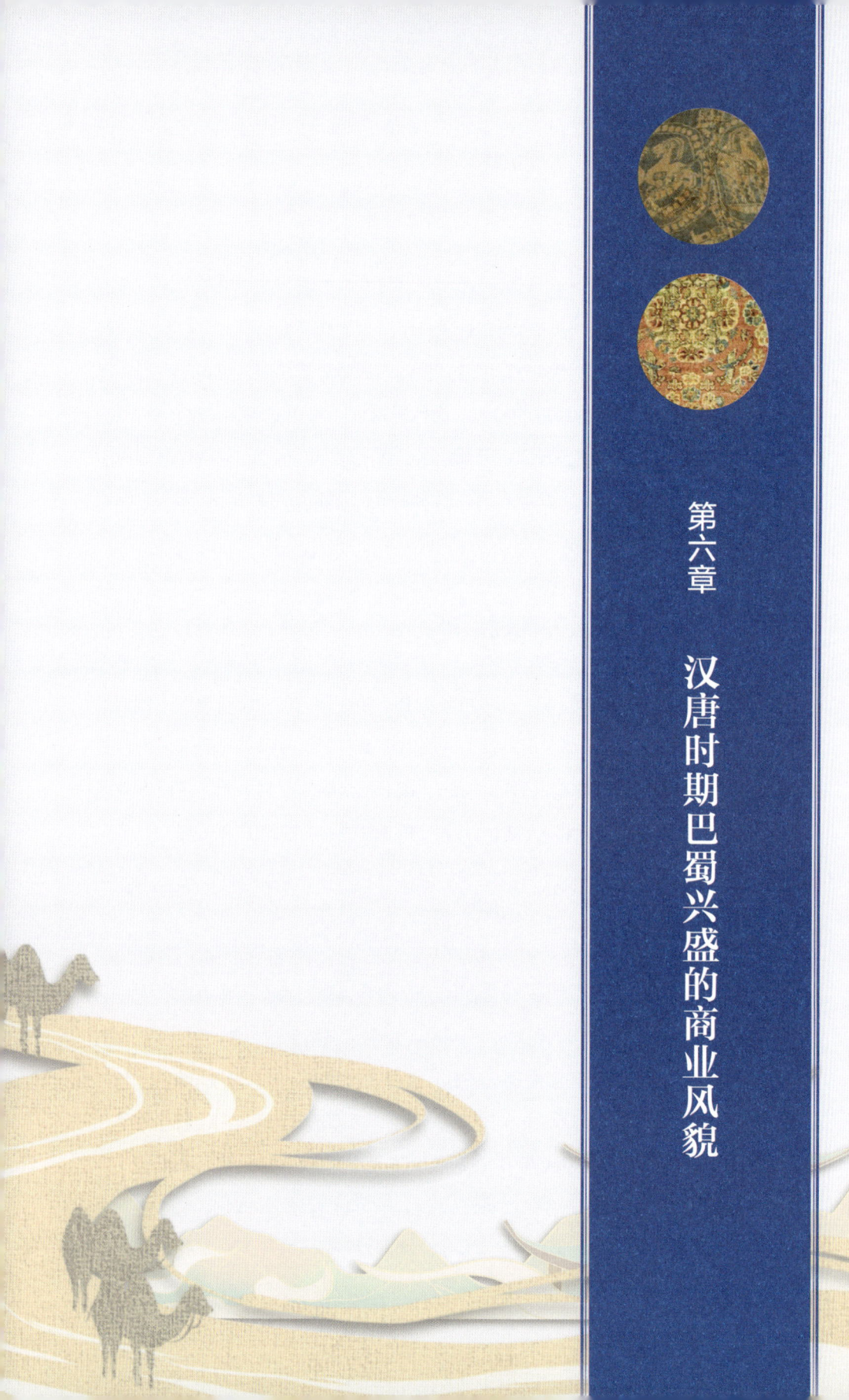

汉唐时期巴蜀兴盛的商业风貌

两汉至隋唐时期，统治者对蜀地进行了一系列的开发与经营，巴蜀地区经济得到空前的发展。诸葛亮治蜀以及开发西南成绩显著。随着历史的发展，巴蜀经济一直呈现出持续演进的特点。唐代巴蜀地区的开发涉及农业、手工业、商业、水利、交通等诸多方面，巴蜀地区打破了闭塞的状态，经济提高到前所未有的水平，物产丰富、商业兴盛，成为唐王朝的经济命脉之一，为蜀锦的贸易奠定了良好的经济基础。

一、汉唐巴蜀地区的地理沿革

巴蜀是先秦时期地区名，主要在今四川、重庆境内。东部为巴国（国都重庆），西部为蜀国（国都四川成都）。《尚书·禹贡》是我国最早的区域地理著作（一般认为是战国中期以后的作品）。该书把全国划分为九州，把巴蜀地区划入华山以西和长江以北，包括今甘肃、陕西南部、湖北省西部的梁州。

（一）秦灭巴蜀

公元前316—公元前315年，秦惠王派司马错先后攻占巴、蜀。秦灭巴蜀，随后设置巴、汉中、蜀三郡。《华阳国志》两处说到，秦时巴蜀三郡共三十一县，此后不断新增，到汉代达四十一县。《汉书·高祖本纪》载"汉王巴、蜀、汉中四十一县"。秦时蜀郡有蜀县十九：成都（今成都市城区北）、郫（今郫县郫筒镇北）、临邛（今邛崃市临邛镇）、广都（今双流区华阳镇）、繁（今彭州市天彭镇）、沮（今甘肃武都）、葭萌（今广元市西南昭化旧城）、湔氐道（今松潘县北元坝）、武阳（今彭山县江口镇）、严道（今荥经县西）、僰道（今宜宾市）、南安（今乐山市）、汁方（今什邡市方亭镇）、青衣（今芦山县芦阳镇)、新都(今成都新都区)、郪(今三台县南)、资中(今资阳城关镇)、梓潼(今梓潼县)、汉阳(今贵州威宁县);巴郡有蜀县九:江州(今重庆市渝中区)、阆中(今阆中县保宁镇)、垫江(今合川合阳镇)、鱼复(今奉节县东白帝城)、朐忍(今云阳县西)、枳(今涪陵区城关镇)、宕渠(今渠县东北)、江阳(今泸州市江阳区)、符(今合江县合江镇)(表6-1)。《吕氏春秋·有始览》将巴蜀三郡归为秦国的雍州。

表6-1 秦时巴蜀郡县分布

巴蜀	县	今所在地
蜀郡	成都、郫、临邛、广都、繁、沮、葭萌、湔氏道、武阳、严道、僰道、南安、汁方、青衣、新都、郪、资中、梓潼、汉阳	成都市城区北、郫县郫筒镇北、邛崃县临邛镇、双流县华阳镇、彭州市天彭镇、甘肃武都、广元市西南昭化旧城、松潘县北元坝、彭山县江口镇、荥经县西、宜宾市、乐山市、什邡市方亭镇、芦山县芦阳镇、成都新都区、三台县南、资阳城关镇、梓潼县、贵州威宁县
巴郡	江州、阆中、垫江、鱼复、朐忍、枳、宕渠、江阳、符	重庆市渝中区、锦阆中市保宁镇、合川合阳镇、奉节县东白帝城、云阳县西、涪陵区城关镇、渠县东北、泸州市江阳区、合江县合江镇

汉初时"关中"有广、狭二义。狭义仅指秦地。广义则包括秦、陇、蜀三地。当时人们普遍把巴蜀与秦看成是同一地域,即都视为关中。汉代,巴蜀地区的地理范围包括今天的四川、重庆和部分陕西、甘肃地区。成都平原是两汉巴蜀地区,以至于整个西南地区中经济、文化最发达的地区。汉武帝把全国划为十三部,置刺史监察该部之郡国守相,当时把巴蜀地区作为一个单独的监察区划,划入益州。至东汉,监察区划逐渐成为行政区划,刺史有了固定治所,巴蜀地区属于益州。巴蜀地处四川盆地,地理环境异于其他地区。秦统治者注意到了巴蜀地区的特异性。秦武王二年(公元前309年)制定的《为田律》,就是专门针对巴蜀地区的;汉初作《田律》时,也考虑到了巴蜀地区的气候"气异中国",让巴蜀"自择伏日"。

(二)巴蜀归唐

大业十三年(617年),隋太原留守李渊乘势起兵,由晋州沿霍邑、蒲州、华州等地长驱入关。是年十一月，李渊攻克长安，并迅速控制了关中地区。武德元年（618年），李渊正式在长安称帝，建国号"唐"。李唐立国之初，面临着严峻的军事斗争形势。李渊迅速将目光投向梁、益地区。

梁、益地区主要是指以南郑为中心的关中地区和以成都为中心的巴蜀地区，其地域范围与今之四川、陕南大致相当。❶在隋末的群雄割据混战中，益州地区是少数免受兵灾之厄的一方净土。❷其他地区因战乱而导致经济衰败、百姓流离，益州地区的人口与经济却继续增长，成为当时历史的一大特色。夺取梁、益地区不仅能大大拓展李唐的版图，而且可为日后的统一战争提供雄厚的物质基础。取得阆中、巴蜀地区便是控制了长江上游，由此出兵顺江而下是历代王朝攻取东南的兵家上策。此后，李唐就由金州取道变口，相继吞并荆湖、江南、岭表，成功地统一了南方的半壁江山。

李渊在夺取长安后立即开始着手经略梁、益州地区。关于李唐之遣使招慰巴蜀的时间，诸书所记略有不同。温大雅《大唐创业起居注》载此事于义宁元年（617年）十一月，而《旧唐书》《新唐书》《资治通鉴》等书均载此事于义宁元年十二月，武德初年在梁、益地区的带兵招抚活动收到了非常良好的效果，"蜀汉及氐、羌所在诸郡雄豪并守长等，奉帝书，感悦，竞遣子弟献款，络绎而至。所司报答，日以百数，梁、益之间晏如也"❸。

巴蜀归唐保持了本地社会经济的持续繁荣发展，在唐朝立国之初，巴蜀地区是李唐所控制的唯一经济富足而又免遭战乱的地方，富饶的巴蜀地区为李唐开国提供了物资保障，并成为关中、河西地区军费、军粮的重要来源地。在唐代巴蜀地区分属剑南道、山南道和黔中道，其中包括剑南道的成都府（益州）及彭、蜀、汉、嘉、眉、工口、简、资、焉、雅、黎、茂、翼、维、戎、松、当、悉、静、拓、恭、保、真、霸、乾、梓、遂、绵、剑、合、龙、普、渝、

---

❶ 李文才.南北朝时期益梁政区研究［M］.北京：商务印书馆，2002：124.
❷ 刘昫.旧唐书［M］.北京：中华书局，1975：22.
❸ 温大雅.大唐创业起居注［M］.李季平，李锡厚，点校.上海：上海古籍出版社，1983：4.

陵、荣、昌、沪等一府三十七州；山南道的夔、忠、涪、万、利、扶、集、壁、巴、蓬、通、开、间、果、渠等十五州；黔中道的南、漆、黔三州，凡一府五十五州；约占当时全国三百三十八府州的17%。

二、汉唐巴蜀地区发展的历史基础

两汉之前，巴蜀就已经进行了规模性发展，秦灭巴蜀之后，在政策上进行创新，其开发成果为两汉以后巴蜀地区的开发创造了良好的条件，再加上蜀地"天时地利"的自然条件，汉唐时期，蜀地呈现出一片欣欣向荣的发展面貌。

（一）秦对巴蜀地区的初步开发

秦占巴蜀是巴蜀历史上最重要的事件之一，秦采取了一系列开发巴蜀的政策和措施，这些政策和措施为之后历代所沿袭。

为了加强在蜀国中心区域成都平原的统治，修筑了成都、郫、临邛三城。《华阳国志·蜀志》记其事道："惠王二十七年，（张）仪与（张）若城成都，周回十二里，高七丈；郫城周回七里，高六丈；临邛城周回六里，高五丈。造作下仓，上皆有屋而置观楼射兰。成都县本治赤里街，若徙置少城内。营广府舍，置盐、铁、市官并长、丞；修整里阓，市张列肆，与咸阳同制。"[1]秦在巴蜀筑城的目的，首先在于加强政治统治，但同时也是将各座城市作为地区的工商业中心来对待的。

《华阳国志·蜀志》载："秦孝文王以李冰为蜀守。"[2]关于李冰对蜀地的开发《史记·河渠书》云："蜀守冰凿离碓，辟沫水之害，穿二江成都之中，此渠皆可行舟。有余则用溉浸，百姓享其利。"[3]李冰对蜀地的开发是多方面的，

---

[1] 常璩.华阳国志[M].济南：齐鲁书社，2010：28.
[2] 常璩.华阳国志[M].济南：齐鲁书社，2010：29.
[3] 司马迁.史记[M].北京：中华书局，1959：1407.

但最突出的成果是都江堰等水利工程的兴修，秦汉时期当地百姓又称此堰为离堆、渝堰、渝绷、都安堰、都安大堰等。《华阳国志·蜀志》云："冰乃壅江作堋，穿郫江、检江，别支流双过郡下，以行舟船……又灌溉三郡，开稻田。于是蜀沃野千里，号为'陆海'……天下谓之'天府'也。"❶都江堰等水利工程的兴建既去水害，又利农业，又便交通。从此，成都平原才真正成为沃野。

秦向蜀地的移民，给本来比较落后的蜀地带来了人力、资金和技术，大大促进了蜀地经济的提高。《华阳国志·蜀志》云，秦惠王并蜀时，"乃移秦民万家实之"。《史记·货殖列传》云："蜀卓氏之先，赵人也用铁冶富。秦破赵，迁卓氏。卓氏见虏略，独夫妻推辇，行诣迁处。诸迁虏少有余财，争与吏，求近处，处葭萌。"❷大量中原地区的移民不仅为巴蜀地区的开发提供了充足的劳动力，而且带去了先进的手工业生产技术。而织锦技艺古时以河南陈留、襄邑、山东临淄最为著名，蜀并于秦后大批移民从北方迁入带去了陈留等地先进的织锦技法。秦末，汉高祖刘邦攻破咸阳，楚项羽"更立沛公为汉王，王巴、蜀、汉中，都南郑"。❸秦始皇时，将大批六国豪民迁入巴蜀。所谓豪民，多为工商之家，他们进入巴蜀后，继续其工商本业，推动了巴蜀商业的进一步发展。

秦灭巴蜀，蜀地打破了闭塞状态，与关中秦地相连接，成为秦国两个大经济区，为汉唐间巴蜀地区的进一步开发奠定了雄厚的基础。

（二）得天独厚的自然环境

自然环境在人类历史发展进程中具有非常重要的影响。自然环境是人类物质生产的基础，在人类社会发展的初期阶段对人们的物质资料生产方式、社会生活方式、生活习俗、人生信仰的影响更为明显。巴蜀地区位于我国西南地区

---

❶ 常璩.华阳国志[M].济南：齐鲁书社，2010：29.
❷ 司马迁.史记[M].北京：中华书局，1959：754.
❸ 司马迁.史记[M].北京：中华书局，1959：143.

内陆腹地，整体地势西高东低，大致可以分为面积各占一半的四川盆地和川西高原两部分。四川盆地由成都平原盆中丘陵和盆东平行峡谷组成。盆地四周有大凉山、米仓山、巫山、大巴山等山脉环绕，属亚热带季风气候区。冬春两季气温较低，气候相对干燥。夏秋两季炎热潮湿，由印度洋上吹来的西南季风带来了丰富的降水。全年最低气温一般不低于0℃。这样的气候非常有利于传统农业的发展。在成都平原和丘陵中的小块平地以及东部峡谷中间的狭窄的冲积平地就成了我国古代的著名农业区。川西高原平均海拔在4000~4500米，北部属青藏高原的东缘，有大片的沼泽和草地，南部是横断山脉的北段，属于高原气候区，人烟稀少，社会发展相对落后。这一带多数的山脉终年积雪，众多河流从这里发源，给川东盆地带来了大量的生产和生活用水，滋润着巴蜀大地。巴蜀地区的矿产资源也相当丰富，其中的铜、铁、天然气、石油等直至今天仍然是我国的重要矿产区。

成都是蜀地中心，在汉代已经成为全国"五大都会之一"，也从这时起被冠以"天府之国"的美誉。《三国志·蜀书》中有"益州险塞，沃野千里，天府之土"[1]的叙述。《后汉书》中也有类似表述。"天时地利"的自然条件，使益州成为西南地区的政治、经济、文化中心。

"天时"。汉唐时期，益州基本上没有发生过重大的自然灾害。这里土地肥沃，盆地内气候温暖湿润，雨量充沛，秦蜀守李冰等兴修的都江堰等一系列水利工程又为盆地内农业的发展奠定了坚实的基础，因而使该地区的经济得到了持续稳定的发展。

"地利"。成都平原是一个深入内陆、相对孤立的经济区，东阻大巴山，西邻青藏高原，北界崛山，南接云贵高原，四周大都是高耸入云的崇山峻岭，特殊的地理位置造成了经济的缓慢发展。险峻的山川和相对隔绝的地域，使成都在中原发生战乱时，很少受到波及，社会比较安定，人民通常能够安居乐业。

---

[1] 陈寿.三国志人物全传3［M］.北京：北京时代华文书局，2014：822.

以川西平原为代表的巴蜀经济区,在风调雨顺、没有战乱的情况下,凭着自身微薄的经济力量推动着社会的缓慢发展。

(三)物产丰富和巧匠众多

汉代司马迁的《史记》说:"巴蜀亦沃野,地饶卮、姜、丹砂、石、铜、铁、竹、木之器。"❶汉代曾记载:"蜀地沃野千里,土壤膏腴,果实所生,无谷而饱,女工之业,覆衣天下,名材竹干,器械之饶,不可胜用。"❷由于农业资源与矿产资源十分丰富,加之自秦汉以来的一系列的开发,巴蜀的生产力发展较快,农业、手工业、商业相继兴起,成为长江上游富庶的经济区。文学家陈子昂在《上蜀川军事》中说:"国家富有巴蜀,是天府之藏,自陇右及河西诸州,军国所资,邮驿所给,商旅莫不皆取于蜀。"❸

蚕桑资源的丰富,使蜀地"女工之业,覆衣天下",蜀锦艺术得以孕育产生。四川地处丘陵、土地肥沃,温和的气候条件使红花和苏木染料在四川地区历来盛产,蜀地丰富的植物染料,赋予蜀锦壮丽的纹样色彩。

随着巴蜀资源的开发,各种手工工匠不断增多,众多的"技巧百工"为巴蜀手工业和商品生产发展提供了技术力量。例如,隋朝"守太府卿,后兼领少府监"的何稠,性绝巧,有智思,是一位技术高超的技师。他出身于郫县的工艺世家,其父"善琢玉",叔父是梁武陵王萧纪的"工官",主知金帛。隋文帝时"波斯尝献金线锦袍,组织殊丽。上命稠为之。稠锦成,逾所献者,上甚悦"。❹何稠仿制波斯的金帛锦袍,质量比波斯的还好。唐文宗大和三年(829年),南诏攻入成都时,曾掠夺"子女、工伎数万",可见当时成都工匠之多。卢求的《成都记序》也说益州的"伎巧百工之富"大大超过扬州。众多的能工巧匠及其生产技术,给益州手工业生产发展贡献了重要的技术力量。

---

❶ 司马迁.史记[M].北京:中华书局,1959:756.
❷ 范晔.后汉书[M].北京:中华书局,1965:158.
❸ 董诰.全唐文[M].北京:中华书局,1983:2131.
❹ 魏徵.隋书[M].北京:中华书局,1978:1596.

（四）汉唐政府重视巴蜀地区的开发

汉高祖时，巴蜀地区仍为贫穷偏僻之地，故而高祖不愿前往。之后，在丞相萧何等人的辅佐下，开启了对巴蜀地区的大开发。楚汉战争时，巴蜀地区已成为汉军粮食的重要来源地。汉高祖统一全国以后，继续推行秦时向巴蜀地区移民实边的政策，大批中原地区的劳动力、手工业者、商人、豪族、刑徒等被迁居到蜀地，使巴蜀地区开发大幅度提高。

汉武帝为了扩张版图，对西南地区发动了多次战争。如武帝元鼎六年（公元前111年），"驰义侯遗兵未及下，上便令征西南夷……定西南夷，以为武都、牂柯、越巂、沈黎、文山郡"[1]，元封二年（公元前109年），"又遣将军郭昌、中郎将卫广发巴蜀兵平西南夷未服者，以为益州郡"[2]。东汉巴蜀周围的诸少数民族纷纷内属，使得巴蜀地区外部环境更为安定。如"建武初，氐人悉附陇蜀"[3]，和帝永元十二年（100年），"蜀郡徼牛徼外夷白狼楼薄种王唐缯等率种人口十七万归义内属，赐金印紫绶钱帛"[4]，安帝永初元年（107年），"蜀郡徼外羌内属（龙桥等六种万七千二百八十口内属）"[5]，永初二年（108年），"蜀郡徼外羌举土内属（薄申等八种三万六千九百口复举土内属）"[6]"广汉塞外参狼种羌二千四百口复来内属"[7]，元初二年（115年），"蜀郡青衣道夷奉献内属"[8]。

汉唐时期，中国的政治经济中心在西部以长安为中心的关中平原，中央政府以巴蜀地区作为其战略后方和财富基础，因此十分重视巴蜀地区的开发。汉武帝两次开发"西南夷"，在西南少数民族地区进行开疆拓土的"安土列郡"

---

[1] 班固.汉书[M].北京：中华书局，2007：45.
[2] 班固.汉书[M].北京：中华书局，2007：45.
[3] 班固.汉书[M].北京：中华书局，2007：45.
[4] 范晔.后汉书[M].北京：中华书局，1965：2842.
[5] 范晔.后汉书[M].北京：中华书局，1965：816.
[6] 范晔.后汉书[M].北京：中华书局，1965：816.
[7] 范晔.后汉书[M].北京：中华书局，1965：816.
[8] 班固.汉书[M].北京：中华书局，2007：57.

和有效管理的"安边抚远"开发,推动了当地社会经济的发展。汉唐时期,巴蜀地区农业、手工业、商业都趋于发达的同时,促进了商品流通,城乡市场的兴起和繁荣随之而来。

三、汉唐时期巴蜀发达的水陆交通

自古巴蜀地区居民就有与外地进行贸易的传统,《汉书》第二十八卷《地理志》载:"巴、蜀、广汉本南夷,秦并以为郡,土地肥美,有江水沃野,山林竹木,疏食果实之饶。南贾滇、僰僮,西近邛,笮马旄牛。"[1]秦汉时期,巴蜀地区的交通得到了极大的改善,为蜀地贸易进入中原提供了便利。

巴蜀地区虽然地处中国内陆,周边均为高山环绕,对外交通不便,但是地理上的封闭,并不能阻止蜀人对外联系、交流的决心和行动。早在先秦时期,古蜀人早就突破了交通地理对四川的束缚,开辟了三条通道。一是开辟北起成都,南经云南至缅甸、印度的南方丝绸之路;二是开辟了南起四川成都,过广汉、德阳、梓潼,越大小剑山,经广元而出川,在陕西勉县褒城附近向左拐,然后沿褒河过石门,穿越秦岭,出斜谷,直通八百里秦川,全长1000余千米的古蜀道,即川陕通道;三是开辟了从成都沿岷江而下水陆并进,直抵大海的长江通道。近年来大量考古发掘和历史文献记载表明,成都自先秦以来就是中国内陆对外开放的重要枢纽。

(一)汉代巴蜀内外交通的开发

两汉时期,巴蜀的对外交通主要有通往关中、陇西的北方数道,通往越秦、滇、夜郎的南方数道,以及通往缅甸、印度等南亚诸国和中南半岛等东南亚国家的"西南丝绸之路"。

---

[1] 班固.汉书[M].北京:中华书局,2007:1644.

北方数道是巴蜀与中原、陇西相联系最重要的通道，也是西南地区最大的交通大动脉，主要由褒斜道、嘉陵道、子午道、凉骆道、剑阁道（或称金牛道、石牛道）、米仓道，以及阴平道等数条线路构成。

巴蜀以南的数条对外交通线，主要有通往南中的旄牛道（灵关道）、通往云贵高原的五尺道，以及经由贵州安顺地区通往广州的牂柯道。

这一时期巴蜀地区的国际交通线主要是指"西南丝绸之路"，国内段以南方数道为干线，分为西路、中路和东路三条。西路分别从成都经旄牛道和五尺道入滇，至云南大理，向西经保山，出瑞丽，或经保山、腾冲，出德宏，达于缅甸，进一步到达东印度阿萨姆地区，再入印度等国家，这条线路又叫"滇缅道""蜀身毒道"。中路从成都经旄牛道，南下至西昌，出云南礼社江、元江，利用红河下航进入越南北部。东路，从成都沿五尺道南下至昆明，再出昆明经弥明，渡南盘江，经文山，入越南河江、宣光，进一步抵达河内。从三条路线可以看出，巴蜀地区的内外交通主要以成都为中心，呈辐射状向东、西、南、北延伸，连接全国各地和南亚、东南亚地区。

（二）唐代陆路交通的发达

唐代诗仙李白有"蜀道难，难于上青天"的感叹，唐朝在前代的基础上，修建水陆交通，加强长安以及益州周边州郡与益州地区之间的贸易往来。故后有"蜀道易，易于履平地"的赞誉。益州正是通过四通八达的道路，逐渐发展成为与扬州并称的全国重要经济区。

以成都为中心，往北至长安，传统的蜀中通往关中的道路仍然分为南北两段。南段从盆地北上，翻越米仓山、大巴山，重要的通道有四条，即成都至关中的道路、东川路、巴岭路、驮路；北段则是翻越关中平原南面的秦岭，也有四条通道：褒斜道、陈仓道（也称故道）、骆谷道和子午路。其中褒斜道是益州与关中地区进行商贸活动的主要陆路通道。关中商旅"贩盐鬻于巴渠之境"，据史料记载，在唐代前期，唐政府通过此路将物资运往长安。随着对褒斜道的大加修护，增设驿站，中唐以后，此路变得更为重要，"商旅骡马担驮"络绎不绝。蜀商通过褒斜道前往长安经商，并获得巨大利润。

这一时期由成都往西北、西南有两条国际通道。一条是由成都向西经西山路，穿越今甘肃、青海前往西域。另一条是由成都向南经云南大理入缅甸、印度的南道。西山路是一条沿岷江上游而行的道路，是西南地区连接陇右、河西诸州的重要通道。由今都江堰沿江北上，经汶川、茂县，抵达松潘县，在松潘分为两路：一路西北出黄胜关，经毛儿盖至壤口；另一路沿岷江正源北行，越过弓嘎岭，沿白河至南坪县，由南坪顺黑河西北而行，由芳州再西行至今甘肃省迭部县，又西经若尔盖县北部，遂至西倾山地区。西山路在穿过今甘肃、青海二省之后，可前往西域。西山道不仅是益州与陇右、河西诸州贸易往来之路，也是通往西域的一条国际路线。吐谷浑南"与益州邻，常通商贾"，西域各国"常由河南道而抵益州""其言语待河南人译然后通"，这里所说的河南即吐谷浑。唐代以后，经西山道仍可以与西域诸国进行商贸往来。从敦煌、吐鲁番出土文书可知，当时四川的印刷品和纺织品均流传到了沙州（今甘肃省敦煌县境）和西州（今新疆吐鲁番县境）。当时，敦煌地区的人通过西山道前往益州等地区。法藏敦煌文献《张清通写真赞并序》中记载了张清通经由敦煌取道陇右去往益州之事："大中赤县沸腾，驾行西川蜀郡。使人阻绝，不通星律有余。累奉表疏，难透秦关数险。公乃独擅，不惮勖劳，率先启行，果达圣陴。"[1] 由此看来，蜀商通过西山道的主道或者干道前往西域诸国进行贸易活动的同时，西域各国的商旅亦通过此道前往益州等西南地区。

由成都向西南到达今云南的交通路线甚多，唐时主要开发了南道。南道是从益州到云南大理的驿路，沿此线路西可入缅甸、印度，向南可到达越南柬埔寨，入唐以后，从成都经今云南大理前往缅甸、印度的道路十分畅通。

---

[1] 郑炳林.敦煌碑铭赞辑释[M].兰州：甘肃教育出版社，1992：441.

长江水道自古以来就是我国东部地区与西部地区贸易往来的重要水上运输道路。自从隋炀帝开通大运河以来，长江水道的作用显得尤为重要，"自扬、益、湘南至交、广、闽中等州，公家漕运，私行商旅，舳舻相继"。❶岷江—长江水道是地处长江上游的益州与长江中下游地区进行贸易活动的重要商路。益州通过长江航线与下游的扬州等地区频繁进行贸易往来，"成都与维扬，相去万里地。沧江东流疾，帆去如鸟翅"❷"浪里争迎三蜀货"❸，蜀地货物远销位于边远地区的永州（治零陵，今属湖南），并且在此大受欢迎。杜甫记载了在成都郊区的江面上，停靠着"东吴万里船"，《全唐诗》中大量记载了吴、蜀两地浩浩荡荡经贸往来的盛况。

交通线路的开通加强了中央和地方各地之间的联系，有利于巩固中央集权统治，在战时保证了物资的供应，为内外贸易往来提供便利，且逐渐发展为重要的经商道路。汉唐时期，随着主要交通贸易道路的修筑与完善，益州地区丰富的物产被运往全国各地，四通八达的交通再加上西南地区物产丰富，产品精美，促使众多国内外客商活跃于本区。

四、汉唐时期巴蜀地区商业的兴盛

汉唐时期是巴蜀地区经济得到开发和发展的重要时期。蜀地经济在汉代占有举足轻重的地位，成都成为仅次于都城长安的第二大城市。因此在汉高祖二年"六月，关中大饥，米斛万钱，人相食，令民就食蜀汉"❹。富庶的成都平原竟成了难民奔逃求生之所。到东汉初"蜀地之富已超过关中"。汉唐间巴蜀经济持续发展，在汉唐时期两度居于全国领先地位。

---

❶ 李吉甫.元和郡县图志［M］.北京：中华书局，1983：767.
❷ 彭定求.全唐诗［M］.北京：中华书局，1960：2063.
❸ 彭定求.全唐诗［M］.北京：中华书局，1960：3072.
❹ 班固.汉书［M］.北京：中华书局，2007：72.

（一）空前发展的商业

汉王朝的统一，结束了全国诸侯割据的分裂局面，为各地经济文化的交流往来开辟了新前景。国内市场统一，商业贸易日益发达。两汉时期，封建王朝在政治上加强对巴蜀地区的控制，在经济上扩大对巴蜀地区的开发，从而使巴蜀地区的经济有了更大的发展。随着国内统一局面的形成、加强和稳固，巴蜀地区的农业、手工业和内外交流日益发展。而国内统一市场的形成和扩大，又给巴蜀地区的商业增添了新的活力，使其蓬勃发展，达到了空前兴盛的水平。

两晋南北朝时期，巴蜀地区由于长期频繁的战乱，社会经济遭到一定程度的破坏，农业、手工业、商业的发展较为缓慢。及至隋唐时期，巴蜀在较长时间相对安定的社会局面下，一度发展迟缓的巴蜀经济又迅速走上了繁荣的道路。

两汉时期，巴蜀商业持续高涨，官私贸易都十分活跃。通过褒斜道等道路，巴蜀北与中原、秦陇进行贸易。通过长江水路，巴蜀商品东达三楚。通过贵州、广西地区，巴蜀特产东南销至广州。通过南方商道，巴蜀一面输出铁器、竹木等货物，一面进行"笮马"等交易。《史记·西南夷列传》载巴蜀有大批行商坐贾，"或窃出商贾，取其笮马、僰僮、旄牛，以此巴蜀殷富"[1]。由于商品经济的持续发展，这一时期巴蜀产生了一批著名的富商大贾。经营的商品种类众多，规模很大。据《史记·货殖列传》等史籍记载，最重要的有盐铁之利和采铜铸钱之利。汉武帝实行盐铁官营并统一铸币后，则主要经营酒业、酱园业、屠宰业、粮食业、薪炭业、造船业、竹木业、造车业、油漆业、铜器业、铁器业、畜牧业、筋角丹砂业、布帛业、绸缎业、皮革业、生漆业、油盐业、渔业、干果业、皮毛业、毡席业、蔬菜水果业、高利贷业、节狙会等。巴蜀的官私商业及其商品不仅在国内享有名望，而且还跨出国门，大批销往周邻国家或地区。由蜀郡工官和广汉郡工官制造的精美漆器多销往今朝鲜境内的乐

---

[1] 司马迁.史记［M］.北京：中华书局，1959：951.

浪，并为北方草原匈奴贵族所喜爱。而个体商贾则往往铤而走险，常沿南方丝绸之路进行边境贸易，还将蜀布、丝绸、邛竹杖等"蜀物"直接贩运到印度一带，而又从南亚诸国购入西方的珍珠、琉珀、珊瑚等宝物，在国内市场出售。唐代巴蜀地区农业、手工业发达，交通航运便利，促进了商品流通，使唐代的巴蜀商业日益繁荣。

（二）蜀地市场体系的形成

1. 成都主要集市

左思《蜀都赋》云："亚以少城，接乎其西。市廛所会，万商之渊。列隧百重，罗肆巨千，贿货山积，纤丽星繁。"❶ 刘校标注："少城，小城也，在城西，市在其中"。❷ 在南北朝以前，成都只有一个市场，即少城西市。到唐代，随着商品经济的发展，原有的西市已经不能满足商人活动的需要，全城四方都出现了市（表6-2）。如南市，《四川通志》载："章仇兼琼，颍川人，剑南节度兼采访制置使。兴大南市。"❸ 新南市，《云笈七签》载："韦皋节制成都，于万里桥，隔江创置新南市。"❹ 新南市位于万里桥附近，成都市城南锦江上，这里是古时乘舟东航启程处。可见此处自古以来就是成都通往外地的渡口。新北市，据鞠清远《唐宋时代四川的蚕市》一文考证："香市的兴起和道教密切相关，当时成都等地每年三月举行蚕市的地点多设在道观一带。"❺ 彭州（今四川彭县）境山上的崇真观、彭州市城北口的龙兴观、汉州（今成都市金堂县）昌利山上的玄元观、四川江油市西部的乾元山上的乾元观、周围都有香市存在。新北市的旧址是成都景云观，可想而知，新北市的设置肯定与道观前市场繁荣、商人活跃密不可分。镇市，如《近现代四川场镇经济志》载："簇桥是古

---

❶ 严可均.全晋文[M].北京：商务印书馆，1999：777.
❷ 严可均.全晋文[M].北京：商务印书馆，1999：777.
❸ 常明，杨芳灿.四川通志[M].成都：巴蜀书社，1983：2435.
❹ 张君房.云笈七签[M].北京：中华书局，2003：1661.
❺ 鞠清远.唐宋时代四川的蚕市[J].食货，1936（3）：28-46.

老场镇之一,历史上曾经是四川省的蚕丝大市。"还提及"簇桥座落在濯锦河上,秦代为笮人住地。河上原以竹木搭桥,故称力笮桥。唐代因是蚕丝交易的盛地,改称簇蚕簇桥"[1]。可见成都县簇桥镇(今成都市武侯区簇桥镇)的兴起与本地商人的蚕丝贸易密不可分。

表6-2　唐代益州主要集市

市场名称	相关记载及出处
西市	成都乞儿严七师,幽陋凡残,涂垢臭秽不可近,居西市悲田坊 《酉阳杂俎续集》卷三《芝诺皋》
东市	韦南康镇蜀,时有左营伍伯,于西山行营与同火卒念《金刚经》……尺明,不觉已至家,家在(成都)府东市 《酉阳杂俎续集》卷七《金刚经鸠异》
南市	章仇兼琼,颍川人,剑南节度兼四川采访制置使。兴大南市…… 嘉庆《四川通志》卷六《名宦》 南市津头有船卖,无钱即买系篱旁 《全唐诗》卷二百二十六《春水生二绝》
新北市	成都景云观,旧在新北市内,节度使崔公安潜置新市,迁于大西北之北 《云笈七签》卷一百二十二《成都景云观三将军堂柱础验》
新南市	韦皋节制成都,于万里桥,隔江创置新南市,发掘坟墓,开拓通街。水之南岸,人逾万户,廛闬楼阁连属,宏丽为一时之盛 《云笈七签》卷一百二十二《南康王韦皋修黄箓道场验》

唐代成都集市的增多,一定程度上反映了巴蜀地区商业经济的繁荣。因此,李白称"九天开出一成都,万户千门入画图,草树云山如锦绣,秦川得及此间无"[2]。随着益州手工业不断发展,本地区所提供的手工业原料和工具已无法满足市场需要,因此,手工业的不断发展使益州与周边地区的交流得到加强,商业交流也逐渐增强。

2. 成都丝绸市场

在成都的市场贸易中,每月有不同类型商品的集中交易活动,其中从正月到四月均与丝绸产业相关。《方舆胜览》卷五十一"蚕市"条云:"成都,古蚕丛之国,其民重蚕事。故一岁之中,二月望日鬻花木,蚕器於某所者号蚕市,

---

[1] 杜受祜,张学君.近现代四川场镇经济志[M].成都:四川省社会科学院出版社,1987:46.
[2] 彭定求.全唐诗[M].北京:中华书局,1960:1720.

五月鬻香药于观街者号药市，鬻器用者号七宝市，俱在大慈寺前。"❶事实上，蚕市从正月到三月要举行多次，主要是以"蚕"为名，可见蚕市是以蚕具为主要交易产品的定期集中交易市场。蚕市人流很大，经常拥堵不堪。成都商户林立，特别是丝绸商户和织造的作坊比肩而立，十分繁华。来自各地的商贾汇集于成都，形成了繁盛的民间贸易集市。

历史文献记载南丝路的蚕市，"蜀有蚕市，每年正月至三月，州城及属县循环一十五处。耆旧相传，古蚕丛氏为蜀主，民无定居，随蚕丛所在致市居，此之遗风也。又蚕将兴，以为名也，因是货蚕之具及花木果药杂物"❷。蚕市虽为旧俗，古已有之，而唐代与草市结合，又增添了新的内容。如彭州唐昌县（今四川彭县西南）建德草市，是一个新兴的乡村集市，特别是"每及上春，以蚕为名……其日，商旅辇货而至者数万，珍纤之玩悉有，受用之具毕陈"❸。"珍纤之玩"指的便是丝绸。唐代草市流行于全国，尤其在盛产丝绸的南丝路地区，围绕丝绸交易有着十分繁盛的民间贸易，丝绸无疑是民间交易的重要角色。

3. 蜀地商人

商人是市场交易的主角和能动因素。西南地区历来经商风气浓厚，早在秦惠王灭蜀之后，张仪等人就在成都筑城置市。到了唐代，西南地区的经商风气益盛，甚至出现了"重商轻农"的现象。唐代益州逐渐发展成为全国性的商业都会，吸引了全国各地的商人来此出售香料、海货、盐等货物，或购置各种纺织品、蜀麻等蜀地特有的商品。从蜀地商业繁华程度和贸易规模可以推断蜀地商人群体规模大、数量多。蜀地商人主要包括官商、普通商人、国外客商。国外客商以胡商最为出名。

（1）官商

历朝历代虽然都明文禁止官员经商，但这种现象却屡禁不止。唐代是官

---

❶ 祝穆.方舆胜览［M］.北京：中华书局，2003：899.
❷ 柳永.乐章集校注［M］.薛瑞生，校注.北京：中华书局，2012：259.
❸ 董诰.全唐文［M］.北京：中华书局，1983：2458.

员经商限制趋于弱化的一个时期。唐初，政府明确规定"食禄之家，不得与下人争利"❶，开元二十九年（741年）春正月进一步重申"禁九品以下清资官置客舍、邸店、车坊"❷。然而这种禁止只流于表面，众多官员还是利用各种手段、途径从事商业贸易，牟取暴利。《周书》有"蜀土沃饶，商贩百倍"❸的记载。如唐代益州新昌县令夏侯彪刚一上任就询问鸡蛋价格，认为"且寄母鸡抱之，遂成三万头鸡。经数月长成，令县吏与我卖，一鸡三十钱，半年之间成三十万"❹。这是一种典型贱买贵卖的商人经营活动。夏侯彪即为官商从事经营活动的案例。

（2）普通商人

普通商人有商贾巨富，也有中小商人，他们在本地市场中扮演了重要的角色。

首先，外地来蜀经商者众多，将其称为国内客商。根据当时的记载，巫峡、黔南、襄阳、金陵等地，都有商人远来西蜀经商。杜甫作于成都的《绝句四首（其三）》"窗含西岭千秋雪，门泊东吴万里船"❺道出了来自东吴（今江浙一带）的客商往来成都的热情；卢纶《送何召下第后归蜀》"褒斜行客过，栈道响危空"❻反映了西北商人往来巴蜀《唐宋传奇》下编《裴玉娥》载"（黄捐）行至江渚，见一舟泊岸……讯之，乃贾于蜀者，道出荆襄"❼，这是经汉水溯长江入蜀的荆襄商人。"蜀地锦织成"说明蜀锦在唐时为各地商人入蜀求购的重要商品，他们将这些丝织品大量销往区外各地。

巴蜀本地商人不仅在区内贸易，也大量外出经商。《旧唐书·韦安石传》载"武则天尝于内殿赐宴，（张）易之引蜀商宋霸子等数人于前博戏，安石跪

---

❶ 刘昫.旧唐书［M］.北京：中华书局，1975：2089.
❷ 刘昫.旧唐书［M］.北京：中华书局，1975：213.
❸ 令狐德棻.周书［M］.北京：中华书局，1971：667.
❹ 李昉.太平广记［M］.北京：中华书局，1986：1880.
❺ 彭定求.全唐诗［M］.北京：中华书局，1960：2487.
❻ 彭定求.全唐诗［M］.北京：中华书局，1960：3178.
❼ 王度.唐宋传奇［M］.北京：华夏出版社，1995：369.

奏曰：'蜀商等贱类，不合预登此筵'"❶，是京师有蜀商之佐证。杜牧《扬州诗》云"蜀船红锦重"，杜牧在扬州所见"蜀船"，自然是蜀商的船，满载珍贵蜀锦，故说"红锦重"。《全唐文》卷八一八李蒲《通泉县灵鹫佛宇记》说"蜀民为商者，行及太原，北上五台山"❷；王建《宫词》云"遥索剑南新样锦"，"新样"是唐中后期蜀地最为流行的丝织品样式。可见蜀锦在本地商人和国内商客的共同努力下，出蜀地而在全国传播。

巴蜀商人与吐蕃等边境少数民族之间的贸易，以及通过北丝绸之路经吐鲁番贩运到国外的贸易也很兴盛。如西州交河郡出土文书中，有西南地区的衫和益州半臂的记载，反映出西南商人的活动范围已经覆盖新疆地区。更具说服力的是"梓州小练"，不仅出现在西州市场上，而且为一般等价物。由此可知，巴蜀商人将本区丝织品输向新疆地区，而且输出量很大。南诏（都太和城，今云南大理南太和村）望族等少数民族纺织水平低，贵族所穿的"续锦裙襦"应是由南诏商人同巴蜀商人边境贸易而至。新疆吐鲁番等地出土了一大批唐代蜀锦，如"球路对马锦""球路对鸭锦""真红地菊花球路锦"等。新疆出土的蜀锦与国外客商的活动不无关系。

（3）国外客商

在唐代，日益壮大的商人阶层中，有一支不容忽视的力量，这就是来唐经商的外国商人。唐代国家统一、疆域辽阔、国力强盛、社会安定，唐政府实行怀柔的民族政策和开放的外交政策，吸引了大量外国商人来唐经商，其中有来自中亚的昭武九姓，也有大量来自波斯、大食、新罗等外国商人。唐代的西市是一个国际性的贸易市场。这里有来自中亚、西亚、东南亚及高丽、百济、新罗、日本等各国各地区的商人，其中尤以中亚与波斯、阿拉伯的胡商最多。薛平拴在《论唐代的胡商》一文中提及："唐代史籍把境内各少数民族商人一般都通称为'胡商''商胡''蕃客'等。对来唐贸易的外国商人，亦称为'胡

---

❶ 刘昫.旧唐书[M].北京：中华书局，1975：2956.
❷ 董诰.全唐文[M].北京：中华书局，1983：8622.

商''贾胡''蕃客'等。"❶中国古代虽然实行"重农抑商"的政策，但对胡商则采取较为宽松的态度。这些深入内地市场的胡商，他们有的行走于各州县，有的则固定在某地市场中开店经商，享有种种优惠政策。唐诗中有诸多有关胡商贸易西南的佳句。如杜甫《滟滪》"舟人渔子歌回首，估客胡商泪满襟"❷；《解闷十二首》"商胡离别下扬州，忆上西陵故驿楼"❸。隋朝"织锦官"何稠的祖父何细胡"通商入蜀，遂家郫县"，足以证明中亚客商在蜀地市场已经展开贸易。胡商的经营活动对中外经济文化交流以及民族融合起到重大的促进作用。

国外商客是蜀地商业文明漂洋过海的拓荒者。除西部中亚胡商及吐蕃商人外，国外其他国家地区来西南的经商者也为数不少，如印度、缅甸等南亚、东南亚各国就多有商人求利西南，且历史悠久。东汉光武帝时期置永昌郡（唐时属姚州，今云南保山市），其"西通大秦，南通交址，奇珍异宝，进贡岁时不阙"❹。大秦、交址等地商人早在汉代就聚集其中。唐代，东南亚、东亚诸国来西南经商者更盛，如日本正仓院现在还保存着唐代西南绢帛等物产的输入记录。

---

❶ 薛平拴.论唐代的胡商[J].唐都学刊，1994（3）：11.
❷ 彭定求.全唐诗[M].北京：中华书局，1960：2504.
❸ 彭定求.全唐诗[M].北京：中华书局，1960：2517.
❹ 王溥.唐会要[M].北京：中华书局，1955：1331.

第七章 融合创新的汉唐蜀锦

汉唐时期经济上的繁盛为丝绸业的发展提供了坚实的基础和有利的条件，文化上，特别是唐代以宽容的姿态吸收来自外域的营养，促进传统文化的发展，以及人民思想的开放和妇女地位的提高使纺织服饰更为多样，从艺术到技术均体现出非凡的水平。

一、汉唐时期蜀锦纹样的演变

蜀锦兴于汉，盛于唐。从丝绸之路开通的汉代，到唐朝时期发展到鼎盛，每一个历史时期，蜀锦的图案纹样特征、色彩、织造工艺都呈现出不同的特色。蜀锦在汉唐这一历史阶段的发展和变化，是基于现实历史背景而形成的具有时代特征的历史和文化的产物。

（一）承继前代的两汉时期

两汉时期蜀锦生产规模宏大。汉武帝时期，张骞出使西域打通了东西方贸易要道，开辟了西北"丝绸之路"。蜀锦作为主要的贸易品随丝绸之路远销到西域，可见汉代蜀锦之兴盛。蜀地丝织技术不断发展，锦缎品种花色增多，从扬雄《蜀都赋》"若挥锦布绣，望芒兮无幅。尔乃其人，自造奇锦。纯缣綖，緵缘庐中，发文扬彩，转代无穷"[1]描述中可以想象出西汉成都织锦生产之盛和蜀锦用途之广。"纯""缣""綖""緵""缘"都是当时的蜀锦种类，足见当时织锦品种花色繁多，织锦技艺水平高超。

从出土的西汉初期的织物来看，以二色锦较为普遍，如绛地红花鹿纹锦、香色地茱萸纹锦等，纹样较为简单，基本为几何纹、写意变形的花卉和动物

---

[1] 扬雄.扬雄集校注[M].张震泽,笺注.上海：上海古籍出版社,1993：28.

纹。东汉后，蜀地丝织品生产兴旺，这段时间出土的汉锦代表了汉晋时期的最高技术水平，如新疆尼雅遗址出土的人物禽兽纹锦、"延年益寿大益子孙"锦、"五星出东方利中国"锦，这些一般用三色、四色经线，采用经线表里换层显花。图案一般以云气动物图案通贯全幅，其间均匀布满花纹或者汉字。

1. 波纹锦

波纹锦是汉代蜀锦出现的新纹样，图案是以线条为主，呈横向满地波折状连续，在形态上突破了以往几何纹封闭或散点的布局形式，给人无限延续、连绵不断的感觉。湖南长沙马王堆汉墓出土隐花波纹孔雀纹锦、新疆民丰尼雅遗址出土的"世毋极锦宜二亲传子孙"波纹锦都是此类纹锦。

2. 云气动物纹锦

云气动物纹锦是汉代最具特色并且极为流行的蜀锦纹样，新疆民丰尼雅遗址和楼兰汉墓出土了大量此类纹锦。西汉前，刺绣中的云气纹样形式十分多变，非常成熟。之后，随着织锦技艺的提升，刺绣中的云气纹被应用于织锦图案之中，成为蜀锦纹样的新形式。然后云气纹不断变化与动物纹组合形成云气动物纹锦。动物纹主要以兽类为主，如龙、虎、豹、马、麒麟、熊、鹿等，如新疆楼兰出土的麒麟豹纹锦、"永昌"锦等。禽类纹样非常少，偶尔也有人物形象，多与神仙题材有关，如尼雅遗址出土的"长乐大明光"锦上有骑士骑马扬鞭形象，"恩泽下岁大孰"锦上有羽人的形象。云气动物纹锦常常在纹样的间隙处加织文字以寄托和表达情感，如新疆民丰尼雅遗址出土的"长葆子孙"锦、"王侯合昏千秋万代宜子孙"云气纹锦和国家一级文物"五星出东方利中国"纹锦。

3. 植物纹锦

汉代植物纹样渐渐出现在蜀锦之上，主要以茱萸纹为主。织锦中的茱萸纹主要特征为三瓣的花头，与几何曲折的枝蔓组合在一起，作为主要纹样四方连续排布。例如湖南长沙马王堆汉墓出土的香色地红茱萸纹锦、新疆民丰尼雅遗址出土的茱萸纹锦覆面、白地茱萸锦。以茱萸为锦名，一方面取其吉祥辟邪之意，另一方面也表明了蜀锦纹样的取材受当时社会文化的影响。

（二）沿用更新的魏晋南北朝时期

魏晋南北朝时期整个社会处于长期的战祸动乱之中，相对和平安定的成都则成为了全国丝绸生产中心，左思在《蜀都赋》中描写成都为"阛阓之里，伎巧之家，百室离房，机杼相和，贝锦斐成，濯色江波"[1]，可见当时蜀锦生产的盛况。南北朝时期虽战乱频繁，但当时阻碍丝路贸易的匈奴贵族已经衰败，中原与异域各国之间丝路来往并未断绝。同时南北朝时期无休的战乱、动荡的社会造成多民族的迁徙，而川蜀地区相对稳定，吸引了大量人口流入，人口的频繁流动促进了各地区之间的交流，许多少数民族随迁移而进入中原地区，一些受西亚文化影响的少数民族将西方的纺织技术和具有写实风格的装饰图案带入中原，丰富了蜀锦的纹样形式。

魏晋南北朝时期蜀锦仍然以平纹经锦为主，但配色较为明快。纹样一方面继承了汉代纹样形式，仍以流动的云气纹为骨架；另一方面开始出现模仿西域风格的图案题材，西域骆驼、狮、象等动物纹样和生命树等植物纹出现在蜀锦上。构图上也区别于汉代典型的云气动物纹锦，出现了簇四、对波等骨架类型。

1. 植物纹锦

受西域文化影响，魏晋以后，丝织品图案中的植物纹样开始增多。如新疆吐鲁番阿斯塔那出土的树叶纹锦，以树叶为题材，带有西方风格，其造型与埃及安丁诺发现的波斯织物上的树叶纹颇为相似。虽然中国古代早有生命树的说法以及装饰纹样，但在南北朝时期，蜀锦中才开始出现生命树的形象，并且受到异域文化的影响，其造型特征远不同于汉代之前的树纹形象。从新疆吐鲁番出土的对羊、对鸟灯树纹锦中，能明显看出树纹的外来形式特征类似西方圣坛外形的圣树根部。这些植物纹锦的出现打破了汉代仅有茱萸纹为主的植物纹样

---

[1] 薛明扬.中国传统文化概论［M］.上海：复旦大学出版社，2003：587.

的局面，为蜀锦织物纹样的发展增添了动力。

2. 兽纹锦

魏晋南北朝时期丝织品纹样中，除了原有的本土动物，还大量涌现来自中亚、西亚、南亚一带的动物纹样，如狮、象、马、骆驼、孔雀等。新疆吐鲁番出土的方格兽纹锦中的狮象题材是中亚、西亚的流行动物纹样；新疆吐鲁番阿斯塔那出土的对狮对象锦、胡王牵驼锦，青海都兰出土的对狮对象牵驼纹锦，象也产于南亚地区，骆驼在横贯东西的丝绸之路上，是主要的运载工具。新疆吐鲁番阿斯塔那出土的对羊纹锦覆面，羊寓意吉祥，但该织物中螺纹大角戴胜羊的形象明显来自域外。吐鲁番还出土多件有相对翼马的对马锦。南北朝时期的动物纹在构图上不再沿着汉代的云气纹起伏奔腾，多为独立构图或对称构图。

3. 曲波纹锦

魏晋南北朝时期的织锦图案，部分沿用了汉代传统的骨架和排列方式，继承汉代云气动物纹，呈连绵曲波状骨架，其中填饰各种动物纹样，如新疆吐鲁番阿斯塔那出土的夔纹锦、兽面纹锦等。

4. 联珠团窠纹锦

出土织物上的联珠通常并不是作为主题纹样，而是作为骨架纹样，即由大小基本相同的圆形几何点联接排列，形成更大的几何形骨架，然后在骨架中填充动物和植物纹样形成蜀锦图案，如新疆吐鲁番阿斯塔那出土的联珠对孔雀"贵"字纹锦、团窠联珠对饮对坐纹锦。联珠这一图案形式在我国出现得很早，新石器时代的彩陶、商周时代的青铜器都不乏其例，但联珠纹特别是联珠动物纹在我国南北朝至隋唐时期的纺织品上普遍流行，则与萨珊波斯艺术的影响有密切的关系。联珠纹的出现是蜀锦装饰艺术在魏晋南北朝时期发生的最大变化，到隋、唐前期，它成为主要的装饰题材，对之后蜀锦装饰艺术的发展有极大的影响。

（三）融合创新的隋唐时期

蜀锦生产历史悠久，到了隋唐时期，蜀锦的花色品种不断发展，织造技艺也达到新的高度，最重要的成就是从西方纺织中学习而来的斜纹纬锦技术。纬锦的产生，打破了经锦在纹样大小和色彩上的限制，使唐代的蜀锦纹样更加丰富多彩。《隋书·地理志》谓"蜀郡人多工巧，绫锦雕缛之妙，殆侔于上国"[1]，正是对蜀锦精巧的织造技艺的描述。隋唐时期蜀锦盛极一时，在与异域风格的交流碰撞中，不断吸收融合产出各类新品种，特别是起源于萨珊波斯的联珠团窠，唐代进行了基本样式的保留、主题内容的改造，经历了一系列的演变，发展出了颇具特色的联珠团窠，并逐渐演变出陵阳公样、宝相花纹等。同时写实生动的花鸟图案逐渐成熟，植物纹样开始成为蜀锦的主要题材，开启了蜀锦艺术绚烂而生动的时代新格局。唐代蜀锦呈现出一种崭新的气象，即多元文化冲击下的转型，这种转型源于汉代以来中国与中亚、西亚地区日益频繁的交流，到了唐代，中国封建社会达到鼎盛，蜀锦的发展表现出融汇于发展的时代特性。

1. 联珠团窠纹锦

联珠团窠纹传入中国之前主纹大多都以单独出现的形式占据团窠内的中心位置，吐鲁番出土唐代早期的大窠纹锦多数是团窠内只有一个动物，例如新疆吐鲁番阿斯塔那出土的联珠立鸟纹锦、联珠猪头纹锦。中国人喜爱将图案对称化设置，这样不但使图案整体更加丰满，视觉上也更加美观，呈现以饱满生动的富态感，因此，唐人对联珠团窠纹主纹的构成进行了更改，将单一的纹样格式变得多样化，出现了镜面对称的纹样，例如唐代的联珠对鸟纹锦、团窠联珠对饮马纹锦、团窠联珠对牛纹锦、唐绿地团窠联珠对山羊纹锦等都是典型的呈镜面对称格式的主题纹样。

唐代蜀锦动物纹样出现了对鸟、对雉、粉蝶、鸳鸯、鹦鹉、练雀、白头翁、灵鹫、天马、斗羊等形象，禽鸟主题的动物纹大幅丰富，唐中前期还仿效国外动物形象，出现了一批体姿健硕、富有异域风情的动物形象，而发展到后期，动物形象中式化特征明显，动物身体更为小巧灵动、生机盎然。同时，以

---

[1] 魏徵.隋书[M].北京：中华书局，1973：830.

飞龙、奔虎、跑马等动态形象为主，纹样更显生动。

唐代时期联珠团窠环多呈散点团窠状排列，团窠之间的交接点逐渐散开，有清晰可见的边缘线来划定窠环区域。这些联珠团窠纹具有同形同构的特征，联珠的行动轨迹由窠环线进行划定，窠环主要分为四类，分别为单层联珠、双层联珠、"十字形"组合联珠、联珠与植物组合团窠纹样。日本法隆寺所藏的"四天王"狩猎纹锦团窠纹样就是典型的联珠团窠环。

2. 植物团窠纹锦

联珠团窠纹本土化演变形成植物团窠纹。植物团窠锦初始是植物纹样与联珠纹样形成的组合环，如日本正仓院所藏的联珠狩猎纹锦，整体纹样呈团窠状排列，但其在联珠圈外加饰了一道缠枝葡萄纹边形成团窠环，联珠纹退到不太明显的位置。发展到后来，植物纹样完全取代了联珠纹，形成宝花环团窠和卷草环团窠。植物团窠环相较于联珠团窠环内的纹样更加简洁，主要为独立或成对的动物纹样，环外的十样花纹更加繁复多样。如日本正仓院所藏缠枝葡萄舞凤纹锦。

3. 宝花团窠纹锦

宝花纹是唐代平面的团窠花卉图案，是将佛教艺术中的忍冬纹、莲花纹，中亚的葡萄纹和石榴纹，以及中国本土的牡丹、唐草纹进行打散分离再重新组合，形成的一种具有装饰性的模式化花卉图案。富贵吉祥，广为流传。宝花纹由最初的柿蒂花十字结构发展而成，随着人们审美要求的增高，宝花纹在布局上逐渐变为米字结构或者圆形结构，以形成更为多样的变化和组合形式，几何化的对称形式使蜀锦宝花纹样具有很好的艺术装饰效果。白居易《杭州春望》云"红袖织绫夸柿蒂，青旗沽酒趁梨花"[1]，柿蒂花绫其实就是唐代盛行的宝相花丝绸。如日本奈良正仓院所藏宝相花纹锦琵琶囊。此锦蓝色为地，红色、浅黄、浅蓝、绿色、白色五色显花，主题纹样是由宝相花组成，由里到外共3层，同时采用晕色的装饰手法，由简到繁、庄重严谨、色彩艳丽，花瓣重叠繁

---

[1] 彭定求.全唐诗[M].北京：中华书局，1960：4979.

复，富丽而优美。

4. 花卉植物纹锦

这时期花鸟题材大量增加，植物纹样添加了金银花、牡丹、芙蓉、海棠、莲花等形象。在缠枝连理纹样发展和禽鸟纹样丰富的基础上，发展出了纹样局部独立成样的折枝花鸟纹。折枝花鸟纹是从循环较小的花卉题材团窠发展而来，并且从当时杂糅的想象风格里分化出来，以花鸟和植物为题材，色彩明快自然，具有写实风格，并在唐代后期成为主流，新疆吐鲁番阿斯塔那出土的"红地花鸟斜纹纬锦"可作为典型的代表（表7-1）。

表7-1 汉唐时期古代蜀锦代表品种

朝代	蜀锦代表品种
汉代	波纹孔雀纹锦、"长寿明光"锦、"长乐光明"锦、"万年益寿"锦、"万事如意"锦、"延年益寿大宜子孙"锦、"世毋极锦宜二亲传子孙"锦、"长葆子孙"锦、"王侯合昏千秋万代宜子孙"锦、"五星出东方利中国"锦、褐地朱红花豹纹锦、茱萸纹锦覆面、"登高明望四海"锦
魏晋南北朝	树叶纹锦、对羊对鸟灯树纹锦、对羊纹锦覆面、夔纹锦、盘条"胡王"锦、方格兽纹锦、胡王牵驼纹锦、兽面纹锦、联珠对孔雀"贵"字纹锦
隋唐	联珠立鸟纹锦、联珠对鸟兽纹锦、联珠对鸡锦、团窠联珠对饮马纹锦、团窠联珠对牛纹锦、唐绿地团窠联珠对山羊纹锦、四天王狩猎纹锦、联珠狩猎纹锦、缠枝葡萄舞凤纹锦、宝相花琵琶锦袋、宝相花纹斜纹纬锦、红地花鸟斜纹锦

二、汉唐时期蜀锦织造技术的发展

从织物组织结构的变化看，蜀锦传统工艺生产的发展可以划分为两个历史阶段：使用彩条经线起花的经锦生产阶段和以纬线起花的纬锦生产阶段。而这两个阶段的转折发生于汉唐时期。

早期蜀锦是以经线彩条起彩，彩条经线显花为主要特征，即经面锦，花和地织纹相同，纹样是通过经丝的不同色彩来表现的。经锦首先被发现于汉代的出土文物中，国内外一些学者将其称为"汉锦"。在新疆尼雅、吐鲁番等地挖掘出土的大量丝织品，从汉代、南北朝到唐代初期的经锦十分丰富。"万事如意"锦、"绿地长乐明光"锦、"登高明望四海"锦、"延年益寿大宜子孙"锦、"五星出东方利中国"锦都属于这一时期的汉锦。汉锦基本组织为经二重或多重平纹型或变化型组织，彩条经线显花。唐代中后期，蜀锦逐渐演变为由不同色彩的纬线分别显花的纬锦，如"红地花鸟纹"锦就采用的是三枚斜纹作地，纬线起花。这种纬线显花技术改变了经线显花色彩难改变、花型小等弊端，只需改变纬线颜色就可织出花型相同、色彩各异的织物。为织造宽幅、繁复和多样化的织锦图案提供了造物基础。这一织造技术的实现，是蜀锦传统工艺发展的一个大转折，对唐代蜀锦织物纹样风格演变起到了极大的推动作用，同时为织物中经纬线的不同变化提供了更多的可能。由于技术的进步，唐代中后期蜀锦的图案题材有所扩大，风格写实的花鸟图案开始流行，王建《织锦曲》的"红缕葳蕤紫茸软，蝶飞参差花宛转"❶诗句，就形象地描绘了这类绮丽的蜀锦图案。

（一）纺织工具的革新

蜀锦是蜀锦艺人采用特殊的提花工艺和织机生产的。在蜀地广为流传的综片提花织机和花楼提花织机这两种传统工艺织机，都是当时世界上最早、最完善、最先进的提花织锦机。

丁桥织机即多综多蹑织机，是以综片提花为特点的综片提花织机，诞生在先秦战国时期，至今已有近3000年的历史。在四川地区，远在古蜀国时期就使用多综多蹑织机。魏晋南北朝时期，蜀人马钧曾对多综多蹑机进行改革。《三国志·方技传》记载："马先生，天下之名巧也……为博士居贫，乃思绫机之变……旧绫机五十综者五十蹑，六十综者六十蹑，先生患其丧功费日，乃皆易以十二蹑。其奇文异变，因感而作者，犹自然之成形，阴阳之无穷。"❷这种改革后的多综多蹑织机，能使织纹在原来的基础上更加多样化，经、纬花循环

---

❶ 彭定求.全唐诗［M］.北京：中华书局，1960：3382.
❷ 陈寿.三国志·魏书［M］.西安：三秦出版社，2021：467.

比原来都增加了，纬线对称纹样每个花循环可扩大到 264 根。成都市双流县的农村在 1980 年前后仍留传了 600 多台多综多蹑织机，是我国唯一完好保存下来的地区。在新疆吐鲁番等地区发掘出大量汉唐经锦，基本上是用丁桥织机的综片提花工艺生产的。

魏晋蜀人马钧革新织机，多综多蹑织机能生产丰富多彩的经锦起花织物的同时，蜀锦艺人在丁桥织机的基础上迅速完成了织机和提花工艺技术的更新换代，另一种花楼束综提花织机也逐渐形成，使织锦的纬线提花成为可能。因此，发展到唐代，蜀锦不仅有很成熟的经锦织物，也有大量纬锦织物的出现。

（二）传统思想的突破

中原织锦早期以经锦为主，并非全因技术条件所制约，而在一定程度上源于蚕桑崇拜。人们认为穿着丝绸有利于人与上天的沟通，故而顺应"经之以天，纬之以地"的思想，将织物的经线看作与天联系的媒介，纬线则是与地联系的媒介。经线为根本、纬线作辅助，"经天纬地"的传统观念根深蒂固，不仅将经锦作为织造的标准模式，更衍生出崇尚经线显花的文化信仰。因此经锦更为普及，纬锦及其相关技艺则得不到开发。至隋唐时期，政治开明，经济蓬勃，生产高度发展。多元文化兼容并蓄，儒、释、道三教并行，东西方科技文化通过丝绸之路交流互鉴。在打破思想禁锢和外来因素冲击的双重助力下，纺织工艺技术取得了长足进步，并逐步更新换代。流行了近千年的经线显花工艺开始淡出，纬线显花工艺得到了普及和发展，这是提花工艺的一次重大转折。

（三）提花工艺的互鉴

经线显花工艺体系和纬线显花工艺体系分别代表了当时东西方纺织文化圈所具有的不同特征。织造经锦主要采用多综式提花机，通过"一经穿多综、一纬提一综"的方式，纹样信息贮存于系列综片上，循序升降综片进行织造。❶这类织机能够贮存纹样的经向循环信息，但无法贮存其纬向循环信息。如四川的丁桥织机（图7-1），同一纬的提花信息贮存于一片花综上，以控制一梭织口的经线运动，因此，花综总数基本取决于单位纹样的纬线数（经纬交织相同则共用）。而综片数过多会导致操作难度增大，所以必须控制在织工能触及的空间范围内。单位纹样的经向长度也随之受限，从而呈现出横条状排布。与多综式提花机相反的是，中亚纬锦织机仅具有控制纬向循环的装置，没有控制经向循环的能力。如伊朗的兹鲁（Zilu）织机，以束综式挑花的方法进行提花，挑花信息可通过一套联结挑花线与经线的多把吊提综装置在纬向进行重复（图7-2）。❷每挑一纬，把相应综线归并提起，带动对应经线提起，随后织入纬线，纹样可沿纬向循环。在上述两类织机的基础上，综合"多综式经向循环"和"束综式纬向循环"两种提花工艺各自的优点，能够同时控制经纬两向循环

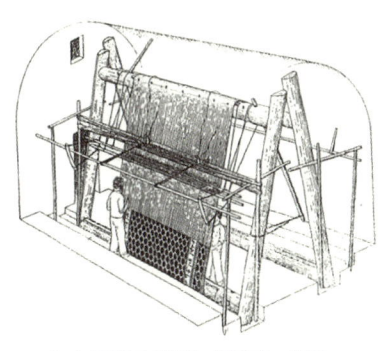

图7-1 丁桥织机模型（蜀江锦院藏）

（a）示意图（约翰·汤普森，海罗·格兰杰·泰勒推测）　　（b）1-N提综系统（赵丰推测）

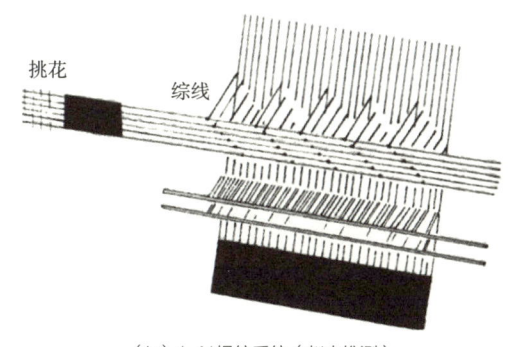

图7-2 兹鲁织机

---

❶ 罗群.古代多综多蹑提花织机结构及装造形式探讨[J].丝绸，2011，48（5）：45-47.
❷ 赵丰.中国丝绸艺术史[M].北京：文物出版社，2005：24.

的束综式提花机基本定型。这是纺织机械的一次显著进步，也是东西方工艺文化交流互鉴的代表产物之一。

三、中外织锦技艺的交融与创新

张彦远所著《历代名画记》中载："窦师纶，字希言……封陵阳公，性巧绝。草创之际，乘舆皆阙，敕兼益州大行台，检校修造。凡创瑞锦宫绫，章彩奇丽，蜀人至今谓之陵阳公样。"[1] 陵阳公样因陵阳公窦师纶所创而得名，主要运用于织锦设计中，并衍生至其他器物装饰上，是唐代最具代表性的经典图式之一。陵阳公样在织物设计领域具有承前启后的重要意义。从古拙大气的汉式风格过渡到绚丽多彩的大唐新样，陵阳公样正是演变的关键环节之一。它立足于前代设计的积淀，融合了传统与外来技艺的精华，展现出划时代的艺术风貌。

（一）外来艺术的吸收

1. 异域风格的传入

南北朝时期，丝绸之路进一步开拓，贸易交流更加频繁。中国的丝织品大量销往西方，与此同时，西亚、中亚的纺织品也不断传入中国。以联珠纹为主的新型骨架开始在织物上流行，带来了全新的艺术风格。联珠纹作为一种装饰元素，中原地区早期多运用于陶器、青铜器等器物之上，受工艺文化等因素影响，在纺织品上鲜有表达。它在织物设计领域的应用，与波斯萨珊艺术的传入密切相关。萨珊王朝（224—652年）艺术被认为是波斯艺术的顶峰，融汇东方艺术与古希腊、古罗马艺术于一体，同时渗透到丝绸之路沿线各国，以金银细工和丝毛织造最具影响力。法国东方学家雷奈·格鲁塞（René Grousset）研究

---

[1] 张彦远.历代名画记［M］.上海：上海人民美术出版社，1964：196.

表明：萨珊艺术具有双重倾向，其一是用自然主义手法表现活的形体，其二是创造装饰性图样和抽象的几何图案。❶在织物设计中，这两种倾向的具体表现便是以动物为主题纹样和以几何形装饰带作骨架，它们为中国纺织艺术注入了新的题材和形式。

2. 构图模式的演变

丝绸之路沿途出土了大量南北朝晚期至隋唐年间的联珠团窠动物纹织物（图7-3）。团窠环由大小基本相同的圆珠联接而成，浅色作珠、深色为环，珠数以20个为多。窠内的动物纹样或单个、或成对出现，造型夸张稚拙，趋于抽象的几何形态。正是联珠纹装饰带的应用及流行，改变了中原织物自汉代至魏晋一直沿用的带状循环构图模式。横贯全幅、飘逸流动的曲波状骨架逐渐淡出，继之而起的是充满西域风格、造型规整的几何形骨架。至隋唐之际，骨架之间分离，各单位纹样作四方连续式排布，就此开创了以团窠和团花为代表的全新艺术风貌（图7-4）。陵阳公样便是在这样的背景下创作产生的，它是对联珠团窠纹的继承和创新。

（a）联珠团窠鹿纹锦　　　　　　（b）联珠团窠对鸭纹锦

图7-3　联珠团窠动物纹锦（新疆维吾尔自治区博物馆藏）

---

❶ 雷奈·格鲁塞.近东与中东的文明［M］.常任侠，袁音，译.上海：上海人民美术出版社，1981：75.

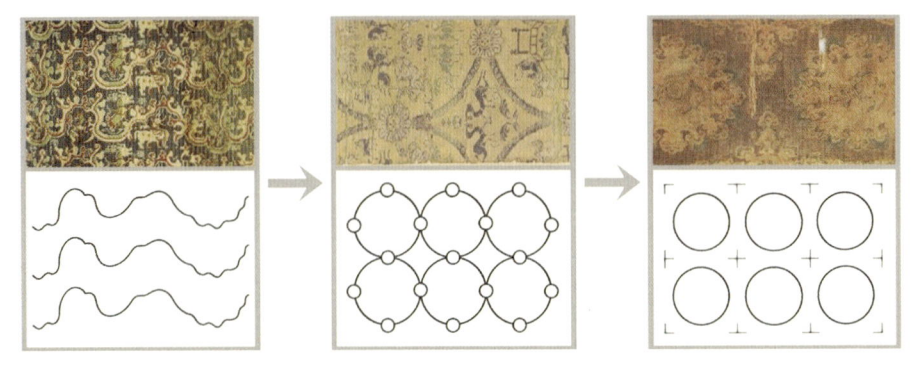

图7-4　构图模式的演变

（二）本土设计的创新

外来因素为民族化艺术发展提供了养料。受地域审美适应性影响，充满萨珊风格的联珠团窠纹在中原织物上延续时间较短，它在很大程度上是作为一种促进本土纹样新生的过渡形态而存在。经过有选择地吸收和改进，团窠纹的内容、形式和风格均发生了演变。这一过程展现出陵阳公样的设计程式，也协同促成了织物装饰题材的变迁。大体上可分为三个主要阶段，各阶段并非完全独立，而是相互渗透，有一定交集。

1. 纹样元素的丰富

丰富纹样元素分别体现在团窠环和窠内的主题纹样两方面。其一，加饰团窠环：单层联珠环发展成为双层复合式联珠环，内层仍为联珠纹，外层植入新的元素，造型更加丰富且富于变化。如"联珠+圆环""联珠+卷云""联珠+卷草"等（图7-5）。其二，丰富主题纹样：在选用龙、凤等中国传统动物的同时，吸收海外织物中常见的祥禽瑞兽，如狮、象、骆驼、马、鹿、孔雀等，以及多种想象性的添翼神兽。从整体来看，这类纹样的格局仍带有联珠团窠纹的余韵，应属于陵阳公样创作初期的产物。同时，进一步分析代表性织物（图7-6），团窠环的造型元素从单纯圆珠到加饰卷草，窠内狩猎场景繁复、生动，窠外点缀有十字唐草纹作宾花。略作比较可以看出，联珠团窠纹最初醒

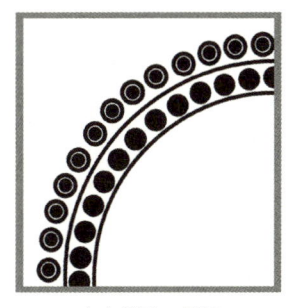

（a）联珠+圆环　　　　　　（b）联珠+卷云　　　　　　（c）联珠+卷草

图7-5　复合式联珠环（局部）

目、抽象的几何特征正逐渐弱化，自然写实的艺术风格已初见雏形。

2. 设计风格的转变

形态相对规整的联珠环渐渐隐去，转而以生动、丰富的卷草、花卉等替代。团窠环的边缘界限被淡化，与主题纹样更融洽地结合起来。这类锦纹从诗文中可以窥见：元稹诗"海榴红绽锦窠匀"描述了以石榴卷草作环的团窠纹；卢纶诗"花攒骐骥枊，锦绚凤凰窠"则是指以花卉作环的团窠麒麟、凤纹，❶这也与《历代名画记》中提及的游麟、翔凤相吻合。除文字记载外，尚有同类实物出土和传世。例如发现于敦煌藏经洞的团窠葡萄立凤纹锦残片（图7-7），团窠环为葡萄卷草纹，藤蔓穿插盘绕，婉转流丽；叶瓣与果实造型丰硕，翻卷摇曳，形态自然。同类的织物还有团窠卷草对鹿纹锦（图7-8）。团窠环由簇状卷草环绕构成，穿插掩映、逐层渐变，整体趋于花环的形态。其既运用了卷草纹的优美线形，又展现了花朵状的富丽饱满，可看作卷草环到宝花环的过渡阶段。窠内的鹿纹融入萨珊风格添加了双

图7-6　联珠卷草团窠狩猎纹锦
（局部，日本正仓院藏）

❶ 赵丰.中国丝绸艺术史[M].北京：文物出版社，2005：152.

图7-7 团窠葡萄立凤纹锦
（法国吉美博物馆藏）

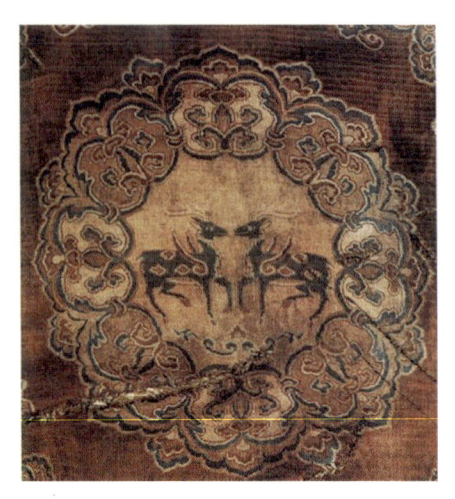

图7-8 团窠卷草对鹿纹锦
（局部，私人收藏）

翼，相向而立，双足微抬，作昂首前行状。通过对比我们发现，联珠团窠动物纹侧重以几何元素表现静态的装饰效果，而陵阳公样更注重以写实手法刻画灵动的自然物象，可见团窠纹的设计风格已从装饰化转向写实化了。

3. 主流题材的变迁

植物纹样勃兴，奠定了全新的装饰艺术主流。最具代表性的宝花纹被广泛运用于织物设计上，出土的陵阳公样系列中以宝花团窠形式占多数，这正是陵阳公样创作的成熟期。宝花纹是人们创作的理想型纹样，它集多种植物造型元素于一体，花中含叶、叶内藏花，正侧交叠，旋转放射。按造型的演变过程可分为四类：一是早期的瓣形宝花，二是装饰性较强的蕾形宝花，三是写实风格的半侧视宝花，四是充满场景感的景象宝花。❶作团窠环时以蕾形和半侧视为多。如都兰出土的团窠蕾花对狮纹锦（图7-9），团窠环由多瓣蕾形宝花环绕构成。瓣形似如意，并同时将花蕾、花瓣、花叶等元素结合起来，镶嵌而成，边饰刻画尤为细腻。窠内两只狮子相对而立，体态健硕，鬃毛飞舞作跃起状，展现出强劲的力量感。对狮之间的空隙处饰有簇状植物纹样，与团窠环相呼

---

❶ 雷奈·格鲁塞.近东与中东的文明［M］.常任侠，袁音，译.上海：上海人民美术出版社，1981：75.

第七章 融合创新的汉唐蜀锦 —— 145

图7-9 团窠蕾花对狮纹锦
（局部，青海省文物考古研究所藏）

应。此后的发展，团窠环所占面积比例逐渐增大，随之以半侧视宝花作环。出土实物中最具代表性的是团窠宝花立狮纹锦残片，通过纹样复原更能直观感受到其团窠环层次之丰富，所占比重之大（图7-10）。该宝花环可大致分为三层，内层为半仰视的花朵，中层为枝叶繁茂的侧视花卉，外层为半俯视的即将绽放的花蕾。各层相互穿插套叠，布局满密。整体造型像牡丹，花蕾却似莲花，兼具写实性与装饰性，给人以花团锦簇之感。窠内为站立的独狮，鬃毛卷曲，狮尾上扬。由于内部空间压缩，狮子所占比重并不大，但威武有力。至此，纵观陵阳公样的设计进程，团窠纹逐步变化发展，曾作为主体的动物纹样已退居其次了，而植物题材正开始进入它的大发展时期。

随后，一种以卷草、花卉为主，与祥禽瑞兽穿插组合的形式开始广泛流行（图7-11）。缠枝纹藤蔓盘绕回旋、穿插变化，既突破了团窠环的束缚，又隐约可见连缀的圆形骨架。灵动中不失严谨，富有节奏和韵律，体现出充满生命

（a）实物（中国丝绸博物馆藏）　　（b）纹样复原图（万芳绘制）

图7-10 团窠宝花立狮纹锦

图7-11 莫高窟彩塑服饰珍禽瑞兽唐草纹（局部，黄能馥绘制）

力的自然之美。这类图式是对陵阳公样的传承和衍生，同时为清新秀丽的写生花鸟兴起埋下了伏笔。

汉唐时期是蜀锦发展的重要时期，这个时期的蜀锦在纹样设计、色彩搭配和题材表达方面都极具时代魅力，受织绣技艺的发展所影响，纹样织造上显示出瑰丽的审美特征和文化内涵，具有强烈的艺术冲击力。随着丝绸之路贸易的往来，印度、萨珊波斯、粟特等西域各国与唐朝之间形成了较为成熟的贸易体系，波斯商人和粟特商人等西域商人大量访唐，其西域文化和装饰艺术逐渐渗入唐代的世俗文化和造物艺术中。汉代开通丝绸之路，开拓了人们的视野，唐代坚持包容、开放的治国方略，在古老文化和外来文化的矛盾漩涡中寻找自己前进的方向，我们在梳理汉唐蜀锦产品特色，感受中外织锦技艺交融创新的同时，也看到了汉唐时期中外各族文化融合的独特风貌。

第八章

汉唐时期丝绸之路与蜀锦的对外传播

一、"丝绸之路"名称的由来

丝绸之路是连接东西文明的重要通道，也是中国走向世界的第一条大道，有着"人类文明的运河"之称誉。丝绸之路始于公元前2世纪，是我国与欧亚各国实现长距离贸易往来的重要交通大动脉，拉近了当时欧亚大陆之间的联系，实现了以丝绸为代表的大宗货物交易与文化交流。

"丝绸之路"的核心内涵是连接东西方的贸易活动路线，经过一个多世纪的研究，已由浅入深地发展出众多研究旁支。"丝绸之路"的概念最早是由19世纪德国地理学家、地质学家费迪南·冯·李希霍芬（Ferdinand Von Richthofen）提出的。在1877年出版的《中国——亲身旅行和据此所作研究的成果》一书中，他通过关注中国的交通路线研究中国历史上的商贸道路，同时结合西方关于"丝绸之国"的记载，非常谨慎地将中国长安与中亚之间的交通往来路线称为"丝绸之路"，也由此第一次提出了"丝绸之路"的概念。

1910年，德国历史学家阿尔伯特·赫尔曼在《中国与叙利亚间的古代丝绸之路》一书中进一步拓展了"丝绸之路"的终点，"我们应把该名称（丝绸之路）的含义进而一直延伸到通向遥远西方的叙利亚。"[1]赫尔曼将丝绸之路的终点延伸到叙利亚。虽然叙利亚与中国之间并未产生直接的联系，但它是中国丝绸的主要销售地之一，特别是在途经中亚和伊朗的贸易路线上起着不可替代的作用。

真正奠定"丝绸之路"学术地位的是李希霍芬的学生，著名的瑞典探险家斯文·赫定，他于1936年出版《丝绸之路》一书，记录其在中国特别是新疆的所见所闻。这是继李希霍芬之后首次将"丝绸之路"一词用于一本书的标

---

[1] 杨建新，卢苇.丝绸之路[M].兰州：甘肃人民出版社，1981：1.

题。赫定大致梳理了丝绸之路的路线走向，推动了"丝绸之路"一词逐渐进入大众的视野。

随后在1926—1935年中瑞西北科学考察团的贝格曼（Folke Bergman）于1939年出版的七卷本《新疆考古报告》的第一册中更为广泛地使用了"丝绸之路"的说法。他认为"丝绸之路"一词是一个复数概念，泛指古代连接中国与西方的多条商路。

随着近代以来的实地考察和考古发掘不断深入，学者们已经将丝绸之路看作是欧亚大陆各古代文明之间交往联系路线的概括性总称。它并非局限于一条或几条陆上商路，而是泛指以丝绸为主要贸易物品，横跨欧亚大陆连接中亚、西亚、印度直至欧洲、北非等地的世界性海陆交通网络。今日的"丝绸之路"早已突破了两汉的时间限制，上可追溯先秦，下及明清乃至近代，成为数千年来中外交通往来和文化交流的代名词。它在空间上也不再局限于某一条特定的线路，如丝绸之路有"陆上丝绸之路"与"海上丝绸之路"之分，"陆上丝绸之路"有"西北丝绸之路"和"西南丝绸之路"之分，"西北丝绸之路"有"草原之路""绿洲之路"之分等。斯文·赫定曾感慨地说："丝绸之路是穿越整个旧世界最长的路。从文化历史的观点看，这是连接地球上存在过的各民族和各大陆最重要的纽带。"❶毫无疑问，丝绸是这条纽带上无可替代的商品之一。丝绸是中国的"瑰宝"，名贵的丝绸无论是在贸易范围还是影响力上都是居于首位的。奇货可居的心理和高额的商业利润刺激着商人们和冒险家们沿着多条道路推动丝绸的中西贸易。丝绸义不容辞地充当了中华古老文明传播的光荣使者，铺就了一条享誉世界的"丝绸之路"，也搭建了一条中国与世界构架的对话之路。

二、丝绸之路与蜀锦贸易

最早关于丝绸贸易的记载见于战国时期的《穆天子传》，书中大量记载中

---

❶ 斯文·赫定.丝绸之路［M］.江红，李佩娟，译.乌鲁木齐：新疆人民出版社，1996：214-215.

原商队的西行，以及动辄百吨的丝绸贸易，尤其具有史料价值的是"新疆—葱岭—帕米尔—吉尔吉斯斯坦"的丝绸贸易路线，这与丝绸之路东段的一部分是吻合的。

西方学者认为，从公元前5世纪的希罗多德时代起，产于中国的丝绸就被辗转运送至古希腊等西方国家。公元前1世纪之前，地中海沿岸诸民族就对丝绸的生产有了一定的了解。如雅典卫城帕特农神庙的"命运女神"、克里米亚半岛出土象牙版上的"希腊女神"均穿着丝绸衣料。由此可见，公元前6—公元前3世纪，中国的丝绸就已经流传到希腊，受到了上层社会的喜爱。这说明，在丝绸之路正式形成之前，丝绸在中西方交流之间的媒介作用已经凸显。《吕氏春秋》《淮南子》中都提到过来自西域的"钟山之玉"和"昆山之玉"，以及西域地区的马、牛、羊、骆驼等牲畜。可见中原早就同西域有所联系。只不过这一时期的交流是断断续续、规模较小、零散的。从西汉至唐朝，张骞通西域开启了中西交流的新时代，以官方为主、大规模、具有主动性和连续性的丝绸之路的开拓、发展、繁荣沟通了中原与西域，为东西方物质文明、精神文明的交流融合提供了广阔且富有生命力的平台。❶

两汉时期，蜀锦行销全国各地，与外国商品交换或至万匹。汉代中国统治者开辟丝绸之路在某种意义上是中原地区开始有意地关注外部世界并延伸本土文化的活动空间，此后各朝统治者都延续了这种对外交往的传统，并在唐代达到顶峰。丝绸之路凿通之后，贩运丝绸的东西方商人来往于这条闻名于世的古道上，推动了不同服饰文化的交流。四川成为全国最重要的、距丝绸之路最近的丝织业基地，大批丝织品输往关中，并远销海外。

---

❶ 沈福伟.中西文化交流史［M］.上海：上海人民出版社，2006：102-140.

（一）蜀锦对外输出的主要通道——西北丝绸之路

1. 西北丝绸之路的演变历史

西北丝绸之路主干线的开辟和畅通，始于汉武帝时期。汉武帝时期，国家经济实力得到了提升，为了彻底解决匈奴人长期侵入汉代边疆的难题，公元前139年，张骞带着圣命从长安出发，一路经甘肃的陇西、兰州，再经过河西走廊出玉门关而到达楼兰古国。张骞并没有完成寻求大月氏军事联合的使命，但是带回了大量西方各地的地理、文化知识，提供了有关匈奴人活动的详细情况。这是中国官方首次出使西域的交流活动（图8-1），从经济、文化层面开拓了汉朝与中亚各地人民的友好联系，"丝绸之路"登上了历史舞台。正如日本学者羽田亨所说："汉朝的张骞奉汉武帝的命令，出使西域十三年，到公元前126年才回来。从此中国方知西域之事，这是东西交通的发端，中国史上有名的事件。"❶

图8-1　张骞出使西域图（敦煌莫高窟第323窟壁画）

公元前119年，汉武帝决定再次联合西域诸国以彻底击溃匈奴，遂第二次派遣熟悉西域的张骞前往。"将三百人，马各两匹，牛羊以万数，赍金币帛直数千巨万"❷，张骞等人历时四年到达大宛、乌孙等国，代表汉王朝与大月氏、康居、大宛、乌孙等国建立了良好的关系。此后又在使团的作用下与更远的身毒、安息、奄蔡等国建立了良好的关系。而且不久后，汉朝与乌孙联合击退匈奴。张骞第二次出使西域，向西域国家彰显了汉王朝强盛的国力，吸引了西域国家使者东来。"大角抵，出奇戏诸怪物，多聚观者，行赏赐，酒池肉林，

---

❶ 羽田亨.西域文明史概论［M］.耿世民，译.北京：中华书局，2005：6.
❷ 班固.汉书［M］.北京：中华书局，2007：2692.

令外国客遍观各仓库府藏之积，见汉之广大，倾骇之"❶。西汉王朝与西域双向的、正式的官方交流自此开始。

公元前60年，汉朝积极经营丝绸之路，设西域都护府，取得了对西域的控制权，以统一管理西域各项事宜。汉王朝还"立屯田于膏腴之野，列邮置于要害之处"，保证了丝绸之路的畅通。由此，通过我国开始沿着古代西北丝绸之路与中亚各国进行频繁的文化、经济、政治等方面的往来，无数新奇商品、技术、思想文化源源不断地在欧亚非诸国之间流通。丝绸之路逐渐繁盛起来。

魏晋南北朝时期，西域小国林立，政局动荡，丝绸之路荣衰不定，直到唐代才结束这种动荡局面。在7世纪，强大的唐王朝击败西突厥，以往受西突厥压制的中亚各国纷纷依附唐朝，唐朝为有序管理西域各国，便设置了碎叶、疏勒、于阗、龟兹四个主要军事重镇。640年设安西都护府对这四个重镇进行统一管辖。702年设北庭都护府，对今哈萨克斯坦境内的碎叶、阿拉木图进行管辖。中亚各国为表示对唐王朝的归附之心，纷纷派使臣进行朝奉，送来了汗血宝马等西域特产。之后唐王朝又在中亚各地设置康居都督府、条支都督府、拔州都督府、波斯都督府，并赐予国王都督称谓。❷可以说在唐王朝势力的不断扩张作用下，唐王朝逐渐迎来了其最强盛时期。政治的稳定为丝绸之路的发展增加了重要的保障作用，促使络绎不绝的商队可以安心往来于中国与中亚各国之间，进行以丝绸为主的大宗商品贸易。我国丝绸之路逐渐发展至鼎盛时期。唐代中期安史之乱后，陆上丝绸之路开始衰落，大唐遭到西北地区吐蕃、回鹘等民族的侵犯，失去了大片疆域，也失去了对西域的统治权，丝绸之路的贸易往来逐渐减少，政治经济文化交流也受到了影响。

2. 汉唐时期西北丝绸之路线路的拓展

学界把西北丝绸之路一般分为三段，包括东段、中段、北段。东段自长安到玉门关、阳关，均位于汉族政权疆域内；中段从玉门关、阳关往西到达葱

---

❶ 司马迁.史记［M］.北京：中华书局，1959：3173.
❷ 刘庚岑.鸿篇巨制 探颐索隐——读《中亚通史》［J］.俄罗斯中亚东欧研究，2006（5）：83-84.

岭，也就是西域段，自西汉张骞凿空后中国王朝对丝绸之路中段保持着影响力；西段从葱岭往西经中亚、西亚到达欧洲。东、中段由汉代开辟，西段主要为唐代拓展。丝绸之路在汉唐时期是不断变化拓展的，在汉代中段由南、北两道逐渐发展为南、中、北三道，由此形成了较为完整的西北丝绸之路路线。

从长安到敦煌（西北丝绸之路东段）的北道，就是从长安出发，沿泾河西行，过六盘山，顺祖厉河而下，在靖远渡黄河到武威，入河西走廊。这是通行于秦汉时期较早的一条道。汉武帝曾沿这条道亲临祖厉河。南道，从长安西行过咸阳、陇西、临洮、兰州到武威入河西走廊。张骞出使西域，霍去病抗击匈奴，唐玄奘西出取经，都通过此道。中道，由长安西行经陕西长武、彬县，过甘肃泾川、平凉，越六盘山、华家岭、定西、榆中、兰州，入河西走廊。或由兰州经青海西宁、大通，越祁连山到张掖入河西走廊，也可从西宁北上，入新疆南部罗布泊。❶

张骞第一次出使西域，开辟了西北丝绸之路北线，于长安出发，经匈奴，被俘，被困十年，后逃脱。西行至大宛，经康居，抵达大月氏，再至大夏，停留了一年多才返回。

张骞第二次出使西域，拓展了西北丝绸之路的路线，出玉门关到达楼兰后兵分两路，一路向北从北疆的渠犁、龟兹、姑墨、疏勒再到大夏、粟特、安息等地，就是今天的阿富汗、乌兹别克斯坦、伊朗等地；另一路经南疆取道鄯善，经且末、精绝、于阗、疏勒越帕米尔高原到大宛等地，形成了一个"丫"字形的基本干道，丝绸之路的南线被顺利开通，地理疆界得以进一步拓展。

《汉书·西域传》记载："自玉门、阳关出西域有两道。从鄯善傍南山北，波河西行至莎车，为南道。南道西逾葱岭则出大月氏、安息。自车师前王廷随北山，波河西行至疏勒，为北道。北道西逾葱岭则出大宛、康居、奄蔡焉。"❷

从《汉书》中的记载可以看出，至西汉时期丝绸之路南北两道已完全成

---

❶ 沈光耀.中国古代对外贸易史［M］.广州：广东人民出版社，1985：181-184.
❷ 班固.汉书［M］.北京：中华书局，2007：961.

形。南道的具体路线为：阳关—鄯善—且末—精绝—拘弥—于阗—皮山—莎车—葱岭。北道的具体路线为：玉门关—车师前王庭—焉耆—龟兹—姑墨—乌孙—疏勒—葱岭。通过南北两道，到达大夏、安息，甚至到大秦（罗马）和北非一带。此后线路多有变化，但无论如何，西汉建立了各国与中亚、西亚、南亚诸国的商贸联系。

魏晋南北朝时期，我国北方地区战乱频发，但朝廷始终未中断对西域的管理与统治。丝绸之路有了更进一步的发展，《隋书·裴矩传》对丝绸之路记载："发自敦煌，至于西海，凡为三道，各有襟带。北道从伊吾，经蒲类海铁勒部、突厥可汗庭，度北流河水，至拂菻国，达于四海。其中道从高昌、焉耆、龟兹、疏勒，度葱岭，又经钹汗苏对沙那国，康国，曹国，何国，大、小安国，穆国，至波斯，达于西海。其南道从鄯善、于阗、朱俱波、揭盘陀，度葱岭，又经护密、吐火罗、挹怛、忛延、漕国，至北婆罗门，达于西海"。[1] 由此贯穿西域的三条商贸路线清晰地展现在我们眼前。

丝绸之路鼎盛时期是在隋唐，唐代通往西域的丝路走向基本上是沿袭隋代而发展。唐代先后建立安西、北庭都护府等一系列军、守捉、镇，沿线驿站、烽燧不断，丝绸之路全线贯通。汉、唐两代丝绸之路繁盛时，从长安到敦煌段，有三条线路，北线是一条主干线。从长安出发，经凉州（武威），到河西走廊的沙州（敦煌）。西域段有三条路线，北道由敦煌西行，穿越莫贺延碛，到达伊州柔远县，向西北至伊州，而后沿天山北麓西行，又经蒲类海，到达北庭都护府治所庭州，再由庭州向西，过轮台县、弓月城至碎叶城。唐代西域段中道在汉时称为北道，具体线路为：西出玉门关沿天山南麓和塔克拉玛干沙漠北缘，从东到西，经伊州、西州、焉耆、龟兹、拨换，至碎叶城。唐代西域段南道是汉以后存在的，这是一条于昆仑山北麓与图伦碛（今塔克拉玛干沙漠）之间穿行的东西通道，具体走向为：西出阳关并沿昆仑山北麓至典合城、经且

---

[1] 魏徵.隋书[M].北京：中华书局，1973：1579-1580.

末城、于阗、疏勒、拨换城至葱岭羯盘陀（葱岭守捉）。经过这三条路线然后越过葱岭向西进入中亚地界，过中亚诸国到达波斯帝国，经里海抵达拂菻。唐代在丝绸之路主要交通路线基础上，不断开辟新的商路支线，逐渐形成一个发达的网络交通体系。

3. 丝绸之路青海道

丝绸之路青海道是丝绸之路的重要组成部分，是平行于河西走廊丝绸之路的古代通往西域的丝绸南路。丝绸之路青海道位于祁连山之南，贯穿河湟之滨，扼东西交通之要，越南北交通之险，是东连中原，沟通南北，西通西域最早的古道之一。它是由青海省内若干条具体路线所构成的重要通道，这一路线在不同历史时期发挥着不同历史作用。

两汉之际，青海河湟地区主要居住着羌族，形成了以青海丝路为主题的自甘肃兰州或临夏过黄河、由祁连山南，沿湟水西行到青海湖，越柴达木盆地而达新疆若羌通西域的古青海路羌中道。

魏晋南北朝时期，由于连年战乱，河西走廊的商道被切断，往来商旅只能重新利用位于今天青海境内的古老商道，使这段商路又再次繁荣了起来。这一时期，吐谷浑民族建立政权，在几代国主的积极主导与精心经营下，其辖境内的青海道成为联结中西交通的纽带。由于吐谷浑控制的地区主要在黄河以南，有些史籍中称吐谷浑政权为河南国，丝绸之路吐谷浑道也就被称为丝绸之路河南道。其一共形成了四条通往各地的分道，即西蜀分道、河南分道、柴达木分道和祁连山分道，这四条分道共同构成了丝绸之路吐谷浑道。特别是经今甘肃，沿白龙江或岷江南下入蜀的西蜀分道，直接通往益州，与其他道路相接能够连接长江流域；西经今柴达木盆地，跨越阿尔金山进入新疆若羌，和丝绸之路南道相连接的柴达木分道，连接西域，能够通往中亚、西亚、欧洲。吐谷浑对青海道的控制与利用，成为其日益登上国际贸易舞台的支撑点和进一步向西域扩张的出发点。

隋末唐初，唐太宗即位之后，仍依隋旧制，采取再次开通河西道的策略，使控制青海道的吐谷浑再度失去东西贸易之利，不得不动用兵力采取阻绝骚扰河西道的策略。吐蕃王朝兴盛后，与唐时战时和，这一时期形成了逐渐稳固的唐蕃古道。唐蕃古道东段道程的走向和路线是由长安沿渭河西溯越陇山，经天水陇西渭源，到临州分为两道，或北上兰州，沿黄河北岸西行至乐都到西宁或西北行到临夏，转北行，在炳灵寺或大河家一带渡黄河，又经乐都到西宁。唐蕃古道的东段道程实际上是长安至河湟地区的驿道，也是丝绸之路南线的重要组成部分。

吐谷浑与青唐吐蕃时期丝绸之路青海道繁荣一时。而在统一的局面下，河西丝路畅通，青海道所发挥的作用大大削弱。吐谷浑立足青海，借鉴中原官僚体制，吸取汉地文化精髓，其中，对于丝绸尤为偏好。《通典》卷一百九十记载："其妻衣织成裙，披锦大袍，辫发于后，首戴金花，丈夫衣服略同于华夏，多以幂罗为冠，亦以缯为帽……国无常赋，须则税富室商人，以充用焉。"❶吐谷浑"其地与益州邻，长通商贾"，而蜀郡便是当时丝绸的主产地。青海都兰大量丝绸制品和其他文物的出土证明，从青海西宁经都兰，穿越柴达木盆地，至甘肃敦煌，是公元6—9世纪前半叶古代丝绸之路的一段重要干线，也是蜀锦对外贸易的重要线路。

（二）跨越西南高原通往印度的要道——西南丝绸之路

印度早在西汉张骞出使西域之前就已经存在商业来往，《史记·大宛列传》中记载："（张）骞曰：'臣在大夏时，见邛竹杖、蜀布。'"❷张骞出使西域归国后，将所见所闻报告给汉武帝，无名的开拓者早已经打通了连接中国与印度、中亚的道路。考古证明，从蜀地经云南、缅甸、印度、巴基斯坦到达中亚的这条通道，有可能在战国时代就已存在，即《史记》所记载的"蜀身毒道"。汉武帝听闻后，决定正式开辟从西南前往印度、大夏的这条商贸道路，也就是我们现在所说的"西南丝绸之路"。

深藏于高山密林间的西南丝绸之路从成都出发，在中国境内由灵关道、五

---

❶ 杜佑.通典［M］.北京：中华书局，1988：5163-5164.
❷ 司马迁.史记［M］.北京：中华书局，1959：3173.

尺道和永昌道三大干线组合而成，全长2000多公里。主要经过四川和云南两省，可通过缅甸到达印度，还通过中亚地区到达欧洲。第一条西线灵关道也叫牦牛道，从古蜀都（成都）出发，经临邛（邛崃）、青衣（雅安）、笮都（汉源）、邛都（西昌），最后抵达叶榆（大理）；第二条东线的五尺道，从古蜀都（成都）出发，经古道（宜宾）、朱提（昭通）、夜郎（威宁）、古味（曲靖）、滇池（昆明）至叶榆（大理）；第三条是东西两线在云南境内大理交汇后西行形成永昌道，从叶榆出发，经永昌（保山）、腾越（腾冲）抵达缅印地区。

四川广汉三星堆文化遗址，发现了大批精美的青铜器，以及来自缅甸、印度温暖海域的齿贝，有力地证明了早在3000年前蜀地就已经与沿海地区有了交往。早在公元前400多年，古印度史书《政事论》、史诗《摩诃婆罗多》、婆罗门教《摩尼法典》最早记载了中国丝绸运到了印度，通过印度转销到了西亚、非洲和欧洲，并且中国丝绸夺取了世界市场，不少学者研究成果表明，这些丝绸是来自巴蜀四川。在三星堆遗址祭祀坑内，发现了祭祀用的丝绸，为西南丝绸之路提供了考古实证。

古代西南丝绸之路的开辟可能很早，这条古道本质上是一条民间商道。开辟古道的是商人和马帮，古道上流通的是各地的商品。蜀地商队驱赶着驮运丝绸的马匹，走出川西平原，踏上了崎岖的山道，翻山越岭，跨河过江，进行着最古老的中印商业贸易，从而开辟了这条我国通往南亚、西亚以至欧洲的古老商道。虽然汉武帝时几次都未打通西南国际商路，但官方使者不能通过并不意味着商人不能通行。各部族阻挡汉朝使者通往印度，可能就是为了垄断贸易。

通过古西南丝绸之路，中国的丝绸、蜀布、筇竹杖、工艺品、铁器等源源不断地输出，国外的琉璃、宝石、翡翠、光珠等又输入。到了唐代，这条丝道更加兴旺发达，经久不衰。只是西北丝绸之路发展到鼎盛时期，其声誉掩盖了更为古老的西南丝绸之路。汉唐时期，西南丝绸之路是中印两个文明古国最早的联系纽带，这条路上的贸易往来，对亚欧地区古代文明交流具有重要意义。

汉唐时期丝绸之路的发展在东西方文化交流与贸易传输中发挥着不可忽视

的作用，中原内地的大量丝绸及各种货物就是沿着这些路线源源不断转运传至各地。在这条交通路线上出土的大量丝织品是汉唐期间丝绸之路历史存留的遗珍，有力地证明了中西方文化和物质交流的存在，体现出东西方文明之间一个不断交往与融合的过程。

在南北两条丝绸之路上，成都的意义极为特殊，皆具备始发地的战略地位。蜀锦在这两条丝绸之路沿线出土丝织品中占有很大比例。南方丝路路途险峻、途经地区密林深谷，气候闷热潮湿，不宜于丝织物的保存，而北方丝路多经过少雨干燥的沙漠地区，对锦类等丝织物有天然的保护作用。从后期考古成果来看，北方丝路途经地区发掘出土了大量带有蜀地标识的丝织物，都证明了北方丝绸之路是蜀锦对外输出的主要通道。

三、从出土蜀锦看其在西域的传播

蜀锦不仅深受国内消费者喜爱，还经丝绸之路源源不断地销往国外。西域出土的大量蜀锦织物，是珍贵的历史留存，证明了汉唐时期丝绸之路的繁盛以及蜀锦在西域的传播路线。新疆丝绸之路上多次出土了大量的汉唐丝绸，其中蜀锦占有重要的位置。

新疆地处东亚与西亚、非洲、欧洲地区的交通要道，具有连接东西的优越地理位置，是我国西北丝绸之路的重要路段。自丝绸之路开通以后，中原内地的丝织品就主要沿着河西走廊，经新疆继而转运到中亚、西亚各地直至欧洲地区，在这里东西方文化汇聚交融并相互影响。新疆地区由于独特的地理位置和气候条件，为丝织品的保存提供了良好的条件。在迄今为止，新疆出土的丝织品最为丰富集中、且保存完好。新疆的阿斯塔那、楼兰、尼雅等地区相继发掘出了很多保存状况较完好的织锦。这些织锦用色复杂、提花准确、图案规整、花纹活泼、富于变化。先后有众多学者对这些织锦进行过研究，一致认为其中大多数为汉唐时期的蜀锦。这无疑成为了蜀锦在西域传播的明证，且成为丝绸之路东西文化交流互动的典型资料。

新疆地区出土蜀锦主要集中发现于三个地区。一是古代楼兰地区，也就是后来的古鄯善之属地，若羌楼兰遗址所出丝织品基本为两汉时期；二是民丰尼雅遗址，所出织锦基本为汉晋时期；三是吐鲁番地区，即历史上的高昌地区，吐鲁番阿斯塔那以及哈拉和卓村中陆续出土了为数上千的古代丝织品，所出丝织品大致属于晋唐时期，对丝织品的研究和丝绸之路的经贸繁荣提供了重要的意义和证据。

（一）楼兰古城遗址及出土蜀锦

楼兰古城遗址位于新疆巴音郭楞蒙古自治州若羌县境内罗布泊的西北角，孔雀河故道南岸16公里，东距罗布泊北岸28公里处，整个遗址散布在罗布泊西岸的雅丹地貌中。古城遗址城区面积10.8万平方米，包括东郊墓地MA、MB，周围寺院居民遗址及楼兰贵族墓。1901年3月瑞典探险家斯文·赫定发现楼兰古城，从挖掘出土的卢文简牍"kroraina"一词推定古城原名楼兰。随后斯坦因三次来到楼兰，逐步揭开了楼兰遗址的全貌，并挖掘了大量纺织品文物。20世纪30年代后，以黄文弼为首的中国考古学者开始进入此地开展考古工作。1979—1980年新疆文物考古研究所楼兰考古队三次深入罗布泊腹地，在楼兰古城遗址中出土纺织品59件，多为残片。特别是在孤台墓地MB2中，出土了大量精美的丝织品，其中织锦53件。表8-1列举出部分楼兰古城遗址出土的蜀锦。

表8-1 汉唐时期新疆楼兰古城遗址出土蜀锦

朝代	出土织锦名称	出土地点	出土织锦类型
东汉	"登高明望四海"锦	楼兰城郊古墓孤台墓地 MB2号墓	四重平纹经锦（大英博物馆藏）
东汉	"长乐明光"锦	楼兰城郊古墓孤台墓地 MB2号墓	四重平纹经锦（大英博物馆藏）
东汉	"延年益寿"锦	楼兰城郊古墓孤台墓地 MB2号墓	三重平纹经锦（大英博物馆藏）

续表

朝代	出土织锦名称	出土地点	出土织锦类型
东汉	"望四海贵富寿为国庆"锦	楼兰城郊古墓孤台墓地 MB2 号墓	四重平纹经锦
东汉	"永昌"锦	楼兰城郊古墓孤台墓地 MB2 号墓	四重平纹经锦
东汉	"续世"锦	楼兰城郊古墓孤台墓地 MB2 号墓	四重平纹经锦
东汉	"延年益寿大宜子孙"锦	楼兰城郊古墓孤台墓地 MB2 号墓	四重平纹经锦
东汉	"长寿明光"锦	楼兰城郊古墓孤台墓地 MB2 号墓	四重平纹经锦
东汉	"长葆子孙"锦	楼兰城郊古墓孤台墓地 MB2 号墓	四重平纹经锦
汉晋	"菱格对羊纹"锦	楼兰城郊古墓孤台墓地 MB2 号墓	四重平纹经锦
东汉	广山锦	新疆罗布泊楼兰古城东古墓	四重平纹经锦

1. "登高明望四海"锦

1980年在新疆楼兰古墓发掘出土了东汉时期的"登高明望四海"锦（图8-2），这件织锦为青色质地，用褐、黄、绿三色丝线织成大幅的虎纹和鸟纹，图案生动，栩栩如生，图案中每一种动物纹样沿经线呈竖状重复而规则性分布，用植物纹间隔分开，在图案的空隙插入"登高明望四海"字样。"登高明望四海"的寓意与汉武帝多次巡游求取长寿之术，举行封禅活动有关，表达了汉代人的信仰及愿望。

2. "永昌"锦

"永昌"锦（图8-3）为汉代经锦，蓝色质地，为黄、褐、草绿三色显花织锦，图案的纹样多样，有鹿纹，有双角、双翼的兽纹，状如奔跑的虎纹以及织有三只脚的鸟纹，在这些鸟兽纹的中间用云纹隔开，沿经线重复规则地排列，在纹样的中间穿插"永昌"二字。"永昌"意为长寿昌盛，体现了汉代人渴望长寿永生的愿望。三足鸟、天禄、羊和老虎都是中原居民喜欢的祥瑞动物及神兽，而有双翼的兽纹则是汉代时期中原文明与外来文明融合的结果。

3."延年益寿长葆子孙"锦

"延年益寿长葆子孙"锦(图8-4)是男尸褐袍的襟缘。其采用1∶3平纹经重组织,绛地,蓝、黄、绿、白四色显花。这是一件典型的汉代通幅式云气动物纹锦,其图案以间断的花穗状云朵作骨架,其间穿插虎、豹、飞廉等动物和神兽,同时配以"延年益寿长葆子孙"汉隶铭文。

图8-3 "永昌"锦(新疆楼兰古城遗址出土)

图8-2 "登高明望四海"锦
(新疆楼兰古城遗址出土)

图8-4 "延年益寿长葆子孙"锦
(新疆楼兰古城遗址出土)

(二)尼雅遗址及出土蜀锦

尼雅遗址是汉晋时期精绝国故址,位于塔克拉玛干沙漠南缘民丰县喀巴阿斯卡村以北20公里的沙漠中,是目前塔克拉玛干沙漠南缘规模最大的绿洲城邦聚落遗址群。尼雅遗址位于西域南道中东部,东通鄯善和楼兰,进而可以直达内地;西通于阗,并可以前往犍陀罗地区;北通龟兹,与汉代西域北道相连;南经山道,与青藏高原的吐鲁番地区相通。地处丝绸之路交通要冲和古代经济、文化艺术、宗教交流与传播的十字路口,位置十分重要。所以尼雅遗址出土的织物丰富且极具代表性。

尼雅遗址包括各类遗址超过70处,年代范围在公元前2—公元5世纪。

1901年，斯坦因发现了尼雅遗址。中华人民共和国成立后，新疆维吾尔自治区博物馆等组织成立了专家团队对尼雅遗址进行了抢救发掘（表8-2）。1995年，从尼雅遗址发掘出土了大量品质高且保存完好的汉代纺织物，其中汉晋织锦规格高、品类多、色泽鲜艳、研究意义特殊。有被国家文物鉴定委员会定为国宝级文物的"王侯合昏千秋万岁宜子孙"锦衾，"五星出东方利中国"锦护膊，还有"延年益寿长保子孙""世毋极锦宜二亲传子孙""登高明望四海贵富寿为国庆"等华丽织锦，色彩斑斓，保存之佳，实属空前罕见。出土蜀锦大致列举见表8-3。

表8-2 尼雅遗址的发现历程

时间	尼雅遗址的发现历程
1901年	匈牙利裔英国学者斯坦因走进了尼雅，首次发现并盗掘尼雅遗址
1901—1931年	斯坦因先后4次进入尼雅，对古河床两侧的50余处遗址点进行了掠夺性发掘
1959年	新疆博物馆的李遇春先生带队对尼雅遗址进行了调查发掘，发现了一批珍贵的文物精品
1980—1984年	在和田地区文管所等部门的组织下，文物工作者对尼雅遗址进行踏查看护巡查过程中，采集获取了一批珍贵的文物标本
1990—1997年	中日共同组成尼雅遗迹学术调查队，对尼雅遗址开展了连续的调查和发掘

表8-3 汉唐时期新疆民丰尼雅遗址出土蜀锦

朝代	出土织锦类型	出土地点	备注
东汉	"延年益寿大宜子孙"锦手套	尼雅遗址	四重平纹经锦
汉晋	"五星出东方利中国"锦	尼雅遗址95MNI号墓地M8	五重平纹经锦
汉晋	"讨南羌"锦	尼雅遗址95MNI号墓地M8	五重平纹经锦
汉晋	"安乐如意长寿无极"锦枕头	尼雅遗址	四重平纹经锦
汉晋	"王侯合昏千秋万岁宜子孙"锦衾	尼雅遗址95MNI号墓地M3	四重平纹经锦
东汉	"万事如意"铭文锦袍	尼雅遗址59MNM 001号墓地	二重平纹经锦

续表

朝代	出土织锦类型	出土地点	备注
汉晋	"安乐绣文大宜子孙"锦	尼雅遗址	四重平纹经锦
汉晋	"恩泽下岁大孰"锦	尼雅遗址	四重平纹经锦
东汉	"延年益寿长葆子孙"锦	尼雅遗址95MNI号墓地M8以及N14西北的一座被盗掘的古墓葬之中	四重平纹经锦
汉晋	白地茱萸锦	尼雅遗址95MNI号墓地M3	三重平纹经锦
汉晋	虎斑纹锦	尼雅遗址95MNI号墓地M8	三重平纹经锦
汉晋	蓝地兔纹锦	尼雅遗址95MNI号墓地M8	四重平纹经锦
汉晋	蓝地瑞兽经锦	尼雅遗址95MNI号墓地M8	五重平纹经锦
汉晋	"金池凤"锦	尼雅遗址	五重平纹经锦
东汉	"元和元年"锦	尼雅遗址编号N14古墓葬	四重平纹经锦
汉晋	"大明光右承福"锦	尼雅遗址	四重平纹经锦

1. "五星出东方利中国"锦

1995年10月，在尼雅遗址发掘出土了举世闻名的汉代蜀锦"五星出东方利中国"锦。这是一块织锦护膊，鲜艳的白、赤、黄、绿四色在青地上织出汉式典型的图案：云气纹、鸟兽纹、辟邪和代表日月的红白圆圈纹，青底白色锦上赫然织着"五星出东方利中国"8个汉隶文字，其色彩之斑斓，织工之精细，实为罕见，被誉为迄今为止丝绸之路出土的最高等级的极品文物。

该锦的基本结构为五色经起花平纹组织。白、青、黑、赤、黄五色呈现与金、木、水、火、土五行密切关联。整个花纹图案的结构是连续流畅的"W"字形云纹，凤凰、鸾鸟、麒麟、白虎等各种珍禽瑞兽、"五星出东方利中国"铭文巧妙地穿插其间，造型富有特色，织造厚实，经密220根/厘米，纬密48根/厘米，技艺上乘。

"五星出东方利中国"一词现存最早的记载见于《史记·天官书》，记"五星分天之中，积于东方，中国利；积于西方，外国用兵者利。五星皆从辰星而聚于一舍，其所舍之国可以法致天下"[1]。"五星出东方利中国"织纹在相当

---

[1] 司马迁.史记[M].北京：中华书局，1959：1328.

程度上真实地反映了古代先民追求吉祥昌盛的良好祈愿和朴素的感情。与"五星出东方利中国"锦共同出土的还有一块"讨南羌"锦，这两块织锦无论在组织结构还是题材风格上都极为相似，可能当是同一类型织锦上的两块（图8-5）。根据对具体

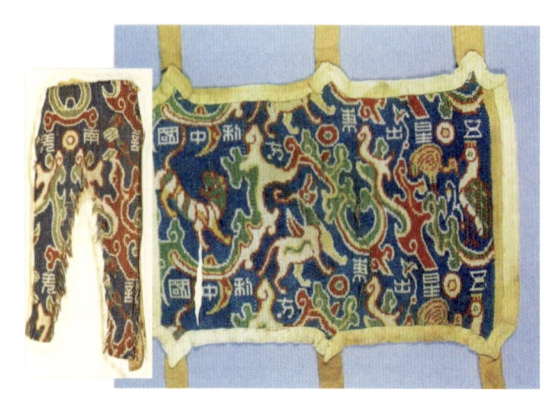

图8-5 "五星出东方利中国"锦与"讨南羌"锦（新疆民丰尼雅遗址出土）

史实的研究和图案的缀合分析显示，织文可以连续为"五星出东方利中国讨南羌……"。这句织锦文字无疑是中央王朝为了祝祈政治上、军事上顺利和成功，而将天象占辞与"讨南羌"结合起来，以图祥瑞的实际见证。

"五星出东方利中国"锦的出土，有力地证明了汉晋时期中原王朝与西域地区存在着十分密切的政治、经济、文化关系。该锦的织造工艺非常复杂，为汉代织锦成熟、精湛技艺的代表。此锦的发现，也说明蜀锦作为北方丝绸之路重要贸易品，汉代就远销到了西域。

2. "王侯合昏千秋万岁宜子孙"锦

"王侯合昏千秋万岁宜子孙"锦（图8-6），出土于尼雅95MNⅠ号墓

图8-6 "王侯合昏千秋万岁宜子孙"锦（新疆民丰尼雅遗址出土）

地M3墓，是覆盖在尸体身上的锦被，为两幅缝合而成，隶书汉字穿插于舞人、茱萸、云气之间，显示着一种吉祥、和谐、安谧的气氛。它应该是两汉时期对边疆少数民族政权实行和亲政策的体现。这块织锦主人地位在当时应该是极其尊贵的，这种织锦只能是由官府作坊织造，然后由皇帝下令，赐给所封的王、侯，也是一种身份的象征。此锦经向显花，是汉代蜀锦传统的织造技法。

3. "万事如意"铭文锦袍

1959年在尼雅遗址发现了东汉时期精绝贵族夫妻合葬墓。其中"万事如意"铭文锦袍（图8-7）出土时穿着于墓主人身上，保存完好，是国内罕见的服饰珍品。此件锦袍为男式锦袍，对襟、窄袖、束腰、斜摆式，是西域流行的"窄身小袖袍"，与"褒衣博带"式汉装有所不同。但却用饰有"万事如意"铭文和变体卷云纹的

图8-7 "万事如意"铭文锦袍
（新疆民丰尼雅遗址出土）

经锦制裁。在衣襟的右下缘镶一块"延年益寿大宜子孙"锦。"万事如意"锦用红色、绛色、绿色、浅蓝色和白色等颜色经线显花，为三重平纹经锦，色彩绮丽。从纹饰上来看，锦袍上的花草纹饰——茱萸纹和云气纹明显源于中原地区，铭文蕴含着和睦、美好、幸福的含义，传递出人们美好的愿望。其也说明中原的汉锦深受西域人民的喜爱。

楼兰遗址发现的蜀锦无论是织造工艺还是文字艺术风格，都与尼雅遗址出土的织锦十分相似，均以纬线用一色、经线用二至五色显花的经锦织造法织成。而且织锦上的图案既有西方的几何图形，又有吉祥的中国汉字，既有美丽的中国传统的花草纹，又有繁复的西方流行的翼马、对羊等图案。这不仅反映了汉晋时期中国丝绸织造的高超水平，也代表着中原与西域早期存在

的交流。

（三）吐鲁番地区及出土蜀锦

吐鲁番位于西域东西交通与南北交通的交汇点上。从敦煌出发进入西域中道，无论经过楼兰地区还是哈密地区，吐鲁番是必经之地。吐鲁番地区位于新疆天山东部山间盆地，东临哈密盆地，北越天山沟通天山以北地区，其贯通天山南北的山间孔道自古便是连接天山南北塔里木盆地、准格尔盆地两大盆地和昆仑山、阿尔泰山两大山系的重要通道。吐鲁番地区是汉代西域北道干线必经之地，同时又有数条道路连通西域南道，所在地理位置十分特殊。因此，吐鲁番地区自然成为古代西域南北往来、东西交通的十字路口。

唐代织物主要出土于甘肃敦煌、新疆吐鲁番、巴楚三处，其中以吐鲁番发现的丝织物最为重要。吐鲁番出土唐代丝织品的区域又主要集中在阿斯塔那—哈拉和卓墓葬群中。哈拉和卓墓地的发掘延续时间较长，出土的丝织品非常丰富，从数量、种类、图案的丰富度和精美度来看可以说在全国范围内首屈一指（表8-4）。其中不少丝织物被斯坦因、橘瑞超等人携至国外。1959年始，新疆考古队对该墓葬发掘了20余次，出土了大量丝织品，但最为丰富的是北朝、隋、初唐和盛唐的织锦，如对羊对树纹锦、对狮对象纹锦、胡王牵驼锦、方格兽纹锦、狩猎连珠锦、联珠对孔雀锦、对饮锦等纹样，武敏先生认为从南北朝到隋乃至唐初，在全国范围内能提供织锦作为贸易商品的，只有成都地区。因此属于这个时期的标本只能是蜀锦。[1]这一时期的蜀锦纹样风格极具西域、中亚织物特征，动物纹样轮廓肥美健硕，人物带有明显异域风情，植物纹样进一步丰富，几何纹样还引进了联珠团窠、花卉团窠为骨架填以主题纹样的图案，既很好地展示了大唐雍容富贵的盛世风貌，又反映出南北朝时期与唐朝日益频繁的中外文化交流。

---

[1] 武敏.吐鲁番出土蜀锦的研究[J].文物，1984（6）：70-80.

表8-4　汉唐时期新疆吐鲁番地区出土蜀锦

朝代	出土织锦名称	出土地点	出土织锦类型
南北朝	对羊对树纹锦	新疆吐鲁番阿斯塔那	平纹经锦
南北朝	对狮对象纹锦	新疆吐鲁番阿斯塔那	平纹经锦
南北朝	胡王牵驼锦	新疆吐鲁番阿斯塔那	平纹经锦
南北朝	方格兽纹锦	新疆吐鲁番阿斯塔那北区99号墓	平纹经锦
南北朝	对鸡对羊灯树锦	新疆吐鲁番阿斯塔那	平纹经锦
隋唐	联珠对孔雀"贵"字纹锦	新疆吐鲁番阿斯塔那	平纹经锦
南北朝	"四天王狩猎"锦	新疆吐鲁番阿斯塔那	平纹经锦
南北朝	联珠对饮对坐锦	新疆吐鲁番阿斯塔那	平纹经锦
唐	大窠马大球锦	新疆吐鲁番阿斯塔那	平纹经锦
唐	红底联珠小团窠饮水马锦	新疆吐鲁番阿斯塔那	平纹经锦
唐	联珠鹿纹锦	新疆吐鲁番阿斯塔那	斜纹经锦
唐	联珠猪头纹锦	新疆吐鲁番阿斯塔那325号墓	斜纹经锦
唐	联珠立鸟纹锦	新疆吐鲁番阿斯塔那	斜纹经锦
唐	联珠对鸭纹锦	新疆吐鲁番阿斯塔那	斜纹经锦
唐	联珠戴胜鸾鸟纹锦一、二	新疆吐鲁番阿斯塔那	斜纹经锦
唐	联珠花树对鹿纹锦	新疆吐鲁番阿斯塔那	斜纹经锦
唐	联珠对马纹锦	新疆吐鲁番阿斯塔那	平纹经锦
唐	联珠对孔雀纹锦	新疆吐鲁番阿斯塔那	平纹经锦
唐	联珠对鸡纹锦	新疆吐鲁番阿斯塔那	斜纹经锦
唐	红地花鸟纹锦	新疆吐鲁番阿斯塔那	斜纹经锦
唐	变体宝相花纹云头锦鞋	新疆吐鲁番阿斯塔那北区381号墓	斜纹经锦
唐	海蓝地小团窠宝花锦	新疆吐鲁番阿斯塔那	斜纹经锦
唐	大宝花纹锦琵琶袋	新疆吐鲁番阿斯塔那	斜纹纬锦
唐	红地花鸟斜纹锦	新疆吐鲁番阿斯塔那北区381号墓	斜纹纬锦
唐	对孔雀对马对兽联珠纹路锦	新疆吐鲁番阿斯塔那	斜纹纬锦
唐	联珠天马骑士纹锦	新疆吐鲁番阿斯塔那	斜纹纬锦
唐	联珠骑士纹锦	新疆吐鲁番阿斯塔那	斜纹纬锦
唐	联珠小团花纹锦	新疆吐鲁番阿斯塔那	平纹纬锦

1. 胡王牵驼锦

胡王牵驼锦（图8-8）出土于吐鲁番阿斯塔那墓群发掘的延昌二十九年（589年）唐绍伯墓。此锦为三重三枚平纹经锦，每平方厘米经线48根，纬线32根（包括明、暗纬），经线直径0.3毫米，纬线直径0.2毫米。该织锦以黄色地为基础花纹，在其上配饰以红、绿等色经线显花，以单个纹样为单位循环出现，构成图案。一人执鞭牵驼，中间有"胡王"字样，图案上下对称，十分生动。

图8-8 胡王牵驼锦
（新疆吐鲁番阿斯塔那出土）

2. 联珠对马纹锦

唐代联珠对马纹锦（图8-9），纹样是在圆环上分布以轴对称的16个联珠，有两组马纹，上行对马一前足腾起，作行走状，下行作俯首食草姿态，两者相同处在于肩背长有双翼，马蹄下为几朵开放的莲花纹，两个马纹中间的毗连处用一朵八瓣的梅花纹连接。轴线上的四个圆环交接区分布了唐花和四方唐草纹。这种颈项上有绶带的"天马"，在埃及安丁诺7世纪的丝织物上也有发现，一般认为是受波斯纹饰的影响。联珠对马纹锦织法仍是汉代织锦三色经显花法。经线分区中，除了橙、白两色外，还有藏青色。纬线采用绛色、橙黄、深蓝等分段换色。

3. 红地花鸟斜纹锦

红地花鸟斜纹锦（图8-10）为斜纹纬锦，构图繁缛，质地致密。图案的中心为4组对称形写生花枝与牡丹花组合成的宝相花团，由中心向外辐射，在图的四周布置有左右两两对称的禽鸟，上面为站在花枝上的鸟，在图案顶端的禽鸟之间还有一个小的宝相花团。主题花横宽28.4厘米，两旁由宽3.6厘米的蓝地五彩花卉带作装饰。整个图案的画面浑然天成，自然和谐。花纹用彩色纹纬与单丝地纬交织成1/2变化缓斜纹。

图8-9 联珠对马纹锦
（新疆吐鲁番阿斯塔那出土）

图8-10 红地花鸟斜纹锦
（新疆吐鲁番阿斯塔那出土）

吐鲁番高昌故城北郊的阿斯塔那晋唐墓地，几乎可以说无墓不见丝绸，颇为有力地说明当年丝绸织物在高昌地区相当普及的情况。除此之外，还有新疆尉犁营盘遗址，营盘古城及古墓群是汉晋时期丝绸之路楼兰道的必经之地和十字路口，战略位置非常重要。营盘古城及古墓群于1893年由俄国人发现，之后又经历多次调查。其中最引人注目、出土最多考古资料的是15号墓，从该墓出土的红地对人兽树纹双面锦，堪称是一件存世珍品。营盘汉晋墓地处丝绸之路枢纽要冲，出土文物也表现出了东西方文化相互影响的作用，中西元素合璧，蕴含的历史文化内涵极为丰富。

新疆出土的大量丝织品实物和出土文书记载的丝织品相关资料均充分再现了汉唐时期丝绸之路繁荣发展的盛况。自丝绸之路凿通后，东西方之间商贸物资交流畅通无阻，贸易往来、经济交流空前发展。《后汉书·西域传》记载当时状况为"驰命走驿，不绝于时月，胡商贩客，日款于塞下"[1]。以丝织品为大宗的货物从中原内地源源不断地运输到丝绸之路及其沿途各地，并成为中原对外进行国际贸易的主要商品。新疆因位于在丝绸之路东西方交流、传播的重要

---

[1] 范晔.后汉书[M].北京：中华书局，1965：2931.

地理位置，加之干燥的气候条件保存了非常丰富的丝绸实物资料，因而出土的丝织品数量庞大，足以反映出汉唐时期中原丝织品通过丝绸之路不断运往新疆甚至中亚、西亚等地状况，体现了丝绸之路上中西方频繁的经济、文化、物资交流及丝绸贸易的繁荣发展状况。新疆出土蜀锦的年代主要集中在汉唐时期，分布的地理范围都是丝绸之路在新疆境内的必经要地、十字交叉路口、道路分界点或运输中转、贸易中心。新疆出土蜀锦为丝绸之路蜀锦传播、蜀锦贸易、蜀锦艺术、织造技术、文化交流提供了真实可贵的记录。

（四）青海都兰热水墓及其出土蜀锦

都兰在历史上曾是吐谷浑古王国的政治、经济、文化中心，也是古丝绸之路的重要遗址。热水墓群位于青海省海西蒙古族藏族自治州都兰县热水乡，于1982年被发现，属唐代早期吐蕃大型墓葬群，也是中国首次发现的吐蕃墓葬群，共有墓葬200余座。出土丝织品、粟特金银器、玛瑙珠、红色蚀花珠、铜盘残片和铜香水瓶等文物，有力地证明了该地域是丝绸之路青海道上的重要节点。其中唐代丝织品因图案精美、品种齐全引起学者们的关注。青海都兰热水墓出土的丝织品中，种类较为丰富，几乎涵盖唐代所有丝织品种类，共有残片350余件，不重复图案的品种达130余种。其中112种为中原汉地织造，占品种总数的86%；18种为西方中亚、西亚所织造，占品种总数的14%。这是吐蕃与中原、西域进行贸易之间往来的结果，这一切都得益于丝绸之路青海道的发展与繁荣。

1. 红地雁鹊穿花纹锦

红地雁鹊穿花纹锦（图8-11）以红色为地，卷草图案中有雁鹊穿插其中，中间两只雁展翅，伸长颈部，分别飞向不同的方向。最上方为3组鹊类，左右两组两两相对，中间一组方向相悖，整个画面比较饱满。这件织物应该产于盛唐时期。

图 8-11 红地雁鹊穿花纹锦 ❶

2. 绿地对波联珠狮凤锦

绿地对波联珠狮凤锦（图 8-12）由两个对波构成，上为对狮，下为对凤，对狮呈蹲踞怒吼之态，尾巴上翘。对凤两爪一前一后，双翅舒展呈起飞状，尾弯曲上翘，姿态优美。绿色为地，由联珠纹构成对波骨架，骨架之间以六瓣小花为联纽。

图 8-12 绿地对波联珠狮凤锦 ❷

---

❶ 许新国，赵丰.都兰出土丝织品初探［J］.中国历史博物馆馆刊，1991（0）：63-81.
❷ 许新国，赵丰.都兰出土丝织品初探［J］.中国历史博物馆馆刊，1991（0）：63-81.

3. 紫地中窠宝花立凤纹锦

紫地中窠宝花立凤纹锦（图8-13）团窠外为紫地，花蕾窠内为黄色作地，白、蓝、绿三色显花。团窠内一立凤，两足站立。头顶为火焰状凤冠，双翅、尾部向上伸展。

图8-13 紫地中窠宝花立凤纹锦[1]

青海都兰古墓群的发现又一次打开了一个丝织品的宝库，丝绸之路青海道曾作为丝绸之路重要的辅助道路存在，也在特殊时期取代河西走廊成为中西交流的主干道。丰富了汉唐时期蜀锦对外传播的路径，为丝绸、丝绸之路、中西文化交流等方面的研究提供了非常有价值的实物资料。

---

[1] 许新国.吐蕃墓出土蜀锦与青海丝绸之路［J］.藏学学刊，2007（0）：107.

第九章 中亚粟特商人对蜀锦贸易传播的贡献

丝绸之路东西两个终点之间的直接交往是极少的，丝绸之路贸易始终是通过中亚地区的无数绿洲城市和民族的中介作用，一站一站接力完成。中亚是欧亚大陆文明的十字路口，中亚地区位于丝绸之路的中间地段，从某种意义上来说，丝绸之路上的贸易实际上是以中亚地区为中介的四通八达的贸易活动。

粟特人是中亚历史上著名的商业民族。中古时期，中亚粟特商队经古丝绸之路连接欧亚大陆的经济往来，奠定了中西贸易交流和文化互鉴的基础。粟特商人活跃的汉唐时期，也是丝绸之路最为繁盛的阶段。唐代是蜀锦艺术成就最辉煌的时期，蜀锦无论从纹样的设计还是织造的工艺都发生了转折性的变化和发展。中亚粟特织锦对中原蜀锦设计与织造产生了重要的影响，粟特人在蜀锦商贸活动和中西丝绸经济文化交流中做出了积极的贡献。

一、汉唐时期的中亚粟特人

粟特是中亚古代民族，粟特地区位于中亚中部，即在锡尔河流域以撒马尔罕为中心的地区。在历史记载中，粟特人最早出现是在公元前6世纪波斯帝国（阿契美尼德王朝）的一篇文献中。这篇文献提到，古代波斯帝国的缔造者居鲁士大帝征服了生活在中亚阿姆河中游、费尔干纳盆地以西的一个很有个性的族群。被波斯征服后，该族群就被当作波斯诸族的一支，因其居住地而得名"粟特"。波斯帝国众多族群与城市在很大程度上保留了各自的自治权。因此，粟特人得以保留自己的生活方式与文化习俗。

以中亚河中地区（阿姆河中上游—费尔干纳盆地）为中心向东、南、西三个方向来看。东线，沿锡尔河溯其上游行进，走开阿利克（翻越天山，进入中国的新疆地区，经乌鲁木齐后继续向东到玉门、敦煌一带，就进入了中原地区区的门户。这一路上有崇山峻岭，也有戈壁险滩，任何人想要完成旅行，都得在沿途所经过的绿洲地区随时停驻，补充食物与水源。因此，马匹与车队至关重要。

在西线，从阿姆河向西南进入伊朗高原，我们会发现北部的厄尔布尔士山脉与南部的札格罗斯山脉将伊朗高原包围起来，留下东西向的通道，可以直抵两河流域与小亚细亚半岛。

在南线，中亚民族只要能够占领喀布尔（今阿富汗首都），向南就能获得印度次大陆的广袤平原。这也是贵霜帝国、德里苏丹国和莫卧儿帝国在历史上占领印度所走过的路线。❶

中亚河中地区这片被沙漠和高山包围起来的农耕地带，是整个亚欧大陆交通要道上的一个重要枢纽。而粟特人就生活在这个枢纽的西部。粟特处在农耕世界与草原游牧民族接触的边缘地带，因此当地的农耕产品与游牧产品间的交换非常发达。草原游牧民族因为掌握了驯化马的技术，进一步推动了车轮的发展，这使人类活动的边界大大拓展，远途运输能力大大增强，所以他们不仅擅长征战，也擅长商贸。中亚的粟特人正是以商业民族的身份闻名于丝绸之路。

我国正史中记载中亚粟特人是一个善于经商的民族，其商业习性已经成为粟特民族的标志。

《隋书·康国传》："善于商贾，诸夷交易多凑其国。"❷

《旧唐书·西戎传》描写康国："善商贾，争分铢之利，男子年二十，即远之旁国，来适中夏，利之所在，无所不到。"❸

《新唐书·西域传下》："善商贾，好利，丈夫年二十，去傍国，利所在无不至。"❹

---

❶ 张笑宇.商贸与文明：现代世界的诞生［M］.南宁：广西师范大学出版社，2021：211.
❷ 魏徵.隋书［M］.北京：中华书局，1973：1849.
❸ 刘昫.旧唐书［M］.北京：中华书局，1975：5310.
❹ 欧阳修，宋祁.新唐书［M］.北京：中华书局，1975：6244.

《大唐西域记·窣利地区总述》云："大抵贪求，父子计利，财多为贵，良贱无差。"❶

两汉时期，中国称粟特撒马尔罕一带为康居，张骞第一次出使，大宛王送其经康居抵达大月氏，这是史料所载中国使节第一次抵达粟特。魏晋时期，粟特朝贡中原的次数增多，先后向曹魏、西晋贡献良马。中原对粟特地区的物产也有了初步了解。

粟特人在公元6世纪快速崛起。隋唐时期，丝路贸易出现繁荣的局面，粟特人迎来了自己的黄金时代。唐朝是中国历史上对西域最为开放的朝代，为唐朝继续效力，提供大量商业税源并发挥外交才能的粟特人，受到非凡的礼待，大量的粟特人入华。《全唐文·卷六·讨高昌诏》所载："伊吾之右，波斯以西，职贡不绝，商旅相继。"❷《后汉书·西域传》记载："驰命走驿，不绝于时月；商胡贩客，日款于塞下；其后甘英乃抵条支而历安息，临西海以望大秦，拒玉门、阳关者四万余里，靡不周尽焉。"❸唐人张籍所作的《凉州词》描述凉州道路上运输丝绸的景象说："边城暮雨雁飞低，芦笋初生渐欲齐。无数铃声遥过碛，应驮白练到安西。"现在发掘的西安附近的唐墓中还有唐三彩驮丝绸的骆驼出土，可见当时运输丝绸到西安的胡商以骆驼为运输工具活跃在丝绸之路上。随着粟特人的商业活动，他们在丝绸之路上停留、居住，从而形成了一些聚落，聚落在支持商队贸易活动的同时也构筑了粟特人独立的贸易网络。

粟特人在唐朝叫作昭武九姓，有康国、安国、石国、米国、史国、何国、曹国、火寻、戊地九国的粟特胡人。隋唐史书上大量中文文献记载中的"胡"，大多数都指的是粟特人。长安建立了5座粟特人的祆祠，长安西市成为粟特人的聚集地。

---

❶ 玄奘，辩机.大唐西域记校注［M］.季羡林，等校注.北京：中华书局，1985：72.
❷ 董诰.全唐文［M］.北京：中华书局，1983：76.
❸ 范晔.后汉书［M］.北京：中华书局，1965：2931.

二、粟特商人在丝绸之路上的活动

汉唐时期是粟特商人入华贸易的黄金时期，唐朝经营西域的巨大成功背后，粟特人的商贸和外交网络功不可没。粟特商人长期操纵丝绸之路沿线的国际贸易，足迹遍及欧亚内陆，是古代丝路上的国际商人。

（一）活动足迹

有明确记载的粟特人与中国王朝正式的政治交往和宗教交往始于汉代。从古希腊人公元前 100 年左右已借用粟特语称中国为"赛里斯"来看，东汉时期在长安、洛阳活动的大量西域胡商主要是粟特人。❶ 三国至魏晋时期，东迁至中国的西域诸胡人中含有大量粟特人。隋唐时期，粟特人聚落遍及河西走廊、长安、洛阳及其他一些重要的军事与政治重镇。粟特人的足迹几乎遍及中国大地，历史上曾出现过的粟特人聚落主要有：新疆的疏勒、于阗、楼兰、且末、龟兹、吐鲁番、北庭、伊吾；甘肃的敦煌、昌乐、酒泉、张掖、武威；宁夏的原州、灵州、六胡州、夏州；陕西的长安、同州；山西的太原、代州；河南的洛阳、安阳、开封；河北的恒州、定州、幽州、邺城；辽宁的营州；江苏的镇江、苏州。经考证，粟特人的活动范围还包括青藏高原和四川平原。❷ 此外，还应包括蒙古高原。可以说，粟特人所及地域从边疆到内陆，从少数民族游牧区域到汉族农耕区，范围极其广泛。

西域是汉唐时期粟特人来中原的必经之路，这里留下了很多粟特人活动的足迹。古代塔里木盆地周边绿洲地带的城镇历来是丝绸之路的重镇，这些城市不仅处于交通要道，而且逐渐形成规模的商品集散地和丝绸交易市场。在吐鲁番发现的一份粟特文地名录中记载了 9—10 世纪粟特人在欧亚大陆的经商路线。这条商路自西而东为拂菻、苫国、波斯、安国、吐火罗、石国、粟特、拔

---

❶ 洛阳市地方史志编纂委员会办公室.洛阳——丝绸之路的起点［M］.郑州：中州古籍出版社，1992：467.
❷ 霍巍.粟特人与青海道［J］.四川大学学报（哲学社会科学版），2005（2）：94-98.

汗那、揭盘陀、怯沙、于阗、龟兹、焉耆、喀喇沙尔、高昌、萨毗、吐蕃、吐谷浑、弥药，最终到达薄骨律。❶粟特人经过长时间的经营，在撒马尔罕和长安之间，逐渐形成了自己的贸易网络。在撒马尔罕本土与中国河西走廊之间建立联系，然后通过河西走廊进入中国内陆，粟特商人的活动不断深入，于是在漫长的丝绸之路上设置了越来越多的商品转运站，并以这些转运站为基础，逐渐形成商贸集散地，最终形成了很多粟特人聚落。楼兰出土的一件汉文木简上，记有"建兴十八年三月十七日粟特胡楼兰一万石钱二百"粟特人的账目。足见早在前凉时期楼兰地区已经有粟特人居住了，从一万石的数量来看，当地的粟特人应当不在少数。❷

4世纪初，敦煌、高昌、凉州等地是粟特商人的主要聚居区和重要的商业中转站。敦煌地处河西走廊的最西端，是中西交通的要冲。敦煌地区因其独特的地理位置很早就成为粟特人的商品销售地。史料明确记载敦煌地区存在粟特人活动的是粟特文古信札。1907年斯坦因第二次中亚考察期间在敦煌西汉长城烽燧遗址中发掘出8封粟特文书写的信札。第1号和第3号信件是从敦煌寄出的，第5号信件发自姑臧，第2号信件可能发自金城❸。粟特文第2号信札是居住在凉州的粟特商团首领那奈·万达克（Nanai-vandak）写给家乡撒马尔罕，汇报当时贸易经营的情况以及中国的局势，信中提到粟特人居住在都城洛阳以及去往中原一些主要路段：敦煌、肃州（酒泉）、姑臧（凉州）和金城（兰州），凉州是他们的大本营，而敦煌是粟特商人看中的商业城市，是他们的销售点之一，时间约在312—313年。1965年，池田温发表了《八世纪中叶敦煌的粟特人聚落》一文，论证了在敦煌东约500米的地方有一个被称为"安城"的粟特人聚落，此聚落处于唐朝政府的管理之下，被编为"从化乡"。❹莫高窟

---

❶ 林梅村.粟特文买婢契与丝绸之路上的女奴贸易[J].文物，1992（9）：50.
❷ 荣新江.古代塔里木盆地周边的粟特移民[J].西域研究，1993（2）：11.
❸《法国汉学》丛书编辑委员会.粟特人在中国——历史、考古、语言的新探索[M].北京：中华书局，2005：72-87.
❹ 池田温.八世纪中叶敦煌的粟特人聚落[C].刘俊文.日本学者研究中国史论著选译（第9卷）.北京：中华书局，1993：140-219.

第158窟是吐蕃统治敦煌晚期839年左右营建的一座大窟，也是敦煌吐蕃时期洞窟中的代表窟。该洞窟的核心功德主是来自中亚的粟特九姓胡人，并且是河西走廊唐前期最大的胡人集团安氏家族。吐鲁番出土有高昌国时期《高昌内藏奏得称价钱帐》，就反映了在高昌地区进行贵金属、香料等贸易的双方，基本都是粟特人。❶

河西走廊是陆路通往西域的唯一道路，商队通往西域的主要目的是将所赚的丝绸运往中亚。玄奘曾经指出："凉州为河西都会，襟带西蕃、葱右诸国，商侣往来，无有停绝。"❷河西走廊作为中西往来的重要通道在古代一度发挥了重要作用。

1999年7月山西太原发现的虞弘墓和2000年5月陕西西安发现的安伽墓，是迄今为止中国发现的有关中亚人粟特人最主要的墓葬。我们可以将胡人聚落串联在一起，清晰地勾勒出粟特人沿着丝绸之路东行，沿塔里木盆地，经河西走廊到唐朝的都城长安或东都洛阳，以及山西、河北、甚至到达东北的路线。

（二）贸易商队

丝路贸易属于远程贸易，在漫长的道路上，任何意外都有可能发生，个人或小规模的队伍是难以成行的。一路上既要克服沙漠、戈壁等险恶环境带来的困难，还要防止路途中经常出没的盗贼打劫，因此，粟特人往往采用商队的形式来华经商。商队规模从几十人到几百人、上千人不等。佛经中有五百商人遇盗图，吐鲁番阿斯塔那墓地31号墓出土文书《高昌昭武九姓胡人曹莫门陀等名籍》中出现了51个西域胡人姓名，可以确认的有43人是"昭武九姓"粟特人（图9-1）。由此可以看出粟特商队规模之大。

丝路商队从其组织结构来说是一种混合型商队，在行进中也会吸纳其他的中亚民族加入其中。因商队在丝绸之路上要经过很多语言、民族不同的地区，

---

❶ 唐长孺.吐鲁番出土文书[M].北京：文物出版社，1988：450-453.
❷ 慧立，彦悰.大唐大慈恩寺三藏法师传[M].北京：中华书局，2000：11.

为确保商队顺利通行就必须有熟悉当地风俗、环境的本土人士加入。伯希和教授认为粟特语是中古时期丝路上国际通行的商业语言，由于粟特人的外语知识丰富，也经常充当翻译人员。

粟特商队的首领称为"萨宝"。粟特商人的商队并不是因为

图9-1 《高昌昭武九姓胡人曹莫门陀等名籍》（新疆维吾尔自治区博物馆藏）

生意关系而临时拼凑起来的团体，而是在聚落基础之上组织起来的商队。因此萨宝既是商队领袖也是部落领袖，经常管理商业事务。《隋书》在叙述北齐官阶时曾对萨宝有所记载："北齐鸿胪寺，掌蕃客朝会，吉凶吊祭。统典客、典寺、司仪等署令、丞。典客署，又有京邑萨甫二人、诸州萨甫一人。"[1] "萨甫"即"萨宝"，为鸿胪寺所统，管理蕃客事宜，具体对象应为非定居的粟特人。隋朝时期，中央和地方政府将萨宝纳入官僚体制当中，并设立萨宝府，来控制胡人聚落，管理聚落行政和宗教事务。《通典·职官二十二》"大唐官品"条曰："视流内，视正五品：萨宝。"[2] 从敦煌发现的粟特文古信札来看，公元4世纪初叶进入河西走廊的粟特人，就是由萨宝统领的。

粟特胡商入华贸易主要依靠骆驼驮运货物，无论由中亚入华，还是从遥远的波斯入华都要穿过塔克拉玛干沙漠。美国学者薛爱华（Edward Hetzel Schafer）曾在《撒马尔罕的金桃》一书中写道："伟大的丝绸之路是唐朝通往中亚的重要商道，它沿着戈壁荒漠的边缘，穿越唐朝西北边疆地区，最后一直抵达撒马尔罕、波斯和叙利亚……这些道路之所以能够通行，完全是靠了巴科特利亚骆驼的特殊长处，这种骆驼不仅可以嗅出地下的泉水，而且还能够预告致命的沙漠。"[3] 从北魏至隋唐时期中国境内墓葬中大量出土了胡人牵引满载货

---

[1] 魏徵. 隋书 [M]. 北京：中华书局，1973：756.
[2] 刘昫. 旧唐书 [M]. 北京：中华书局，1975：1102-1103.
[3] 薛爱华. 撒马尔罕的金桃：唐代舶来品研究 [M]. 北京：社会科学文献出版社，2016：59.

物的驼俑形象、戴尖顶毡帽的胡人俑。2000年出土于甘肃省山丹县的一级文物模印胡商牵驼画像砖（图9-2），砖面上模印彩绘的胡商深目高鼻，头戴白色尖顶毡帽，身穿绿色或红色窄袖紧身胡服，一手揽缰牵驼，生动地表现了唐代胡商用骆驼驮运货物的情景。山西太原金胜村唐墓出土的胡商牵驼壁画表现的也是胡商牵驼的内容（图9-3）。

图9-2 模印胡商牵驼画像砖
（甘肃省博物馆藏）

图9-3 胡商牵驼壁画
（山西太原金胜村唐墓出土）

（三）流通货币

早期粟特人使用的货币主要为来自东罗马帝国的金币和波斯萨珊朝铸造的银币。根据考古发现，中国境内出土的东罗马帝国的金币及其仿制品多达70余枚，在新疆吐鲁番阿斯塔那墓、宁夏固原北朝隋唐墓地和西安及其周边隋唐墓葬最为集中。❶斯坦因所获的粟特文2号信札中记载了粟特人用金钱和米酒从事商品贸易的情况。但从出土钱币来看，东罗马金币流通大多在中国的西北地区。

从20世纪初，越来越多的萨珊波斯帝国制造的银币在中国境内丝绸之路沿线被发现。萨珊银币具有鲜明的波斯文化风格，由粟特商人主要持有，并经丝绸之路带入中国。❷萨珊银币在中国境内分布较广，在新疆地区的发现主要在高昌城和阿斯塔那——哈拉和卓墓葬以及乌恰县。❸阿斯塔那——哈拉和卓

---

❶ 国家文物局古文物研究室.吐鲁番出土文书［M］.北京：文物出版社，1986：2.
❷ 裴成国.中古时期丝绸之路金银货币的流通及其对中国的影响［J］.吐鲁番学研究，2021（1）：83-90.
❸ 孙莉.萨珊银币在中国的分布及其功能［J］.考古学报，2004（1）：46.

墓葬不发现了萨珊钱币，同时，这些墓葬中还普遍有随葬文书，反映了萨珊银币在中国西域地区充当货币的职能。乌恰县一次性出土萨珊银币多达947枚，其中完整的有878枚，大多数属于萨珊晚期的钱币。新疆克孜勒苏柯尔克孜自治州乌恰位于中国通往费尔干纳盆地的通道上，是粟特商人所走的道路之一。发掘者推测可能是一位粟特商人遇到强盗临时把一批硬币和金条埋在山间❶。粟特商人沿着丝绸之路东来贩易，逐渐控制了丝路的商品交易，他们带来的萨珊银币，逐渐取代了其他丝路绿洲王国的地方货币和中原的铜币，成为丝绸之路上的通用货币。❷

唐统一西域诸国后，受中原文化传播和唐朝政令推广的影响，公元7世纪开始，粟特开始仿照唐朝开元通宝发行货币。采用中原地区浇铸工艺铸造的圆形方孔样式，正面为汉字"开元通宝"，背面为粟特文，形制相对简单；后来，钱币上粟特元素越来越多，"开元通宝"字样不断简化至仅余一个汉字"元"字（图9-4）。以上称为"汉粟二体钱"。还有一类是粟特文钱币，钱币一面是粟特文，一面为代表本民族文化的标志，如部族和城市的徽记、国王的名号等。撒马尔罕地区出土了一大批6—8世纪粟特地区铸造并流通的钱币。

图9-4 汉粟二体钱❸

粟特型钱币的发展主要是一个不断模仿、创新的过程，很明显能看到受多民族文化尤其是中国唐朝文化的影响。唐朝经济文化兴盛，且不断向外辐射，唐朝统一西域后推行严格的管理政策，对粟特钱币产生了重要的影响，与此同时，唐朝钱币也在对外贸易中扮演国际货币的角色。

---

❶ 李遇春.新疆乌恰县发现金条和大批波斯银币［J］.考古，1959（9）：482-483.
❷ 荣新江.丝绸之路与东西文化交流［M］.北京：北京大学出版社，2015：247.
❸ 吴树实.浅析丝绸之路上粟特人与粟特文钱币［J］.长春金融高等专科学校学报，2016（1）：41.

（四）丝路贸易的管理

唐朝对入华粟特人进行分类管理，大致分为"著籍"与"不著籍"两种。所谓"著籍"者指定居于中原的粟特人，他们统一按照编户齐民形式接受管理，承担课役。短期逗留长安的粟特人为"不著籍"者，他们没有固定家宅，如果是使节则由鸿胪寺负责接待，如果是商人由邸店供他们短期居住。对于他们的日常管理，除代表唐朝的鸿胪寺、主客曹等官方机构外，主要通过具有一定自治性质的萨宝府进行管理。

在当时粟特商人们若想进入中国贸易，只有两条方案：第一种是随朝贡使节"进奉"入境，第二种则是私自入境。第一种"进奉"入境在当时往来的食宿费用是由唐朝官府负担的，对使节的送往迎来成为沿途州县的很大负担，所以当时对朝贡使者身份的检查较为严格，这也体现了唐代驿馆制度的完整。第二种情况下，粟特商人们要到内地进行商业活动不但需要从入境关口获得通关文书，还需要有足够身份的人对他们进行担保。当时通关文书的申请程序被称为"过所"，粟特商人们在申请过程中必须接受当地官府的盘问，也称"辩"，即辩辞。通过"辩"，司管外籍商人入境的部门——户曹司可以对商人的信息进行采集，从胡商的身份、出生地、家族、隶属聚落，到他们携带的牲畜、奴仆、各类商品的名录，以及商人自身是否有触犯法令的记录等。户曹司在盘问后会将资料送往州府录事，再由州府授予过所。当他们取得边境地区官府的过所后，就可以到京师地区从事贸易活动。从吐鲁番阿斯塔那墓葬出土的文书可知，胡商要到内地贩易必须办理严格手续，不但要持有唐朝关防官吏发放的过所，还要请"保人"担保，大宗贸易或牲畜、奴婢买卖还须订立契约。[1]

唐朝对胡商商队的民间贸易也有管理，在两京地区设有专门的"两京诸市署"。这种管理并不局限于两京，其他地区的贸易也受到当地官府的监督。不论商人是否著籍，在进行长途贩运时都必须得到当地政府的批准，接受"过所"和"公验"等相关管理，遵守唐朝关于市场商业活动的一般规定。

---
[1] 冯敏.唐代丝路上的胡商商队[J].西夏研究，2014（2）：60-65.

三、从粟特织锦看丝绸艺术的东传西渐

作为东西方文化之间碰撞最为激烈的中亚地区民族之一，在"中转"东西文明的过程中，粟特人受中国桑蚕技术和波斯文化的影响并且融入本民族文化，创造出了具有民族风格的粟特锦。粟特锦深受波斯萨珊王朝的影响，形成了最能体现民族特色的、带有粟特风貌的纹样，随丝绸之路向东，对唐锦的纹样设计产生了重要影响。

（一）粟特织锦

1."赞丹尼奇"锦

粟特锦是一种中亚织锦，是指古代北方丝绸之路上粟特及其附近地区生产的丝织品。"赞丹尼奇"（Zandanniji）是中亚粟特地区（今吉尔吉斯斯坦境内）生产的一种典型织锦，因它的原产地位于中亚布哈拉以北的赞丹那（Zandana）村而命名，属于萨珊风格织物。姜伯勤教授最先注意粟特织锦对丝绸之路研究的重要性，并将"Zandaniji"译成"赞丹尼奇"[1]。而清华大学尚刚教授认为它是《元史·百官志》中记载的"撒达剌欺"[2]。公元10世纪阿拉伯作家纳尔沙希（Narshakhi）在其著作《布哈拉史》中记载："和撒马尔罕人一样，布哈拉人起初是商人以及著名的能工巧匠和织工，尤以从事撒达剌欺布料贸易而闻名于世。这种布料得名于布哈拉的Zandane村，因为它首先在此地织造成功……这种布料被出口到伊拉克、叙利亚、埃及、罗马、印度等地。"[3]

20世纪斯坦因从我国敦煌藏经洞攫取的一件织物"联珠对狮纹锦缘边的经帙"（图9-5），经专家认定为赞丹尼奇。据《布哈拉史》记载，当时中亚一带生产的同类织锦无论是否由赞丹那所织，都被称为赞丹尼奇，属于粟特系

---

[1] 姜伯勤.敦煌吐鲁番文书与丝绸之路[M].北京：文物出版社，1994：212-216.
[2] 尚刚.元代工艺美术史[M].沈阳：辽宁教育出版社，1999：94-97.
[3] 杨静.从粟特撒达剌欺上的装饰图案看艺术的承与变[J].科学·经济·社会，2020（4）：42.

第九章 中亚粟特商人对蜀锦贸易传播的贡献 —— 185

图9-5 联珠对狮纹锦缘边的经帙（大英博物馆藏）

统织锦。收藏于比利时辉伊教堂的"团窠对野山羊纹锦"、青海都兰吐鲁番墓葬群中出土的粟特花瓣团窠含绶鸟织锦（图9-6）都归为"赞丹尼奇"。"赞丹尼奇"锦在萨曼王朝时期出产达到鼎盛，传到拜占庭帝国都城君士坦丁堡（今伊斯坦布尔）时，风靡全城。

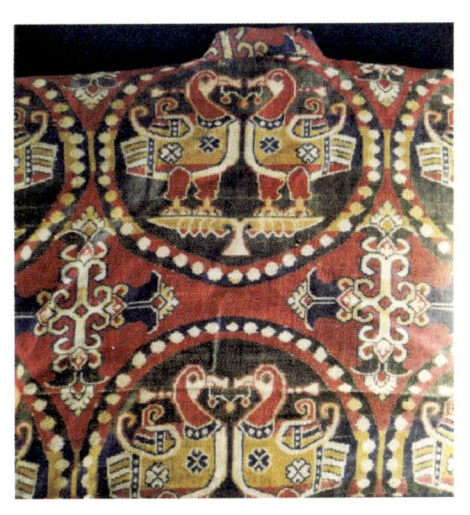

图9-6 花瓣团窠含绶鸟织锦
（美国克里夫兰艺术博物馆藏）

在2019年7月敦煌莫高窟举办的"丝绸之路上的文化交流：吐蕃时期艺术珍品展"上，有两件罕见、织造工艺极高的大幅联珠团窠对鹿纹挂锦（图9-7、图9-8），这两件挂锦主要为装饰吐蕃赞普以及吐蕃贵族的行帐所用。这两件挂锦既保持了联珠纹团窠、对鹿颈项上飘有绶带这一萨珊波斯风格，又吸纳了唐代的卷草纹、宝相花等样式。据考证，两件联珠纹团窠对鹿纹挂锦产地极有可能就是赞丹那。这一挂锦的展示显现了吐蕃时期丝绸之路多元文化的互动与交流频繁这一时代特征。

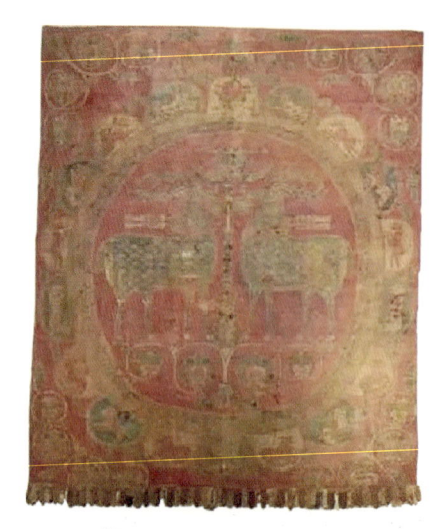

图9-7 联珠团窠对鹿纹挂锦
（美国芝加哥普利兹克藏）

图9-8 联珠团窠对鹿纹挂锦
（瑞士阿贝格基金会纺织品研究中心藏）

2. 萨珊波斯风格的粟特织锦

深谙变通之道的粟特人善于吸收周边的艺术元素与理念。他们受中国影响发展了自己的丝绸行业，借鉴与模仿丝路上广受欢迎的波斯装饰艺术来武装与拓展自己的艺术技艺。萨珊波斯是当时的丝路强国，其艺术也是其历史发展的高峰期，于是粟特的纺织装饰与技术首先受到了萨珊的影响。

斯坦因在对其所掠敦煌藏经洞织物的研究中谈到，萨珊波斯风格织物中最受欢迎、最持久的图案就是成对的兽或鸟（无论这些织物是产自波斯还是波斯以外地区），将对兽或对鸟置于圆形或椭圆形的团花中，成为波斯纺织图案最常见、最典型的特征。他指出"我们发现，千佛洞藏品中有一组花绸，一律重复着对鸟或对兽的图案和更典型的团花布局，而且没有任何中国风格和中国工艺的迹象，这使我无法不想到它们可能产自西亚。"[1]

从纺织艺术史的角度看，粟特的纺织与萨珊波斯具有同源性，二者都属于伊朗文化系统。粟特织锦在图案纹样上体现了萨满波斯文化，联珠纹为主要特征，即由一系列联珠组成圆形框架内置动物纹样。有人认为联珠纹象征太阳，

---

[1] 奥雷尔·斯坦因.发现藏经洞［M］.桂林：广西师范大学出版社，2000：259.

可能与波斯民族古老的信仰有关；也有可能与星象有关，以排列的联珠纹比喻神圣之光。公元5世纪左右，联珠纹在中亚一带广泛流传，中亚粟特人非常喜爱这种联珠图案，广泛用于壁画与衣饰中。

联珠内多填充动植物纹样，比较著名的纹样有猪头纹、大鹿纹、翼马纹、含绶鸟纹等，造型古拙，风格粗犷。吐鲁番阿斯塔那墓葬中出土了大量织锦，据考证其属于7世纪早期的中亚织锦。第325号墓出土的联珠猪头纹锦（图9-9），采用斜纹组织的织法，丝线Z向加捻，纬线起花。联珠圈内猪头形象，被认为是备受尊崇的波斯祆教伟力特拉格纳神（Verethraghna）的化身，其正是典型的中亚地区生产的粟特锦。

中国丝绸博物馆藏红地翼马纹锦（图9-10）是典型的粟特织锦。翼马的原型是古希腊神话中的珀伽索斯（Pegasus），传说它是诗人灵感的来源。在波斯萨珊王朝中，翼马除神话外，还有宗教属性。波斯萨珊王朝的国教是祆教，在祆教里，翼马有崇高的含义，它是日神米特拉（Mithra）的化身。粟特锦的纹样深受波斯萨珊王朝的影响，所以，粟特锦中的翼马不仅具有本民族特色，

图9-9　联珠猪头纹锦
（吐鲁番阿斯塔那墓葬出土）

图9-10　藏红地翼马纹锦
（中国丝绸博物馆藏）

还具有神话、宗教的双重风貌。就这样，翼马从古希腊出发，自西向东，飞过波斯，飞到粟特，被粟特人广泛地运用到织锦、壁画等领域。

在织造工艺上，粟特织锦一般都为斜纹织物，图案呈纬向循环。由于多采用三枚斜纹组织，经纬线较粗（经线一般由两三根并列且加Z捻），因此其质地比较厚重。

（二）中原唐锦

1. 陵阳公样锦

《历代名画记》中提及了陵阳公样的纹样题材有"对雉、斗羊、翔凤、游麟"等，对其具体形式没有进一步详述。学界结合了相关实物进行研究，但目前对"陵阳公样"尚无统一、明确的定义。大体上有三种具有代表性的观点：其一，赵丰先生经过深入研究认为：陵阳公样是以团集花卉作环（团集环分为变形联珠环、卷草环、宝花环三类），内含动物主题纹样的设计形式[1]；其二，黄能馥先生对上述观点有一补充，他认为：综合时代、用途、风格等因素比照，除团窠形式外，尚有以缠枝纹与祥禽瑞兽穿插组合的连续纹样同属陵阳公样的形式[2]；其三，王庆卫先生也在前述团窠形式的基础上做了进一步推测，他认为：根据陵阳公样对于窦师纶个人在艺术上的地位，窦师纶墓志盖的四杀和四侧、志石的四侧所刻的团花图案，很有可能属于陵阳公样的形式之一[3]。综观三位学者的阐释可以确定：花环团窠内含动物主题纹样是陵阳公样最主要的形式。陵阳公样在四川诞生，后来这种样式被固定下来成为一种时尚，对唐和唐以后的织锦图案影响十分深远。

陵阳公样锦以团窠为主体，团窠中央饰以各种动植物纹样，纹样组合以对称式为主，在唐代具有独创性。早期的陵阳公样为联珠团窠内置动物，后期逐

---

[1] 赵丰.锦程：中国丝绸与丝绸之路[M].合肥：黄山书社，2016：190-195.
[2] 黄能馥.中国成都蜀锦[M].北京：紫禁城出版社，2006：83-90.
[3] 王庆卫.新见初唐著名画家窦师纶墓志及其相关问题[C]//中国文化遗产研究院.出土文献研究（第十辑），北京：中华书局，2011：392-405.

渐发展为多层团窠、花卉团窠，装饰风格从以动物纹为主逐渐过渡到以花卉纹为主。该类锦质地轻薄，锦面细密，用色复杂，织锦工艺从传统的平纹经锦逐渐过渡到斜纹纬锦。

2. 蜀锦对粟特织锦的融合与再创造

西域的联珠团窠进入中国后，在仿制、模拟、变化和发展的过程中逐渐具有了中国特色。联珠、双联珠、花瓣联珠、卷草联珠等形式的出现，充分说明中国织工对西域联珠团窠的仿制和再创造。陵阳公样在图纹结构和造型上吸收了来自西域的联珠纹，在此基础上结合本土文化设计创造的新型团窠样式，是联珠纹的继承和创新。我们可以发现以陵阳公样为代表的唐代蜀锦纹样、织物组织与工艺的突然改革与以"赞丹尼奇"为代表的中亚粟特织锦的东传密不可分（表9-1）。

表9-1 粟特锦对蜀锦的影响

代表织物	汉锦	粟特织锦	陵阳公样锦
时间	汉—魏晋南北朝 （公元前202—公元581年）	萨珊王朝 （公元224—651年）	隋唐时期 （公元518—907年）
品种	蜀锦	粟特锦	蜀锦
纹样	山状形、流云纹	联珠纹	团窠纹（联珠—花卉）
组织	平纹及平纹变化组织	斜纹组织（三枚斜纹）	平纹及平纹变化组织 斜纹组织
织造工艺	经线显花	纬线显花	经线显花 纬线显花

唐代纺织品中粟特与萨珊波斯元素的出现，引起了中国工匠浓厚的学习兴趣与反思，任何新生事物都要经历被模仿的过程，然而在仿制品中能有一支异军突起，将自身的风格与之结合，成为更新的一代，勤劳的中国匠人对粟特人带来的纺织品反复琢磨，开拓自身的眼界，激发了无限的想象力，融合中原文化，最终创造了唐代丝绸制品华丽的篇章。蜀锦吸收中亚粟特织锦的艺术风格又汲取西方纬锦的织造技术进行工艺的升级，蜀锦新品种不断出现，花纹更繁复，色彩更多样，使唐代丝绸在历史上大放异彩。

四、粟特人在四川的活动追踪

四川与中亚地区早在西汉张骞出使西域之前就已经存在商业来往。《史记·大宛列传》张骞向汉武帝汇报说："臣在大夏时，见邛竹杖、蜀布。问曰：'安得此？'大夏国人曰：'吾贾人往市之身毒……'今身毒国又居大夏东南数千里，有蜀物，此其去蜀不远矣。"❶可见早在张骞出使西域之前，大夏与蜀地之间已经有了民间的贸易往来。汉武帝元光五年（公元前130年）司马相如《喻巴蜀民檄》曰："康居西域，重译请朝，稽首来享。"❷由此可知张骞通西域之前，粟特胡商就到巴蜀乃至长安经商了。

汉代以来，由河西走廊出玉门、阳关以入西域，是内地和西北边区间乃至中外间的交通要道，但这并非唯一的通路。从益州到西域有一条几乎与河西走廊并行的道路，这条道路的通行历史悠久，三国时期《三国志·蜀书·后主传》裴松之注引《诸葛亮集》记载："凉州诸国王各遣月支、康居胡侯支富、康植等二十余人诣受节度。"❸马雍先生认为《三国志》中所提到的"凉州诸国王"当指西域鄯善、于阗等国王；"月支、康居胡侯支富、康植等二十余人"很可能就是当时侨居于阗、鄯善的中亚移民❹；"凉州诸国王"很有可能是凉州、张掖、酒泉乃至敦煌一带居住的月氏、康居等胡人聚落的首领，推测这些人中间已经有不少昭武九姓的粟特人❺。

《续高僧传》卷二五《释道仙传》记载："一名僧仙，本康居国人，以游贾为业。梁、周之际，往来吴蜀，江海上下，集积珠宝。故其所获赀货，乃满两船，时或计者，云值钱数十万贯。"❻这位僧人原籍系胡商，本康居国人，即为昭武九姓胡人，善经商为其特点，往来于吴、蜀之间。推测粟特商人以蜀锦等

---

❶ 司马迁.史记［M］.北京：中华书局，1959：3166.
❷ 葛承雍.敦煌悬泉汉简反映的丝绸之路再认识［J］.西域研究，2017（2）：110.
❸ 山东省地方史志编纂委员会.山东省志·诸子名家志·诸葛亮［M］.济南：山东人民出版社，2001：89.
❹ 马雍.西域史地文物丛考［M］.北京：文物出版社，1990：57.
❺ 李瑞哲.粟特人在西南地区的活动追踪［J］.西部考古，2019（1）：296.
❻ 道宣.续高僧传［M］.北京：中华书局，2014：969.

丝绸这类珍贵的商品进行中转贸易。同样在卷二七《唐蜀川沙门释慧岸传》中也记有"释慧岸者，未详何人。面鼻似胡，言同蜀汉。往来市里，默言无准，人之不异"❶。慧岸也为西域胡人，同样因利之所在前往巴蜀。

唐代有不少粟特商人在蜀中贸易。《隋书·何妥传》载："（何妥）西城（域）人也，父细胡，通商入蜀，遂家郫县。事梁武陵王纪，主知金帛，因致巨富，号为西州大贾。"❷《隋书·何稠传》记载："何稠，字桂林，国子祭酒妥之兄子也。父通，善斫玉。稠性绝巧，有智思，用意精微……波斯尝献金绵锦袍，组织殊丽，上命稠为之。稠锦既成，逾所献者，上甚悦。时中国久绝琉璃之作，匠人无敢厝意，稠以绿瓷为之，与真不异。"❸何妥的侄子何稠，自幼受家庭熏陶，少年时就随何妥进入长安。由于他曾经在宫廷作坊制造出"波斯国尝贡、以金钱与厢珠圆饰做成的金绵锦袍"，受到皇帝的赏识。何稠的祖父就是来自西域何国的粟特商胡，何稠家族定居的郫县可能存在粟特聚落。他很可能是通过当时的河南道由西域进入益州的❹。

在成都西南的眉州（今眉山市）丹棱县尚有粟特人家族聚居，在成都东北的蓬州朗池县（今南充市营山县）太蓬山石窟还有与叛将安禄山同名者遗留的题龛，四川大学博物馆收藏有一件产于唐代邛窑的三彩胡人抱角杯，这些都印证了大量进出蜀中的粟特人的踪迹。

成都是汉唐朝廷经营西南的重要据点。以成都为中心，蜀陇道和蜀身毒道纵贯全川，北接秦陇，南通缅印，不但成为四川境内丝路的主干道，而且更是我国陆上丝路中的一条极为重要的国际干道。荣新江认为，魏晋南北朝时期"南方粟特人主要是由北方地区间接到达的，其中尤其以从西域到蜀地和从关中到襄阳这两条道路的作用最为突出"❺。他们取青海道至巴蜀，再经过巴蜀至中国

---

❶ 道宣.续高僧传[M].北京：中华书局，1959：1045.
❷ 李延寿.北史[M].北京：中华书局，1974：2753-2759.
❸ 魏徵.隋书[M].北京：中华书局，1973：1596.
❹ 长孺.魏晋南北朝史论拾遗[M].北京：中华书局，1983：194-195.
❺ 荣新江.中古中国与粟特文明[M].北京：生活·读书·新知三联书店，2014：42.

南方，也就是说，南北朝时期不乏一定数量的粟特人进入中国南方，其中巴蜀的郫县、剑南等地区成为粟特人主要流寓地。汉唐时期丝绸之路河南道的兴盛以及成都作为西南丝绸之路的地缘优势，在中原文化影响力的辐射下吸引了大量的粟特人往来于此，蜀锦也正是依托于这些商人，经略西域，逐渐西传。

五、粟特商人对蜀锦的贸易贡献

汉文化是典型的农耕文化，人民安土重迁，聚族而居，强调集体利益，家庭至上。西域则是绿洲和游牧文化并存，属半耕半牧文化。由于西域自然条件恶劣，物质生活条件差，无论是农耕还是游牧，都无法满足自身需求，因此，经商成为当地居民的重要谋生手段，再加上西域地处丝路要道，所以商业文化也有较大发展。农业要求安居，畜牧业、商业要求游动。中原王朝历来施行重农抑商的政策，严禁汉人经商，为粟特人垄断丝路贸易提供了机会。

丝织品是丝绸之路上最重要的商品，中国的丝绸在丝绸之路的中西方贸易中扮演了货币的角色。一是丝绸便于携带，也容易分割，适合各种价值的交易；二是丝绸价值高，能够普遍接受；三是中国地大一统的政权本身具备在全国范围内调配丝绸的行政能力。

罗马帝国或拜占庭帝国在公元6世纪之前还不能生产家蚕丝。公元4—5世纪（魏晋南北朝时期），中西方之间的"丝绸之路"是中断的，那么，西方考古发现的这一时期的丝绸产品很大一部分应该是辗转通过北方丝绸之路到西域，经粟特商人之手再贩卖给西方，诸如罗马帝国等。所以，这一时期丝绸外销的主要供货人是中亚粟特商人。派出大量商队前往中国贸易的粟特商人手中拥有的丝绸制品，绝大部分是产自中原。这些丝绸不仅被继续贩卖到波斯和拜占庭等地，也在粟特本地进行销售。

商队长途跋涉的贩运，困难重重，只有获利最大的商品才值得一运，而当时最有吸引力的商品便是中国的丝绸和香料。山西太原北齐张肃俗墓出土的载丝绸陶驼俑，一捆捆的丝绸十分清楚。《周书·吐谷浑传》记载吐谷浑使团通使北齐，西魏伏击了这支使团，"凉州刺史史宁觇知其远，率轻骑袭之于州西赤泉，获其仆射乞伏触扳，将军翟潘密、商胡二百四十人，骆骡六百头，杂彩丝绢以万计。"[1] 可以看出，质轻价重的丝绸是商队贸易中的核心产品。为了获取高额利润，很多商人有可能会把目光投向奢侈丝质品种，而蜀锦做工十分烦琐华丽，恰是丝绸中的高档品种之一，代表了唐代丝织业的最高水平。刘熙《释名》云："锦，金也，作之用功，重其价如金，故惟尊者得服之。"[2] 可见蜀锦价格昂贵，应该是粟特商队贸易中主要的丝绸商品。吐鲁番古墓葬中出土的蜀锦大都是作为商品从四川辗转贩运到吐鲁番地区的。[3] 它们有可能便是通过丝绸之路河南道由蜀地运往高昌的。粟特人是中古时期东西方贸易的担当者，他们成为中间的转手贸易者的可能性很大。

丝绸之路大都是在戈壁沙漠中穿行，环境恶劣，人烟稀少，落后的交通工具和道路条件决定了粟特人在古代丝绸贸易活动中以转运贸易为主。作为商业民族的粟特人在丝绸之路上建立了很多贸易据点，逐渐发展成为聚落，并把这些聚落连接起来。通过这些聚落，他们熟悉当地的市场行情，建立起一定的商业信誉。粟特人以商业活动为表现形式在丝绸之路的迁徙行为繁荣了一大批城镇商埠，其形成的一个个聚落成为丝绸贸易的中转站和商品集散地，进而发展出各地的互易市场，构架出丝绸贸易市场的层层网格体系，促进了丝绸之路沿线城镇的空前发展、商品贸易的繁荣和贸易之路的兴旺。这种贸易的发达反过来又推动了粟特商人的规模。

粟特织锦在丝绸之路的发现说明了中亚粟特人在唐代已经全面掌握了中国的丝绸生产技术，不仅占领西方和周边的市场，也沿着丝路将这种技术带到了西域甚至欧洲。我们推测粟特人东迁的队伍中应该具有一批掌握中亚丝织技艺

---

[1] 令狐德棻.周书[M].北京：中华书局，1971：913.
[2] 刘熙.释名疏证补[M].北京：中华书局，2008：157.
[3] 武敏.吐鲁番出土蜀锦的研究[J].文物，1984（6）：78.

的匠人。极具商业头脑的粟特人结合当地良好的桑蚕业基础，利用所在城镇发达的商业贸易市场，开始建立起仿制中亚织锦的产业，给往来的货物和其承载的文化内容打上自己的烙印。据考证，新疆和田、甘肃敦煌这样的地方都曾经种桑养蚕，织造丝绸；在丝绸之路沿线新疆吐鲁番地区出土的丝织品中除了产自中原的蜀锦还有本地仿制的中亚织锦，这很有可能就是出自移民于西域各城镇的中亚粟特织工之手。

久居西域的粟特人慢慢接受着中原文化的洗礼，粟特织锦艺人在仿制中亚织锦的同时也逐渐采纳着唐代流行纹样，乌兹别克斯坦布哈拉附近的瓦拉赫沙壁画中粟特王坐垫的织物上就绘有宝花纹，也反映着中原丝绸纹样对中亚织锦的影响。丝路沿线西域本地的仿制织造业的兴起，传承中亚文化的同时拉近了丝绸之路贸易的距离，成为中西丝绸文化交流的又一个承载形式。

人类社会对贸易和交换的自然需求，为商人集团留出足够重要的活动空间，甚至，在某些时空范围内，商人集团势力能够起到"指点江山""颠倒乾坤"的作用。由于山川河流的间隔和交通技术的限制，古代帝国实际上是以数个自足的经济地理区域存在的，长途商人则在这些经济地理区域从事着转运和交易工作。粟特人以波斯文化作为基础架构，在携带丝路东西两端的艺术行进、迁徙的过程中，将古希腊、古罗马文化辐射圈向东进行推进，将中原文化向西传播，同时也将自身的文化不断向外辐射。

唐代强劲的社会生产力、丰富的商品、丰厚的商业利润，吸引粟特商人前来贸易；唐代文化多元发展，又具有极强的包容性，对粟特商人的商业拓展不无益处；集中在商队沿线的粟特聚落，搭建起商队贸易市场，保证了丝路经济的发展和对外贸易的繁荣。通过唐代蜀锦的发展，我们可以看到文化的包容性、接纳性、互融性在这一时期汇聚一堂，丝绸将不同的文明串联起来，粟特商人为中原织锦带来了与各种文化因子交流对话的机会。畅通的丝路贸易繁荣了纺织产业，为纺织文化注入了新的内涵和活力。

第十章

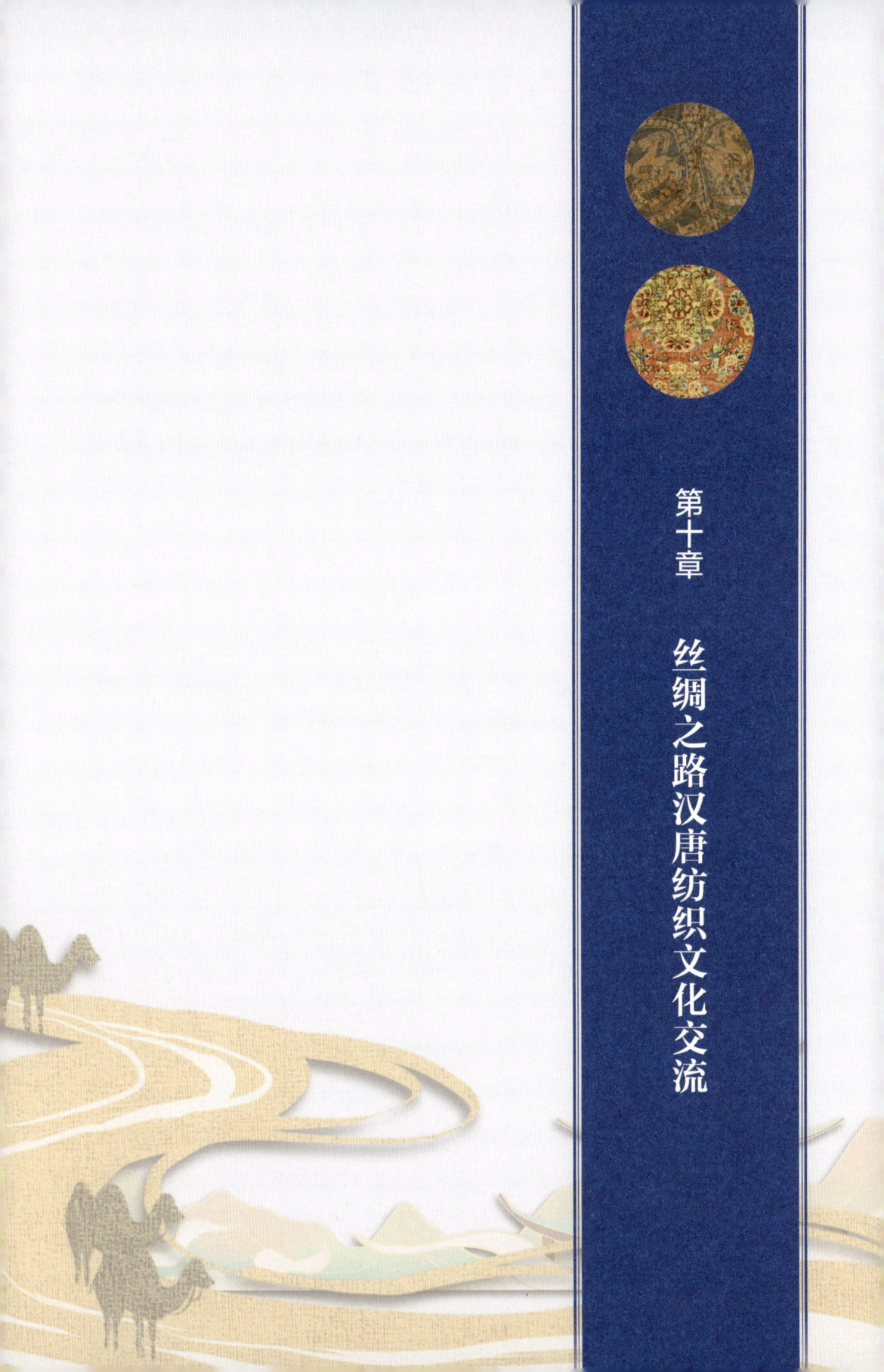

丝绸之路汉唐纺织文化交流

丝绸之路是中国连接世界的一条重要通道，各式各样的文化在其中交流、碰撞、融合，形成了绚丽多姿、中西融合的特有文明。丝绸之路不仅是一条传统意义上的商贸道路，还是中西方文化交融的重要连接桥梁。汉唐时期是古代中外文化交流的黄金时期，中国在广泛吸取外来文化的同时，也向外输送着自己的文化，给当时的世界文化以深远的影响。

一、中西丝绸文化的传播

丝绸在古丝绸之路上承担了中西方纺织文化交流使者的身份。中原的丝绸传播至西域，进一步传播至更远的欧洲，同时中亚、西亚的丝绸产品与技艺又进一步回流至中原，影响着中原的丝织文化。

（一）中国丝绸与西域

以两河流域为中心，西至叙利亚，东到中亚腹地，是纺织业发达之地，且从原料到技术都很有自己的特色。古波斯地区纺织品主要是以羊毛为原料。中亚地区的棉花和驼毛织物也相当丰富。汉唐时期，丝绸之路凿通，中原的丝绸和蚕丝传入，西域国家的丝织业把丝绸纺织和原来的毛纺、麻纺结合起来，其织造技术保持了毛纺的特点，原料也以混纺居多。随着丝绸的西传，西域的丝织业也获得了进一步的发展，唐朝时期中亚的康国（今撒马尔罕一带）发展成世界丝织品生产中心之一，是最重要的丝绸集散地。在边疆及域外地区，许多胡人已经掌握了丝织技艺，丝绸广泛地出现在他们的日常生活中，创造出许多质地和性能皆称奇特的产品。王建的《凉州行》就反映了当时胡人汉化的情况："养蚕缫茧成匹帛"，曾经不懂纺织、农作的胡人如今已能养蚕缫丝，织绢成匹了。不仅如此,"驱羊亦著锦为衣",本来披毛毡、兽皮的胡人在牧羊时也穿起了用锦制成的衣服。富丽精巧的丝绸深受胡人的喜爱,他们追随唐人的脚步,开展贸易、效仿装扮。同时,也有一些具有西域特征的纺织产品流入中原,由于文化背景的巨大差异,西域纺织品在花纹图案方面与中国大相径庭,故而流入中原的西域产品非常引人注目。

(二)中国丝绸与欧洲

丝绸作为中国独特的发明是什么时候到达欧洲,通过何种途径到达欧洲?依据现有的考古证据和历史文献,也无法给予十分确定的答案。就目前的考古材料来看,可以确定的是至少在公元前6世纪中期,中国的丝绸就传入了欧洲[1]。公元前6—公元前3世纪的希腊雕刻和陶器彩绘人像中,发现人物所穿衣服细薄透明,而当时世界上只有中国才能生产出这种细绢的蚕丝衣料,因而推测那时中国丝绸已经成为希腊上层人物喜爱的服装。考古所见欧洲出土的最早的中国丝绸,发现于德国西南部巴登-符腾堡州的荷米歇尔6号墓,这是一座公元前6世纪中期的贵族墓地,在这个墓地中出土了一件夹有丝绸的羊毛衫,通过研究表明,夹在其中的丝绸应该是将中国的丝绸成品拆解之后,再重新织入羊毛衣服的,这些丝绸都是中国家蚕的丝,并非野蚕丝。

织造技术的表现首先是织物结构。在以色列马萨达遗址中,发现了距今最早的平纹纬二重毛织锦。这种织锦组织显然是对中国平纹经锦的经纬方向交替的效仿,属于织造技术的传播。

相较于东方成熟且发达的丝织业,欧洲的丝绸生产起步很晚,在很长一段时间里丝绸织造材料的来源和织造技术对于欧洲人来说都是一个谜团。意大利最早的养蚕业是出现在卡拉布里亚还是西西里,蚕种是由拜占庭人还是阿拉伯人引进意大利的,现在都无法确定。12世纪,生产加工丝绸的复杂技术自巴

---

[1] 龚缨晏.西方早期丝绸的发现与中西文化交流[J].浙江大学学报(人文社会科学版),2001(5):82.

尔干岛传至南意大利，再扩张至北意大利，之后再传入法国。卢卡是中世纪意大利乃至整个西欧丝绸织造业的中心。

早在公元前5世纪，希腊历史学家就有关于中国丝绸和丝绸贸易的记载，希腊和其他一些欧洲人已知道中国的丝绸，把中国称为"丝国"。近几十年来，在欧洲和中亚一些地区，相继有早期中国丝绸实物或同丝绸有关的历史文物出土。德国南部一座公元前500多年的古墓中，发现古尸骨骸上沾有中国丝绸衣服的残片；在今俄罗斯阿尔泰地区挖掘了一批时间相当于中国春秋战国时期的古墓群，出土了一批中国织造的丝织物，既有普通平纹织物，也有提花织物和丝绣品。在克里米亚半岛克特齐附近，古希腊人殖民地遗迹中，曾有丝被发现。在雅典西北陶工区的墓葬内，有雅典富豪阿尔西比亚斯家族墓葬，属于公元前430—公元前400年，出土六件丝织物和一束可分为三股的丝线，经鉴定是中国家蚕丝所织。❶

这些历史记载和出土文物都说明，最迟在公元前5世纪以前，即春秋后期，中国丝绸已经向西传到了欧洲。据说到公元前5世纪后半叶，中国产的蚕丝已出现在波斯市场上。在欧洲，从外国运输而来的织物被认为是最奢侈的物品之一，它们的稀缺性滋生了人们的欲望，外来的中国丝绸被接受和欣赏。

中国的丝绸，作为丝绸之路上与西方交流的重要物品，它除了作为古代文化的物质载体外，还包括其中蕴含的丰富的文化信息：古代人民高超的技艺、民俗文化以及审美趣味。中国与罗马相距万里，两者在文化上差异极大，但是，中国的丝绸进入罗马后，迅速获得皇室的喜爱，从贵族到平民都表现出极大的兴趣，并在社会上流行开来。正如人类学家罗伯特·路威（Robert Lowie）在《文明与野蛮》一书中所述："文明是一件东拼西凑的百衲衣。不同文化区域之间往往互相借鉴，吸取其有益的地方为我所用，并不断进行'转借'，通过这种行为实际上构成了文化的重要因子。"❷

---

❶ E.J.W. Barber. Prehistoric Textiles [M]. Princeton：Princeton University press，1991：32.
❷ 罗伯特·路威.文明与野蛮[M].吕叔湘，译.北京：生活·读书·新知三联书店，1984：5.

二、丝绸在汉唐时期贸易传播方式

汉代随着丝织生产的发展和产量的增加，丝织品不仅作为货币的代用品用于交换其他商品，也作为商品进入了交换流通领域。唐代丝绸贸易相当发达，蜀锦的生产技术、工艺流程比其他织物都复杂得多，对原料、工人的技术水平等要求很高。但也正是因为如此，物以稀为贵，唐朝的蜀锦等声名远扬、经久不衰。对于蜀锦这种高级丝织品大部分都是通过官方渠道输送，主要通过朝贡贸易和互市贸易的方式对外输出，通过朝贡国向唐进献"贡物"对内输入。另外，通过多重环节相辅运行的民间贸易形式也拓展贸易之路，使之运送到西方。

（一）贡赐贸易

贡赐贸易也称"朝贡贸易"，是古代中原王朝与周边国家和民族地区建立友好关系、互通有无的常见贸易形式。在封建社会商品经济不发达的条件下，进贡和回赐是封建政权与臣属民族国家间政治上臣属关系的体现，是统治者之间的贸易，带有浓厚的政治色彩。他国或者边境少数民族的使者带着本国的特产来到汉朝换取皇帝赏赐的大量物品。例如：元康元年，（龟兹）王及夫人皆赐印绶。夫人号称公主，赐以车骑旗鼓，歌吹数十人，绮绣杂缯琦珍凡数千万。[1]顺帝永建六年，于阗王放前遣侍子诣阙贡献。[2]贡赐贸易的特点是各国贡献各种物品，中原皇帝"赐"给各国丝绸等物品，它的主要作用是在政治方面，是中原王朝实现"威德遍于四海"的手段。在贡赐交易中，中原王朝赏赐的实际价值往往大于对方的贡献。汉高祖刘邦在出兵北征不能取胜的情况下，为了保持边境的安宁，对匈奴采取和亲、馈赠和缔约的方法。馈赠的主要物品是丝绸，每年都有定数。《汉书·食货志》载："于是天子北至朔方，东到泰山，巡海上，并北边以归，所过赏赐，用帛百余万匹……一岁之中……诸物均

---

[1] 班固.汉书[M].北京：中华书局，2007：391.
[2] 范晔.后汉书[M].北京：中华书局，1965：2916.

输帛五百万匹。"❶汉武帝仅一次的赏赐就百余万匹,一年之中通过均输受天下帛五百万匹。这一方面反映了官方对异域诸国的赏赐尤其丰厚,纺织品是一个重要的品类,另一方面也能窥探到国内纺织业的繁盛状况。

两汉时期,蜀锦作为贡品,进贡朝廷,亦行销全国各地。当时朝廷赏赐百官贵戚,动辄千匹,与外国商品交换或至万匹,《史记》《汉书》等多有记载,其中很大一部分来自蜀地。随着唐丝织业的蓬勃发展,唐代的丝织品以其优良的质地、精湛的工艺独领风骚,成为深受海内外各国和民族地区欢迎的产品。同时,它也是唐朝朝贡贸易中最主要的输出产品。唐朝与吐蕃之间丝绸流通,依靠的就是这种建立在甥舅关系上的赠赐方式。建唐之初,太宗和亲,吐蕃见中国丝绸之美,便生仰慕之意,《新唐书》记载有:"(景龙二年)明年,吐蕃更遣使者纳贡,祖母可敦又遣宗俄请昏。帝以雍王守礼女为金城公主妻之,吐蕃遣尚赞咄名悉腊等逆公主。帝念主幼,赐锦缯别数万,杂伎诸工悉从,给龟兹乐。"❷南诏、大理及附近许多少数民族对中原丝织品也十分渴求,中原皇帝多赏赐丝织品。据悉唐朝南诏进贡:开元两次、贞元八次、永贞一次、元和十三次、长庆一次、宝历一次、太和八次、开成五次、会昌二次、大中一次。❸《南诏传》中记载如高宗时,"细奴逻遣使又朝,高宗赐其锦袍"❹。据《资治通鉴》记载唐代四川地方政权还赐黎州浅蛮帛三千匹以使其观察南诏军情。❺由此看来唐代四川地区的纺织品贸易有以赏赐形式出现。

异域诸国进行朝贡的原因,一是慑于兵威,二是贪念汉唐财物。余英时先生亦指出"对于这些纳贡的国家来说,贸易同样具有吸引力。事实上,他们大多数都把进贡当作贸易的幌子来使用"❻。对于异域各国来说,朝贡体制意味着

---

❶ 班固.汉书[M].北京:中华书局,2007:1175.
❷ 欧阳修,宋祁.新唐书[M].北京:中华书局,1975:6081.
❸ 蓝勇.唐宋南方陆上"丝绸之路"的转输贸易[J].中国社会经济史研究,1990(4):1.
❹ 欧阳修,宋祁.新唐书[M].北京:中华书局,1975:6276.
❺ 司马光.资治通鉴[M].北京:中华书局,2011:506.
❻ 余英时.汉代贸易与扩张:汉胡经济关系结构研究[M].邬文玲,等译.上海:上海古籍出版社,2005:121.

巨大的商机，他们不仅从汉朝获取大量的赏赐物品，而且往往借朝贡之名，行贸易之实。[1]朝贡的使者大多以商业贸易为目的，其中许多朝贡者本身就是商人，还出现了由商人冒充朝贡者的情况。这些身负朝贡同时又积极进行商业行为的人，在某种意义上可以看作具有官方色彩的商人。"朝贡"与"赏赐"在一定程度和意义上，就是在中原王朝与西域诸国之间一种简单的"物物交换"，这种交换实际上也是一种商品贸易。再加上进贡路途遥远，运输艰难，送贡之人在沿途与当地人交换获得生活必需品，可见贡道也同样充当了商道的角色。

（二）互市贸易

我国古代中央政权与周边民族地区的经济交流，常常通过"互市"的方式来进行。互市贸易一般是约定一个地点作为互市地，双方将参与互市的商品带至此地进行交易买卖。早在汉文帝时便"与匈奴和亲与通关市"。汉代对丝绸之路西域段上商镇贸易，主要由西域都护府及下属官吏负责管理。在主要城市设置关卡，稽查商旅，征收市租和关税。西域诸国境内，由各族统治者组织管理，设有互市市场，进行商品交流。隋朝设置"交市监"，统一管理同西北地区各民族政权的互市活动。唐代继承隋制，也在边地州府设置"互市监"，"掌诸蕃交易之事"，来管理唐与边地民族间的互市贸易。初唐时期互市活动较少，盛唐时期，互市贸易中有丝织品输出的情况。

（三）民间贸易

民间商人进行的贸易是当时丝绸之路贸易中重要的组成部分，其最终目的是在互通有无中双方都能够获利。丝绸之路开通后，异域地区对于国内商人来说成为了一个规模宏大的国际市场，丝绸之路上以政治使节的身份西去的商人有很多。如《汉书·张骞传》载："自博望侯开外国道以尊贵，其后从吏卒

---

[1] 李云泉.朝贡制度史论——中国古代对外关系体制研究［M］.北京：新华出版社，2004：20.

皆争上书，言外国奇怪利害，求使。天子为其绝远，非人所乐往，听其言，予节，募吏民，毋问所从来，为具备人众遣之，以广其道……其使皆贫人子，私县官赍物，欲贱市，以私其利外国。"❶

对于异域诸国来说，汉王朝有他们所需要的商品。《后汉书·李恂传》记载："后复征拜谒者，使持节领西域副校尉。西域殷富，多珍宝，诸国侍子及督使贾胡数遗恂奴婢、宛马、金银、香罽之属，一无所受。"❷胡商组织商队，往来进行长途贸易。随着敦煌文书的发现和新疆吐鲁番阿斯塔那墓葬群的发掘，出土了许多魏晋南北朝、隋唐时期的关于胡人经商的文书，这些对于研究胡商的经商活动至关重要。

汉唐时期各地商品经济繁荣，市场结构逐渐成熟，商品交易兴盛，有专门经营丝绸的行、铺、肆等。估客走南闯北，贩运物品，把货品批发给行头，行头再发给各行坐贾。以各类商人为媒介，以市场为交接点形成了丝绸贸易的国内流通路线。杜牧《扬州三首》中有"蜀船红锦重"的诗句，蜀锦正是随着这条路线盛行于国内。四川与北丝绸之路相连的道路为蜀道，蜀锦经由内地商人之手通过蜀道运送到长安，再借助于北方丝绸之路这一重要商道，转运于外国商人，流传至中亚、西亚或走向欧洲，由丝绸之路搭建的外贸路线传遍天下，影响着世界文明。中外贸易路线的畅通与成熟，刺激了蜀锦业的兴旺发达，使汉唐时期蜀锦在生产规模、技艺和中外文化交流上都达到了最辉煌的时期。

三、汉唐丝绸之路文化交流的基础

丝绸之路在汉唐时期得到较大发展，其中很大的影响来自国家的安定统一。汉唐的盛世文化给予政府极大的自信，开明的对外开放政策吸引外商来华

---

❶ 班固.汉书[M].北京：中华书局，2007：2695.
❷ 范晔.后汉书[M].北京：中华书局，1965：1683.

贸易往来，人口的移动同时伴随艺术与技术的流动、文明的吸收融合。

（一）强大的政治经济基础

隋代到唐代初期，社会经济繁荣，政治稳定，军事强大，文化发达，其影响远达到中亚、西亚、南亚。这一时期，虽然罗马帝国早已分裂，西罗马帝国也已灭亡，但拜占庭帝国却雄踞于地中海东岸及小亚细亚，萨珊王朝及中亚、南亚诸国，与唐朝构成丝绸之路上重要的贸易伙伴，也使丝绸之路交往更加频繁。

军事建设上，为了丝绸之路能够更加顺利地维持下去，唐朝统治者做出了很大的努力。公元7世纪时，国力强大起来的唐朝打败西突厥，在西域设置龟兹、于阗（今和田）、疏勒（今喀什）和碎叶4个军事重镇，公元640年，又在这四镇之上，设立安西都护府进行统辖。公元702年，唐朝又在安西都护府北面设立北庭都护府，辖境包括现在哈萨克斯坦境内的阿拉木图和碎叶。唐初利用盛大的武力以及完备的国防制度，为国际贸易顺利地发展下去提供了条件。唐朝统治者运用军事震慑、外交手段维护着丝绸之路的繁荣昌盛，为中外文化在亚洲腹地的汇聚交流创造了条件。

（二）开明的对外开放政策

秦时期华夏民族由于政治、血缘、文化等多种原因，在对待中原与四方民族的关系认同上心理趋于保守内向，华夏中心的观念盛行于世，对周边的少数民族多持鄙夷的态度。随着两汉以来丝绸之路的开拓发展，华夏中原与西域的交往日益密切，人们的视野逐渐打开。统治者实行对外开放政策，对各民族兼容并包。

唐朝国力强盛，经济繁荣，因此在外交上表现得极为开放，一直自信地奉行"中国既安，卷夷自服"的方针。对外商及来华使者的态度上也始终以怀柔为主，这些政策的实行有效地促进了中外文化贸易发展，吸引了胡人来华经商，从而促进了经济的发展。唐朝《永徽律·名例律》规定："诸化外人，同类自相犯者，各依本俗法；异类相犯者，以法律论。"[1]这项政策的意思是：两个相同国籍的外国人之间适用该外国的法律；不同国家的外国人之间适用唐朝的法律。这是最早涉及国际私法的成文规定，在一定程度上保障了外商拥有了治外法权。除此之外，皇帝还经常发布诏令，禁止地方官员敲诈勒索外商，禁止地方官员对外商征收各种杂税。一些开明的地方官员也会主动废除一些对外商不利的陈规陋习，这在一定程度上保证了外商的利益，吸引了外商来华贸易。

（三）"协和万邦"的文化自信

汉唐时期更多呈现的是文化上的优越感。古代中国人区分华夏、夷狄强调的主要是文化。文化上的优越感使历代王朝均把化夷为夏、德化外邦作为执政目标之一，非常看重万邦来朝。因此他们积极建设治理好自己的国家，再以此去感化其他国家和民族，以实现"协和万邦"的理想。汉唐时期的帝王治国认为只要中国儒风淳正，外族便会自动前来朝拜，接受华夏文化。同时，外族皆慕华而来，又充分说明此时中国兴旺繁盛、国泰民安。唐太宗被西域游牧民族尊称为"天可汗"，"开元太平时，万国贺丰岁"描写了统治者接见万国使臣的盛况。在对外开放的整体文化背景下，唐人对于域外文化表现出一种宽容、兼收并蓄的态度，从本质上说是一种文化自信。

（四）中西移民的助力

唐代中原与西域的交往增多，人员往来频繁，其中中原人进入西域的主要是联姻西嫁的公主、戍边官兵、屯田士卒、遣犯以及他们的家属，西域人来往中原的主要是官方使节、商人，另外还有不少胡汉僧侣、艺人工匠等。其中一些人由于各种原因而自动或被迫滞留在那里，成为早期的中西移民。

出于军事目的，联姻西嫁的中国公主，带着庞大的随嫁人员终老于异国他

---

[1] 长孙无忌.唐律疏议［M］.北京：中华书局，1983：33.

乡。汉武帝时，乌孙国王猎骄靡要求用良马千匹的大礼，前来迎娶汉朝的宗室之女。汉武帝为了联合乌孙断匈奴之右臂，以江都王刘建的女儿细君为公主出嫁之。细君公主西嫁时，汉武帝为她派去的随嫁人员多达数百人，其中有宫娥彩女、乐工裁缝，也有技艺工匠、护卫武士等。唐时安西四镇常驻汉军就达3万余人。《新唐书·王愕传》载："天宝末，西域朝贡酋长及安西、北庭校吏岁集京师者数千人。"❶虽然他们的主要使命是在政治、军事和经济利益上，并不以文化交流为目的，但这些人员的往来无疑促进了中原与西域的文化交流，推动着汉文化向西域的传播，为文化的交流创造了条件。

丝绸之路贸易繁荣离不开中外商旅和使团的贡献。汉朝每年派出的使团多则十余批，少则也有五六批。"使者相望于道。诸使外国一辈（批）大者数百（人），少则百余人。"❷这些派出的使者，远的地方要八九年才能回来，近的也要数年，很多就会居留当地。从新疆发现的汉文、怯卢文文献记载来看，当时汉、胡商人利用他们各自在本土的优势，相互合作，互作保人，甚至结成商队互利互惠。有些汉、胡商人在中原或者西域都建有家宅，长途贩运后，有稳定的发货、售货基地。这些移居中亚和西亚的中国人、定居中原的外国人，把双方许多先进的技术和工艺传播到那里，成为中西文化交流的先行者。

四、以丝绸为媒介的纺织文化交流

在海上丝绸之路尚未发达起来之前，北方陆路丝绸之路是中国丝绸辗转经过西域、中亚、西亚，一直传输到古罗马等国的重要通道。因此，这一历史时期，众多漠北游牧民族和政权都在尽力争夺这一路的控制权，为了获得长期的贸易权，掌握丝绸贸易的巨额利润，阴谋、战争、贸易、劫掠等不断上演。中国丝绸就是这样通过漫长艰险的运输、转手、倒卖，终于来到了古

---

❶ 欧阳修，宋祁.新唐书［M］.北京：中华书局，1975：5224.
❷ 司马迁.史记［M］.北京：中华书局，1959：2402.

罗马等西方消费者手中，这一路上，经过无数的村镇、聚落、部族和国家，丝绸在运输过程中就和众多的民族、国家之间进行了接触、买卖、交流和使用，也正是在这个过程中，基于丝绸本身的中华文化元素、思想价值，甚至质地色彩、图案花纹等信息都会直接成为其他民族较早认识和了解中华文明的媒介。

丝绸之路是一条遥远、古老的传奇之路，过往的是丝绸物流，沟通的是文化和艺术。汉唐时期的丝织物在新疆地区出土较多，该地区是西域丝绸之路的重要通道。内地的丝绸织物符合当下中原地区人们的审美和价值体系，具体表现在织物的图案、色彩和工艺上，随着丝织物的西传，中华民族的思想、文化、审美也随之传播。文化的传播是一个隐形的、缓慢的长期浸润过程，但其影响却是超越时空的。不同民族的人们长期错居杂处，其各自的民族文化在发展中相互交流、互为传播，并不断吸收对方文化中自己所需要的部分。这是一种无政府引导下的积极的文化交流与融合，是一种潜移默化的文化行为。

1. 渐进性

在丝绸之路上，最早与之贸易的可能是西域地区附近的各少数民族，通过彼此沟通以及丝绸之路的拓展，影响逐渐扩展到中亚、欧洲和印度、北非等地。这种文化传播渐进性的特点多表现为由近距离逐渐向远距离地区和国家发展，通过渐进式分段递传，维持了丝绸之路发展，同时也使中国与来自世界各地民族国家保持了往来。桑蚕丝织技术的传播相对缓慢，并呈渐进性发展。先是影响了中国西部，4—5世纪传播到高昌（今新疆吐鲁番地区）；5—6世纪于阗也从中原获得养蚕技术；6世纪，古罗马才获得了中国的蚕种。

2. 本土化

对外文化吸收是从引进、转化开始，在丝绸之路中外贸易、文化传播交流中，文化交流内容的主流动向，是以自己的优势文化或特色文化通过丝绸之路向对方流动，看似在特定时间对周边国家地区的宗教文化、物质文化吸收很多，但是经过本土的文化融合，发生了文化本土化的高潮。中原在了解西域丝织技术之后，创造出的陵阳公样，就是西域丝绸文化回流后的本土化设计。特别是联珠纹饰中汉字和中原瑞兽的加入，打上了中国本土织造的印记。织金是源于古波斯的传统工艺，多用于高级织物的织造，织金的丝绸在西域的丝绸产品中占有一定的地位。隋唐时期，中国工匠也吸收了织金的艺术风格，何稠仿造波斯金锦袍就是典型例子，也影响了隋唐后期至元明清初中国织金织物的鼎盛发展。吐鲁番地区出土的一些服饰织锦遗存应是中原织造向西域及域外出售的适销产品。

3. 交融性

地理的隔绝使早期的纺织文化呈现出不同的内涵，西域处在汉文化、印度文化、伊朗波斯文化、西亚阿拉伯文化、古希腊文化、古罗马文化等诸文明中心的交汇点。在以陆路交通为主的古代，它扼守东西交通要冲，无论是西方文化的东渐，还是中国文化的西传都要经过这个地区，这使它更容易受到来自不同文明的影响，因而成为各种文化交织荟萃之地。在"传入—中转—输出"的过程中，各个文化圈之间冲撞、交流、融合。蜀锦衍生出的丝绸文化，不仅体现了成都乃至四川地区的地域文化，更融合了丝绸之路沿途不同国家和地区、不同民族的情感与历史，这些也同样影响了中国。随着异国商人进入中国，他们也带来了本国特色的艺术产品，出于我国织造工人之手带有异域情调的织锦开始在国内流行。例如，珍藏于成都博物馆，出土于唐代的团窠对兽纹夹联珠对鸟纹半臂，精妙绝伦且意义非凡。该织物由两部分组成，一部分色彩较为暗淡，为典型的陵阳公样织锦，即为蜀锦；另一部分色彩较为明亮，是来自西域的粟特锦。两种织物集中体现于同一件服饰中是中西方文化交流最有力的佐证，同时也体现出唐代中原文化的包容性。而蜀锦也随着贸易之路影响着丝绸之路沿线的国家民族，乌兹别克斯坦布哈拉附近的瓦拉赫沙壁画中粟特王坐垫的织物上就绘有唐代后期流行的宝花纹，反映了中原丝绸文化对中亚织锦的影响。中西丝绸文化随着商业贸易不断在碰撞影响中前进。

丝绸之路的开辟，使当时世界上几乎处于完全隔绝状态的两种文明首次发生了碰撞。以罗马为代表的西方文明和以中国为代表的东方文明开始了划时代的交流和融合，在政治、经济、文化等方面对世界的发展产生了深远的影响。丝绸文化从中国发源向四周地区辐射，以丝绸产品本身或养蚕丝织技术加以影响，在各地区衍生出风格迥异的丝绸文化。这些异地的丝绸文化又以丝绸产品等为载体很快回馈到中国境内，在丝绸之路各线形成一股股文化回流。蜀锦发展丰富多彩的汉唐时代，也是中国政治稳定、经济发达、思想开放，与西域形成互动格局的时代。文化的交流传播有多种方式，如人口迁徙、商业活动、联姻甚至战争，其中贸易往来是最和平、最有利于人类发展的文化交流传播方式。通过多种贸易途径形成巨大的网络，丝绸文化在各国的不断互动交流中向前发展。在和平共处的今天，中国与世界各国的文化交流和贸易往来日益密切，在这一新的历史发展阶段，探究蜀锦在贸易交流中的文化价值、经济价值，对保护、传承和创造性地发展和转化蜀锦产业具有深远意义。

参考文献

一、专著

[1] 赵丰，尚刚，龙博.中国古代物质文化史-纺织（上下）[M].北京：开明出版社，2014.

[2] 黄修忠.中华锦绣·蜀锦[M].苏州：苏州大学出版社，2011.

[3] 钟秉章，卢卫平，黄修忠.蜀锦织造技艺[M].杭州：浙江人民出版社，2014.

[4]《蜀锦史话》编写组.蜀锦史话[M].成都：四川人民出版社，1979.

[5] 黄能馥.中国成都蜀锦[M].北京：紫禁城出版社，2006.

[6] 中国美术全集编辑委员会编.中国美术全集：工艺美术编6印染织绣（上）[M].北京：文物出版社，1985.

[7] 钱小萍.中国织锦大全[M].北京：中国纺织出版社，2014.

[8] 钱小萍.中国传统工艺全集：丝绸织染[M].郑州：大象出版社，2005.

[9] 赵丰.锦程：中国丝绸与丝绸之路[M].安徽：黄山书社，2016.

[10] 赵丰.丝绸艺术史[M].杭州：浙江美术学院出版社，1992.

[11] 赵丰.唐代丝绸与丝绸之路[M].西安：三秦出版社，1992.

[12] 赵丰.中国丝绸艺术史[M].北京：文物出版社，2005.

[13] 赵丰.锦上胡风：丝绸之路纺织品上的西方影响（4—8世纪）[M].上海：上海古籍出版社，2011.

[14] 朱新予.中国丝绸史（通论）[M].北京：纺织工业出版社，1992.

[15] 荣新江.丝绸之路与东西文化交流[M].北京：北京大学出版社，2015.

[16] 李伟明.丝绸之路贸易史[M].兰州：甘肃人民出版社，1997.

[17] 段渝.南方丝绸之路研究论集[M].四川：巴蜀书社，2008.

[18] 罗二虎.秦汉时代的中国西南[M].北京：天地出版社，2000.

[19] 贾大泉，陈世松.四川通史[M].成都：四川人民出版社，2010.

[20] 蓝勇.四川古代交通路线史[M].重庆：西南师范大学出版社，1989.

[21] 冻国栋.唐代的商品经济与经营管理[M].武汉：武汉大学出版社，1990.

[22] 李剑农.魏晋南北朝隋唐经济史稿[M].北京：中华书局，1963.

[23] 邹一清.贸易通天下[M].重庆：重庆大学出版社，2018.

[25] 黄修忠.蜀锦织造技艺·从手工小花楼到数码织造技术[M].北京：化学工业出版社，2014.

[26] 张泽咸.唐代工商业[M].北京：中国社会科学出版社，1995.

[27] 邓少琴.巴蜀史迹探索[M].成都：四川人民出版社，1983.

[28] 沈从文.中国古代服饰研究[M].上海：上海书店出版社，1997.

[29] 段渝，谭洛非.濯锦清江万里流——巴蜀文化的历程[M].成都：四川人民出版社，2001.

[30] 朱启钤.丝绣笔记[M].杭州：浙江人民美术出版社，2019.

[31] 段渝.政治结构与文化模式：巴蜀古代文明研究[M].上海：学林出版社，1999.

[32] 沈福伟.中西文化交流史[M].上海：上海人民出版社，2006.

[33] 洛阳市地方史志编纂委员会办公室.洛阳——丝绸之路的起点[M].郑州：中州古籍出版社，1992.

[34] 国家文物局古文物研究室.吐鲁番出土文书[M].北京：文物出版社，1986.

[35] 李云泉.朝贡制度史论——中国古代对外关系体制研究[M].北京：新华出

版社，2004.

［36］王世东.大汉史家：班氏家族传[M].武汉：华中科技大学出版社，2018.

［37］戈岱司.希腊拉丁作家远东古文献辑录[M].耿昇，译.北京：中华书局，1987.

［38］阿里·玛扎海里.丝绸之路——中国—波斯文化交流史[M].耿昇，译.北京：中华书局，1993.

［39］雷奈·格鲁塞.近东与中东的文明[M].常任侠，袁音，译.上海：上海人民美术出版社，1981.

［40］岛邦男.殷墟卜辞研究[M].濮茅左，顾伟良，译.上海：上海古籍出版社，2006.

［41］羽田亨.西域文明史概论[M].耿世民，译.北京：中华书局，2005.

［42］奥雷尔·斯坦因.发现藏经洞[M].桂林：广西师范大学出版社，2000.

［43］罗伯特·路威.文明与野蛮[M].吕叔湘，译.北京：生活·读书·新知三联书店，1984.

［44］余英时.汉代贸易与扩张：汉胡经济关系结构研究[M].邬文玲，等译.上海：上海古籍出版社，2005.

［45］Narshakhi Muhammad ibn Jafar.*History of Bukhara*[M]. Richard N.Frye，trans.Cambridge，Mass: Mediaeval Academy of America，1954.

［46］E.J.W. Barber. *Prehistoric Textiles*[M] .Princeton: Princeton University press, 1991.

二、期刊

［1］武敏.吐鲁番出土蜀锦的研究[J].文物，1984（6）：70-80.

［2］武敏.新疆出土汉至唐丝织物概说[J].文博，1991（1）：40-49.

［3］杜恒.试论百花潭嵌错图象铜壶[J].文物，1976（3）：47-51.

[4] 张梅.丝绸之路上的汉唐丝绸及丝绸贸易[J].西北成人教育学报,2000(2):34-37.

[5] 黄英湖.汉唐时期的丝绸之路及其对中西交往的影响[J].上海商学院学报,2015(10):28-35.

[6] 孙玉琴.汉唐时期丝绸之路贸易的历史经验及其现实启示[J].国际贸易,2014(8):16-18.

[7] 刘永连.从丝绸文化传播看丝绸之路上的文化回流[J].西域研究,2008(2):75-83.

[8] 吴方浪,吴方基.汉代丝织业试说[J].宜春学院学报,2012(6):75-83.

[9] 吴方浪.丝织品消费与汉代城市经济[J].消费经济,2015(1):23-27.

[10] 何一民.对内对外开放的枢纽与古代成都的三次崛起——重新认识成都在中国历史上的地位与作用[J].四川师范大学学报(社会科学版),2016(2):127-142.

[11] 何一民.古代成都与丝绸之路[J].中华文化论坛,2017(14):5-18.

[12] 彭邦本.古代成都与北方丝绸之路[J].环球人文地理,2010(2):8.

[13] 袁杰铭.四川丝绸贸易历程与特点(上)[J].四川丝绸,1999(4):49-53.

[14] 朱万民.南方丝绸之路从成都开始[J].四川蚕业,2016(02):62.

[15] 彭邦本.古代成都与南方丝绸之路[J].环球人文地理,2014(7):5.

[16] 罗二虎.汉晋时期的中国"西南丝绸之路"[J].四川大学学报(哲学社会科学版),2000(1):84-105.

[17] 段渝.中国西南早期对外交通——先秦两汉的南方丝绸之路[J].历史研究,2009(1):4-10.

[18] 李瑞哲.古代丝绸之路商队的活动特点分析[J].兰州大学学报(社会科学版),2009(3):37-44.

[19] 王尚达.唐代粟特人与中原商业贸易产生的社会作用和影响[J].西北民族研究,1995(1):26-37.

［20］卞蓉荣，韩海梅.丝绸之路上唐与中亚粟特的文明交流[J].西安文理学院学报（社会科学版），2015（8）：70-73.

［21］齐小艳.丝绸之路上粟特商业的发展及其原因探析[J].内蒙古大学学报（哲学社会科学版），2017（9）：76-81.

［22］冯敏.入华粟特人与丝绸输出及文化传播[J].渤海大学学报（哲学社会科学版），2019，41（5）：69-76.

［23］冯敏.唐代丝绸文化与入华粟特人的文化认同[J].保定学院学报，2019（2）：75-78.

［24］杜海，郭杨.吐鲁番地区粟特人研究综述[J].吐鲁番学研究，2021（1）：55-60.

［25］刘玉峰.论唐代市场管理[J].中国经济史研究，2002（2）：64-68.

［26］蒋铁初.唐代市场管理制度探析[J].唐都学刊，2005（21）：19-21.

［27］薛平拴.隋唐长安商业市场的繁荣及其原因[J].陕西师范大学学报（哲学社会科学版），2006（3）：89-95.

［28］初德维.简述唐代的集市贸易及其管理[J].青海师范大学学报（哲学社会科学版），1993（1）：46-50.

［29］徐严华.唐代商人研究综述[J].鄂州大学学报，2003（4）：17-20.

［30］岳纯之.关于唐代市场的几个问题[J].中国社会经济史研究，2006（1）：47-51.

［31］王㐨，王亚蓉.广汉出土青铜立人像服饰管见[J].文物，1993（9）：60-68.

［32］王淑芳.唐代丝绸织染业的发展及其启示[J].黑龙江史志，2013（15）：65-66.

［33］梁中效.唐代四川的区位优势[J].成都大学学报（社会科学版），2000（1）：49-54.

［34］李映涛.唐代巴蜀城市商业发展特征浅析[J].西南民族大学学报（人文社科版），2009(6)：285-287.

[35] 卢华语.四川唐代纺织产品初探[J].西南师范大学学报（人文社会科学版），1987（4）：13.

[36] 李继高.巴蜀丝绸史话[J].四川蚕业，1996，34（3）：52-56.

[37] 王君平，王斌.蜀锦传统技艺研究[J].四川丝绸，2000（1）：26-31.

[38] 胡光俊，谭丹.浅谈蜀锦及其传统织造技艺[J].现代丝绸科学与技术，2013（2）：51-54.

[39] 王君平，王斌.蜀锦图案风格及其发展沿革[J].四川纺织科技，2002（4）：49-51.

[40] 张冯倩，赵敏.蜀锦织物纹样结构形式的演变[J].纺织科技进展，2011（6）：11-14.

[41] 袁元.谈千年蜀锦纹样的审美变迁[J].芒种，2014（11）：271-272.

[42] 杨晓瑜.谈谈蜀锦不同时期的织物纹样特点[J].四川丝绸，2008（3）：49-52.

[43] 余涛.蜀锦对丝绸之路的贡献[J].丝绸史研究，1984（2）：11.

[44] 唐林.蜀锦与丝绸之路[J].中华文化论坛，2017（3）：29-26.

[45] 董莉莉.丝绸之路与汉王朝的强盛[J].烟台大学学报（哲学社会科学版），2019（1）：88-94.

[46] 龚缨晏.西方早期丝绸的发现与中西方文化交流[J].浙江大学学报（人文社会科学版），2001（5）：82.

[47] 李剑平.唐代服饰图形"陵阳公样"[J].设计，2016（17）：16-18.

[48] 乔洪，乔熠，毛艺坛，兰倩.从陵阳公样看中外织锦技艺的交融与创新[J].丝绸，2017，54（11）：63-70.

[49] 韩颖，张毅.丝绸之路文化影响下联珠纹的形式流变[J].丝绸，2017，54（5）：81-86.

[50] 刘春晓，单筱秋，张毅.丝绸之路打通前后陵阳公样图像形式的演变[J].丝绸，2019（8）：93-98.

[51] 许新国,赵丰.都兰出土丝织品初探[J].中国历史博物馆馆刊,1991(0):63-81.

[52] 王晨.从尼雅遗址出土汉锦特点谈蜀锦技艺[J].纺织科技进展,2016(1):1-5.

[53] 刘梦琴,卢海英.基于桑蚕丝绸文化对现代文学意义的探讨[J].轻纺工业与技术,2020(8):63-64.

[54] 李艳红,方成军.试论中国蚕丝业的起源及其在殷商时期的发展[J].农业考古,2007(1):166-167.

[55] 于湛瑶.神机妙算:中国古代织机及其演变[J].农村·农业·农民(A版),2020(6):59-61.

[56] 赵凌飞.唐代丝织品种类与区域分布特点探析[J].丝绸之路研究集刊,2021(12):172-187.

[57] 杨希义.唐代丝绸织染业述论[J].中国社会经济史研究,1990(3):24-26.

[58] 黄剑华.古蜀时代的神话传说与史实探讨[J].神话研究集刊,2019(12):144-148.

[59] 黄剑华.扬雄《蜀王本纪》与古蜀传说探析[J].地方文化研究,2020(2):12-25.

[60] 何俊华.论巴蜀文化在秦汉时期的断裂与崛起[J].文史杂志,2017(5):67-69.

[61] 刘进宝."丝绸之路"概念的形成及其在中国的传播[J].中国社会科学,2018(11):181-200.

[62] 赵学东,李文平.丝路货币与汉唐之际丝路经济、文化往来关系研究——以西北民族大学博物馆粟特文货币为例[J].兰州职业技术学院学报,2022(11):36-40.

[63] 蒋静,王玉平.丝绸之路与汉唐西域社会一体化进程研究[J].兵团党校学报,2018(12):103-106.

[64]冯敏.以丝绸为中心的中古时期中西文化交流考察[J].地域文化研究，2021（0）：1-9.

[65]王梅.文化自信视角下当代中国文学发展的问题与反思[J].吉林工程技术师范学院报，2017，33（11）：102-104.

[66]郭建波，蔡秋彤，罗雁冰，等.三星堆遗址二号坑出土部分青铜器表面附着丝绸残留物的发现与研究[J].四川文物，2022（1）：113-120.

三、学位论文

[1]曹林.中国装饰艺术传统及其当代文化价值[D].中国艺术研究院，2005.

[2]张科.唐代蜀锦纹样的审美研究[D].西南民族大学，2018.

[3]胡月.蜀锦装饰艺术的传承与创新设计研究[D].江南大学，2021.

[4]陈欣.唐代丝织品装饰研究[D].山东大学，2010.

[5]姚乐野.汉唐间巴蜀地区开发研究[D].四川大学，2004.

[6]梁克敏.唐代城市管理研究[D].陕西师范大学，2018.

[7]吴俊.唐代商品交易管理制度研究[D].西南政法大学，2014.

[8]臧春茹.唐代商品交易若干问题研究[D].黑龙江大学，2015.

[9]程东宇.唐代西南地区商业都会研究[D].西南大学，2009.

[10]贺茹.唐代丝绸之路中外文化交流研究[D].四北农林科技大学，2014.

[11]李剑.唐代西南商人的经营活动及其影响[D].西南大学，2013.

[12]张琛.唐代市场管理研究[D].扬州大学，2012.

[13]宋健.唐代西南地区农村市场与商品流通[D].西南大学，2010.

[14]朱丽娟.从《全唐诗》中看唐代桑蚕丝绸业的发展[D].福建师范大学，2010.

[15]朱琳.唐代益州区域社会经济研究[D].山东师范大学，2017.

[16]李佳.新疆出土汉唐丝织品研究史（1949—2000年）[D].西北师范大学，2022.

［17］马晓敏.丝绸之路新疆出土汉唐织绣工艺文化研究[D].伊犁师范大学，2020.

四、古籍

［1］张彦远.历代名画记[M].上海：上海人民美术出版社，1964.

［2］常璩.华阳国志[M].济南：齐鲁书社，2010.

［3］陈寿.三国志人物全传[M].北京：北京时代华文书局，2014.

［4］班固.汉书[M].北京：中华书局，2007.

［5］范晔.后汉书[M].北京：中华书局，1965.

［6］刘昫.旧唐书[M].北京：中华书局，1975.

［7］欧阳修，宋祁.新唐书[M].北京：中华书局，1975.

［8］李昉.太平广记[M].北京：中华书局，1986.

［9］魏徵，长孙无忌.隋书地理志[M].北京：中华书局，1997.

［10］司马迁.史记[M].北京：中华书局，1959.

［11］乐史.太平寰宇记[M].北京：中华书局，2000.

［12］郭茂倩.乐府诗集[M].北京：中华书局，1980.

［13］徐陵.玉台新咏[M].上海：上海古籍出版社，2007.

［14］白居易.白居易诗集校注[M].北京：中华书局，2006.

［15］元稹.元稹集[M].北京：中华书局，1982.

［16］彭定求.全唐诗[M].北京：中华书局，1960.

［17］长孙无忌.唐律疏议[M].北京：中华书局，1983.

［18］曹学佺.蜀中广记[M].台北：台湾商务印书馆，1983.

［19］常璩.华阳国志校补图注[M].任乃强，校注.上海：上海古籍出版社，1987.

［20］陈登龙.蜀水考[M].成都：巴蜀书社，1985.

[21] 李贤.大明一统志[M].西安：三秦出版社，1990.

[22] 刘熙.释名疏证补[M].北京：中华书局，2008.

[23] 王祯.农书[M].北京：中华书局，1991.

[24] 贾思勰.齐民要术[M].扬州：江苏广陵古籍刻印社，1998.

[25] 曹学佺.蜀中名胜记[M].重庆：重庆出版社，1984.

[26] 温大雅.大唐创业起居注[M].李季平，李锡厚，点校.上海：上海古籍出版社，1983.

[27] 魏徵.隋书[M].北京：中华书局，1973.

[28] 玄奘，辩机.大唐西域记校注[M].季羡林，等校注.北京：中华书局，1985.

[29] 慧立，彦悰.大慈恩寺三藏法师传[M].北京：中华书局，2000.

[30] 李林甫.唐六典[M].北京：中华书局，2014.

[31] 董诰.全唐文[M].北京：中华书局，2013.

[32] 许慎.说文解字[M].上海：上海古籍出版社，2007.

[33] 朱熹.资治通鉴纲目[M].北京：中华书局，2022.

[34] 费著.蜀锦谱[M].北京：中华书局，1991.

附录
汉唐时期蜀锦纹样的发展与演变

时期	纹样	蜀锦名称及来源	蜀锦纹样
两汉时期	波纹	"世毋极锦宜二亲传子孙"锦（新疆民丰尼雅）	
		波纹孔雀纹锦（长沙马王堆一号）	
	云气动物纹	"长葆子孙"锦（新疆楼兰）	
		"王侯合昏千秋万代宜子孙"锦（新疆民丰尼雅）	

续表

时期	纹样	蜀锦名称及来源	蜀锦纹样
两汉时期	云气动物纹	"长寿明光"锦（新疆楼兰）	
		"五星出东方利中国"锦（新疆民丰尼雅）	
		褐地朱红花豹纹锦（长沙马王堆一号汉墓）	
	植物纹	茱萸纹锦覆面（新疆民丰尼雅）	

续表

时期	纹样	蜀锦名称及来源	蜀锦纹样
魏晋南北朝时期	植物纹	树叶纹锦 （新疆吐鲁番阿斯塔那）	
		对羊对鸟灯树纹锦 （新疆吐鲁番阿斯塔那）	
	兽纹锦	方格兽纹锦 （新疆吐鲁番阿斯塔那）	
		对羊纹锦覆面 （新疆吐鲁番阿斯塔那）	

续表

时期	纹样	蜀锦名称及来源	蜀锦纹样
魏晋南北朝时期	兽纹锦	胡王牵驼纹锦（新疆吐鲁番阿斯塔那）	
	曲波纹锦	夔纹锦（新疆吐鲁番阿斯塔那）	
		兽面纹锦（新疆吐鲁番阿斯塔那）	

续表

时期	纹样	蜀锦名称及来源	蜀锦纹样
魏晋南北朝时期	联珠团窠纹锦	联珠对孔雀"贵"字纹锦 （新疆吐鲁番阿斯塔那）	
		团窠联珠对饮对坐纹锦 （新疆吐鲁番阿斯塔那）	
隋唐时期	联珠团窠	联珠立鸟纹锦 （新疆吐鲁番阿斯塔那）	

续表

时期	纹样	蜀锦名称及来源	蜀锦纹样
隋唐时期	联珠团窠	唐绿地团窠联珠对山羊纹锦（新疆吐鲁番阿斯塔那）	
		四天王狩猎纹锦（日本正仓院）	
	植物团窠	联珠狩猎纹锦（日本正仓院）	

续表

时期	纹样	蜀锦名称及来源	蜀锦纹样
隋唐时期	植物团窠	缠枝葡萄舞凤纹锦（日本正仓院）	
		宝相花琵琶锦袋（日本正仓院）	
		宝相花纹斜纹纬锦（美国纽约大都会美术博物馆）	
	写生花鸟纹锦	红地花鸟斜纹锦（新疆吐鲁番阿斯塔那）	